Friedrich Hegel

哲人咖啡厅

黑格尔历史哲学

（德）黑格尔　著　潘高峰　译

九州出版社
JIUZHOUPRESS
全国百佳图书出版单位

如果说世界历史哲学要在哲学的视角下去考察历史问题的话，那也就是说理性统治世界，世界历史因此就是一个合乎理性的进程。在这种意义上，凡是合乎理性的，都是现实的，凡是现实的，也都是合乎理性的。

——黑格尔

出版前言

黑格尔（1770 ~ 1831），德国哲学家，西方古典哲学的集大成者。他在将西方古典形而上学推向顶峰的同时也终结了传统形而上学，因此在西方哲学史上留下了浓墨重彩的一笔。

黑格尔一生著作颇丰，涉足的领域也十分宽阔，他建立起了一个从逻辑学到精神哲学、从自然哲学到历史哲学、从美学到法哲学的庞大的思辨哲学体系，对后世哲学产生了深远影响。在黑格尔去世之后，他的追随者们分化成了青年黑格尔派和老年黑格尔派，年轻的马克思就是青年黑格尔派中的一员。另一方面，黑格尔的思辨哲学体系也遭到了同时代许多人的强烈反对，例如马克思和恩格斯从历史唯物主义的角度批判他的哲学是头脚颠倒的哲学；克尔凯郭尔和叔本华批评他忽略了更为原始而本真的人类实存和生命意志；实证主义和经验主义批评他的哲学既缺乏科学的方法，又缺乏科学的内容。虽然其后西方也曾有过复兴黑格尔的思想潮流，产生过新黑格尔学派，但是黑格尔的思辨哲学体系在新的时代精神面前，日益变得老朽而不合时宜，黑格尔也就不为大多数当代西方哲学家所待见。

但是，无论是批评也好，赞扬也好，他们首先都必须阅读黑格尔的文本，必须和黑格尔的思想进行对话。在这种意义上，黑格尔无疑是重要的。

作为马克思哲学的来源之一，黑格尔在中国读者的心目中有着特别的地位，大家对他和他的哲学常常怀有特别的情感。黑格尔的主要著作有《精神现象学》、《哲学全书》(包括《小逻辑》、《自然哲学》和《精神哲学》)、《逻辑学》(两卷本，俗称“大逻辑”)、《哲学史讲演录》(四卷本)、《美学讲演录》(四卷本)、《法哲学原理》以及《历史哲学演讲录》等。在这些著作中，他生前正式出版的有《精神现象学》、《逻辑学》、《哲学全书》和《法哲学原理》。不过，黑格尔对后世哲学的影响、对德意志文化乃至全世界文化的影响却并不仅仅局限于这四部出版的著作，在黑格尔的讲演录中也蕴含了大量有意义和有价值的思想，甚至《哲学全书》和《法哲学原理》本身就是他的演讲提纲和授课笔记。

黑格尔的大多数作品都具有晦涩难懂的特点。这固然与他的行文风格有关，但更主要的则是由他要处理的问题本身所具有的难度带来的。不过与《精神现象学》和《小逻辑》比起来，他的历史哲学方面的著作则要轻松许多，但这部分论著中同样充满了许多有意义而且富有智慧的思想。

历史哲学是黑格尔晚年在柏林大学开设的讲座课程，从 1822 年开始每两年开讲一次，直至他 1831 年去世，共讲五次。他之所以如此坚持不懈地重讲历史哲学，是因为他并非书斋学者，而对现实和时局有着深深的关切。当法国大革命的号角吹响、消息传到德意志之后，当时还在图宾根神学院读书的黑格尔，就和他的室友谢林、荷尔德林一起栽下了一棵“自由之树”。由此，他虽然研究的是最晦涩、最抽象的思辨哲学，但是他却始终胸怀天下，甚至于他的整个哲学体系就是对他处身其中的时代的回应，因为他秉信哲学是把握在思想中的时代精神，或者说，哲学是时代精神的精华。在黑格尔的所有哲学著作中，历史哲学部分是最简单的，黑格尔似乎也把历史哲学当做了他全部哲学的导论。

但是，黑格尔的哲学体系是循环的，其中的各个部分又组成了一个不可分割的整体，所以，任何导论也都包含了他的哲学整体。因此，我们也就可以通过相对来说不那么晦涩的历史哲学切入黑格尔的哲学体系之中，与大师一起思考，感受大师的思想和魅力。

在黑格尔看来，世界历史的发展并不是偶然的，也不是没有方向的。无论人类历史怎样变化，或者经历了多么巨大的变化，但却始终都在向一个方向前进。在历史之中有一个终极目的，它对历史的发展起到了指引道路和方向的作用，这就是“自由”——“精神”的自由。

世界上的各个民族是世界历史发展的具体承载者，是精神在世间的体现。在“历史的喧闹”背后，有一个内在的、沉默的、隐秘的事业正在悄悄行进之中，这就是“世界精神”要实现自己“自由”的终极目的，这就是要不同的民族在牺牲、毁灭之中将其“精神”延续到别的民族，从而让它们来完成这个历史使命。一个民族在世界历史的发展阶段中究竟占据着什么样的位置，不在于这个民族外在成就的高低，毋宁说在于这个民族所体现出的精神，在于该民族体现了世界精神的哪个阶段。民族精神是精神达到对自己的自由之认识的中介。由此，精神通过落实在民族和国家之中的形式、在历经辩证的发展过程之后，会获得一个成熟的民族。当这个民族在政治上取得了最高的成就之后，也就实现了黑格尔眼中的“客观自由”。一个民族一旦获得了自己的客观自由，该民族的众多成员就会和国家达到和谐并处的状态，该民族及其国家也就一起获得了自由，并因此而能屹立于世界民族之林，赢得自己的历史地位。

但是通往“客观自由”的道路却不是一帆风顺、一蹴而就的，相反往往充满了各种曲折和坎坷。对于人类的历史来说，前途是光明的，但是过程却常常是晦暗不明的。因为人类充满各种欲望和情感，历史的发展会受到这些因素的牵绊。要想克服这些阻碍性的因素，就必须借助于理性的力量，从而使历史朝着“客观自由”的方向勇敢前行。历史的理性是“精神”的发展特征，正是因为“精神”本身有着辩证的发展特征，才导致世界历史有着相应的发展特征。所以，世界历史的终极目的其实就是“精神”的发展成果，也就是人类意识活动的结果。人类可以凭借自己的理性认识到这一发展过程，而这一过程同时也是精神本身在世界历史中实现出来的过程，二者是同一的。所以，在黑格尔那里，才有“凡是合乎理性的就是现实的，凡是现实的就是合乎理性的”（这句话的通俗版本是“合理的就是现实的，现实的就是合理的”）这一说法。

精神的辩证发展运动所推动的世界历史发展进程，在黑格尔看来就像太阳的东升西落一样，也从东方向西方发展：历史在遥远而古老的东方——中国、蒙古和印度发端，然后借由波斯帝国这个中介过渡到古希腊世界和古罗马世界，然后在欧洲世界达到成熟状态。但是历史自身却并未在此终结，在黑格尔看来，历史的出路在北美洲这个“明日之国”，但因为他讨论的主题是“历史哲学”，因而就没有更进一步地讨论北美洲的问题。

黑格尔的这种历史哲学，可以说，教给了人们观察和研究历史的一些重要方法，至今依然使我们受益匪浅；并且也深刻影响了一批历史学家和哲学家，影响了他们看待世界和看待历史的方式。其中的代表人物有写出了《历史研究》的汤因比，有写出了《西方的没落》的斯宾格勒，还有写出了《历史的终结》的福山。

本书以“黑格尔的历史哲学”为主题，选编了《历史哲学》、《历史中的理性》、《哲学史讲演录》和《精神现象学》中的相关内容。考虑到文本的逻辑性、思想性和可读性，译者为书中的各个部分拟加了小标题。另外，如无特殊说明，文中的注释也均为译者所加。

九州出版社

二〇一一年八月

目录

一、什么是世界历史哲学

1. 三种类型的历史写作法

先生们：以下的讲座课程的主题是世界历史哲学。我们不应该让自己纠结于从世界历史中抽取出来的一般性的反省、纠结于展示具体的历史事件，而更应该沉潜在普遍的世界历史之中。

在导论中我将对世界历史哲学的构成做出一般性的介绍。在铭记这一目标的同时，我首先将会向大家列举和描述其他处理历史问题的方法，并将它们和我自己采用的哲学方法进行比较。我将历史写作分成三种类型：原本的历史、反思的历史和哲学的历史。

（1）原本的历史

关于原本的历史，我将首先列举出几个名字，从而大略地给你们一个印象。希罗多德、修昔底德和其他类似的人就写作这种历史。这种历史学家们自己就亲身经历、见

> 意识模糊不清的各个民族，或者此类民族的晦暗历史，无论如何都不是世界历史哲学的研究对象

证并生活在他们所描述的事件和情境之中，并亲身参与到那些事件和事件所展现出来的精神之中。他们收集并编制了有关那些事件的各种记录，因此就把当下貌似互不相关的事件带入思想表象的领域之中。因此，那些原来仅仅是实存的东西就得到了知性的一面，从而变成了精神的内、外功能的表现。以同样的方式，诗人对由自己的情感所提供的材料进行加工，从而创造出可以呈现给感官的对象。与此相似，历史学家也利用其他人的叙述和作品来进行自己的历史研究和写作，但是那些仅仅是零星的、少数的和未经处理过的主观材料，重要性要差得多。诗人从其作品中获得一种现成的语言表达方式，这种语言事实上颇多受惠于诗人自己接受的教育，但是他卓越的成就却仅仅归功于他自己。

以同样的方式，书写原本历史的历史学家们从过去的材料中、从各处分散的材料中、从过去偶然发生的事情中、或者以转瞬即逝的口头传说中保存下来的东西中抽取出他所需要的材料，并且将其高高送入摩涅莫绪涅神庙（The Temple of Mnemosyne）[①] 之中，在那里以永恒的生命来探究这些材料。与这些事情生长于其中的转瞬即逝的土壤相比，历史学家们将这些事情移植到了更好的、更易被人们

① 摩涅莫绪涅是古希腊的记忆女神。

颂扬的土壤之中，将它们移入了不朽的精神之中，就像古希腊人对他们传说中的福岛（Elysium）所做的描述那样。

在这种原本的历史的范畴中，我将会把所有的神话、民间故事、传统和诗歌排除出去。因为神话和传统不过是实际发生的事情的模糊记录，相应的，也就是各个民族或者至少是它们其中的一部分的产物，而对于这些民族或者其中的部分来说，它们的意识仍然是晦暗不清、模糊不明的。不过稍后我仍然会回到各民族与它们的历史的关系这一点上来。意识模糊不清的各个民族，或者此类民族的晦暗历史，无论如何都不是世界历史哲学的研究对象。世界历史哲学的目的是获得有关历史中的理念的知识，那些民族所凭借意识到自身之内的连续性原则、并且已经意识到了它们自身之所是以及它们的行为意味着什么的精神，才是世界历史哲学的对象。

一个民族真实的客观历史不能说是直到它有了一个成文的历史记录时才开始，一个尚未拥有历史的文化并没有带来真正的文化进步。这种说法已经适用于印度三千五百多年了，它有的并非历史，其实不过是伪历史而已。由此，原本的历史学家们就将他们自己见证的事件、事态和情景转变成关于表象的表象性思想。

鉴于此，我们可以得出如下一些结论：

首先，这种历史叙述在范围上不能很广。适合于它们的主题包括所有鲜活的事情，以及在个人经验和人类外部

> 这种类型的历史学家深深地沉浸于他所描述的事件之精神中，并没有从中挣脱出来并对其加以反思

环境之中展现出来的、能引起人们直接兴趣的东西。作者描述他自己亲身参与其中、或者至少作为同时代的见证人所见证了的事件。他所能涵括的是一小段时间，能描述的是各个具体的个人和某些具体的事件。他从自己的经验直观之中获得素材并进行写作，将一系列独立的、非反思的元素整合进一幅完整的图画之中，从而给后代留下一个记录，他们可以凭借这一记录来决定他通过自己的直观或者是通过别人的直观性叙述所经验到的东西。

其次，对于这种类型的历史学家来说，作者的个人成长与他作品所依赖的事件、作者的精神与他关涉的行为，是同样重要的。因此，他首先关注的不是对他的主题进行反思，因为他深深地沉浸于他所描述的事件之精神中，并没有从中挣脱出来并对其加以反思。作者与事件之间的这种统一关系也意味着，历史学家们生活在一个社会阶层已经明显分化的时代中。在这个时代中，文化与个体的准则都与他所处的阶层紧密相关。历史学家们自己可能不得不隶属于政治家阶层或者军官阶层，与之相应，他们的目标和意图就是要描述他自己的政治世界。当精神得到了完全发展，精神意识到了自身，它的生命和行为的主要特征之一就是它自己的目的意识和兴趣意识，以及对各种事情背后的原则的意识。另外的就是它阐释自己的方式，以及展

示自己力量的方式，从而操纵原本的历史学家们的意志。

演讲是人类的行为；实际上，演讲是极其重要和重大的行为。尽管有人经常听到那些自己的演说被大大扭曲的人会假装说自己说的话“仅仅是语词”而已。如果他们在这种判断中是对的，他们就必须自然地宣称是无罪的；因为语词不过仅仅是空洞的唠叨而已，而唠叨就清白无辜了。但是就一个民族国家或国际事务的演讲，因为它从民族国家自身之中或其主权之中产生，因而就是实际的、具体的行为。作为这样的行为，它就是历史的本质对象。

那么，作家就并没有借由个人反思而对这种意识进行描述和诠释。恰恰相反，他必须允许个人和各个民族国家自己表达他们的愿望，并能够允许他们对自己的愿望是什么有所意识。他们没有必要就自己的主动性去解释自己的动机，或者将它们同化为自己的个人意识。在修昔底德的作品中，我们读到了最真实、最高贵、文化见解最深刻的政治家伯里克利的演讲，以及其他演讲家、国家大使等人的演讲。在他们的演讲中，表达了他们国家和他们自己人格的准则、他们政治立场的意识、他们的道德和精神品质，以及他们的设计和产品背后的原则。历史学家们给自己留下了很少反思的空间，甚至根本没有反思的空间，他让自己的品格所表达出来的并不是一个舶来的异己意识，而毋宁是他们自己的文化和意识。那些想要寻求研究历史的实体、国家的精神、想要生活在其间并伴其左右的人，就必须要将自身融入此种原本的历史学家之中，并花足够的时间去研究他们。实际上，在他们身上花费太多的时间是不可能的，因为一个民族或政府的历史是鲜活地、生动地、直接地涌向我们的。那些目标不过是享受历史并且不想成为有学识的历史学家的人，就几乎可以将自己完全限制在这些作家们的作品中了。

除此之外，这样的历史学家并不像我们可能设想的那样多。我已经提到了希罗多德，他是历史之父，还有最伟大的历史学家——修昔底德，他们都同时因为其深刻和纯真而赢得人们的尊敬。色诺芬的《远征记》① 同样是一本原创性的著作，恺撒的《高卢战记》② 也是一部朴素的巨著。如果一个民族拥有这样的历史学家，它就必然不仅具有高度的文化，它必须同时拥有这样一种文化，即它不仅仅是书记官、学者的特权，或者与此类似的东西，而毋宁是它要由城邦的领导人和军队的领导人所共享。简短来说就是，古代的历史学家必然也要是政治家和军人。比如，在中世纪，有很多很单纯的编年史家，但是与其说他们是政治家，

---

①《远征记》是色诺芬的代表作，影响深远，赢得一致好评。色诺芬是苏格拉底的弟子，雅典人，古希腊著名的历史学家。公元前 401 年色诺芬参加希腊雇佣军，受小居鲁士雇佣去帮他争夺波斯王位。此书就是描述这支雇佣军远征波斯以及历尽千辛回归故乡的过程，因此又被译作《万人退却》。

②《高卢战记》是恺撒（公元前 102~ 公元前 44 年）的代表作，记录了他在高卢作战的经过。从公元前 58 年至公元前 52 年，每年的事迹写成一卷，一共七卷。恺撒是罗马共和国末期著名的政治家、军事家，公元前 44 年被刺身亡，他的养子屋大维后取得政权，结束了罗马共和国，成为罗马帝国的第一位皇帝。

不如说他们是僧侣。其中有许多学识渊博的主教，他们经常处理各种事务，对国家的事务也很熟悉，因此他们也是政治家。在近代，所有这一切都变了。我们的文化是这样的一种文化，所有的事件即刻就被记录下来，并直接被表述为历史。我们有杰出的近代军事记录，以及其他的一些简单、生动、清晰的事件记录，这些记录简直可以与恺撒的作品媲美。实际上，它们内容丰富，包含更多的信息。

有许多法国回忆录也属于这种作品。其中有许多作品极其生动，充满了琐碎的细节和奇闻轶事。但是这些作品的内容和关涉的问题都是无足轻重的。虽然其中也包含许多由能力卓著的作者写成的作品，它们内容鲜活、富丽堂皇、令人意兴阑珊。《红衣主教雷斯的回忆录》[①] 就是这样的一部作品。在德国，这样的著作就十分稀少，然而，腓特烈大帝的《当代史》[②] 却是一个卓越的例外。对于作者来说，仅仅成为事件的同时代人，或者以一手的方式见证了它们并且有机会获得关于它们的可靠信息是不够的，作者自己必须和他所描述的行为者身处同一级别、同一圈子，具有同样的态度、同样的精神品质和同样的文化。

---

①《红衣主教雷斯的回忆录》是红衣主教雷斯（1613~1679）在 1670 年至 1675 年间写成的。它的第二部分尤为出色，描述了大贵族联合起来反对法国中央集权的投石党事件。这部回忆录对法国历史，进而对全部历史进行反思。

②《当代史》是普鲁士王国腓特烈二世（史称腓特烈大帝，又译弗里德里希二世，1712 ~ 1786）的作品。腓特烈二世是个伟大的军事家、艺术家和历史学家。除了《当代史》之外，他的历史著作还有《七年战争史》。

(2)反思的历史：四种反思法

> 反思的历史的内容实际上是作为整体的过去

第二种历史是反思性的。它涵括的内容要多于实际呈现在作者面前的事件。它不仅仅描述在某一个时代出现的事情，而且更包括在精神中呈现出的事情，因此反思的历史的内容实际上是作为整体的过去。所有我们称作历史学家的那些人都在写这种作品。这种历史写作最需要我们注意的，是它对待历史材料的方式。对于作者来说，要以他自己的精神来达到这种历史，这和对象自身的精神是不同的。因此一切东西都取决于作者的信念、理念和原则，因为作者要将这些东西（这包括他描述的行为和事件背后的动机）应用到他的作品的内容之中和他写作的方式之中。

在德国，这种反思的历史以及它所适用的技巧在不同的历史学家处差别很大。每一个历史学家都有自己的目标和喜好。通常来说，就应该如何写作历史这件事来说，英国人和法国人知晓的显然要比德国人多。他们共享同一个文化、共享同一种态度，而对于德国人来说，每一个作家却在独立工作、探究出自己的个人观点。[1] 正是由于这种

---

① 在黑格尔的时代，德国并没有统一，而是由各种各样的小国家组成，所以就导致在不同的国家里秉持不同的文化传统，因此，黑格尔说德国人与英国人和法国人不同，因为英国人和法国人共享同一种文化，并拥有相似的对待历史的态度。

原因，英国人和法国人拥有杰出的历史学家，而在德国，如果一个人查看一下过去十至二十年中[1]对历史著作的评论，就会发现几乎每一篇评论的开篇都是关于历史应该怎样书写的个人理论。这种理论往往都是评论者用来反对他所讨论的历史学家的，而我们现在仍然处于该如何书写历史这种持续的、不断的挣扎之中。

对一个民族或国家的历史进行完全综述是十分有必要的，实际上对世界历史进行大略叙述也有必要。为了满足这种需要，就必须写历史书，因此就必然需要对原本的历史学家的作品、其他的成文报告以及零散的信息资料进行适当的编辑。它们并不基于直观和直观的语言，也并不具有眼见为实的特征。这第一种类型的反思的历史，假如以仅仅叙述一个国家或世界的全部历史来说的话，就比较接近于原始的历史。任何这种编撰的本质根本上取决于如下的历史观，即历史究竟该包含多么广阔的内容。通常的情况是，此类历史学家尽力以一种直接表达个人经验的风格进行写作，因此读者会有倾听事件亲历者或见证人讲故事的感觉。但是这样的尝试总是多少有些不成功。整部作品应该并且实际上也必须在语调上保持一致，因为作者是一个拥有属于自己独特文化的个体。

但是这种历史所涵括的各种各样的时代却拥有差异巨大的文化，因此通过作者的话所表达出来的、经由这些事

① 黑格尔在这里提到的“过去的十到二十年”指的是1802～1822年期间。

> 通过作者的话所表达出来的、经由这些事件所阐述出来的精神和他所描述的时代的精神产生了差异

件所阐述出来的精神就和他所描述的时代的精神产生了差异。当历史学家们试图描述已经逝去了的时代的精神时，他展示出来的却通常是他自己的精神。因此李维[①]通过罗马的老国王之口、通过领主们和统帅们所发表出的演讲却通常是李维自己时代的演讲风格。这就与从古代流传下来的光辉传统产生了巨大的差异。同样的，他给我们描述的历次战役，似乎他真在现场似的。可是很明显，这样的叙述不可能是被描述时代的叙述方式。这些叙述可以用于各种时代的战役，另一方面，这些叙述的明确清晰却又与它们的不连贯和不一致相对照。这种历史编纂家和原始的历史学家们的区别，可以通过对比波里彼乌斯[②]的写作风格和李维的写作方式得到最好的说明。

这是一种将我们作为间接的和鲜活的存在者，完全转送进过去的尝试。除了作者之外，我们没有人能够做到这一点。作者是我们之中的一位，他是自己身处其中的世界的一分子，在那里具有自己的需要和利益，并且他也尊崇

---

① 李维（Livy，公元前 59 ~ 公元 17 年），古罗马著名的历史学家，著述颇丰，但流传下来的只有《罗马建城以来史》。

② 波里彼乌斯（Polybius）生卒年不详，可能生于公元前 205 年，本是古希腊公民，晚年才成为罗马公民。亲自参与了第三次布匿战争，对第二次布匿战争也比较熟悉，著有《历史》一书。他和李维的著作提供了有关汉尼拔的主要史料。

同样荣耀的事情。例如，无论我们生活在哪个时代，我们都可以将自己完全融入古希腊人的生活中去，这种生活在很多重要的方面都与我们意气相投。但是我们却始终在最重要的方面无法同情古希腊人，或者与他们共享同样的情感。比如说，无论雅典城邦如何地俘获了我们的兴趣，也不管我们会何等地同情雅典公民的行为和所遭遇的危险，但当他们在宙斯、雅典娜面前献祭的时候，我们却都无法分享他们的情感。这种类似语调、气氛的不足，就犹如我们无法分享一条狗的感觉一样，即使我们对某一条狗有清晰的印象，很了解它，并且能够预测出它的行为方式、它的感情依恋和它的习性癖好。

但是历史学家们依然有其他的方式，可以尽量把过去与我们之间的距离拉近，这并不是通过以一种设计好了的语调写作，从而获得我们的同情才能实现的，它至少要通过引出直观性的和直接的情感回应才能实现。这种回应就像那些间接经验一样生动，它们能够进入事情的所有细节、位置、知觉模式等类似的间接表象。

这种情况毫无疑问会出现在任何历史著作中，这些著作试图覆盖相当长的历史时期，甚至是整部历史；它被迫要对实际情况进行或多或少的具体叙述，并且确实与抽象、总结和删减相关。这就意味着，不仅必须省略许多事件和行为，而且思想或者理性也必须介入其中。例如，打了一场伟大的胜仗，或者不成功地围困了一座城镇，如此等等。

一场战役、一次伟大的胜利、一场围困这些都是一般的叙述，它们把复杂的个别性的整全浓缩成了简单说明。如果我们被告知，在伯罗奔尼撒战争开始的时候，普拉塔亚被斯巴达人围困了相当长的时间，在某些原住民逃跑了之后，这个城池被攻占下来，其余未逃跑的市民都被处决了；这是对修昔底德的描述的一个概略总结。但是正如我已经观察到的那样，如果我们想要获得全局性的观点——事实上全局性的观点也的确是必需的——我们就必须做些反思性的表象。但是相应的，这毫无疑问就只能带来枯燥乏味的叙述。试想一下下述情况如何能够使我们感兴趣呢？即当李维在描述了与沃尔西亚人的百次战役之后，不断地重复这样的话："在这一年，成功地战胜了沃尔西亚人和费登内特人"，等等。这样的历史作品是没有生命力的，这种形式和抽象的陈述必将使作品的内容干涸。

与这种写作方式相反，有些历史学家尝试在无法达到情感性的鲜活生动时，至少能或多或少地做到对生命进行直观性的或表象性的描述。他们并不寻求通过对过去时代的私人性诠释来再现过去，而是对它们进行可信的和精确的描写。他们从各种可想象的资源那里收集资料。兰克[①]就是这样干的。这是对细节、无足轻重的利益、士兵的行为、私人事务的混合，而这些东西对政治利益没什么影响，

① 兰克（Rauke，1795~1886）德国著名的历史学家，客观史学的代表人物。代表作有《教皇史》、《宗教改革时期的德意志史》和《拉丁和条顿民族史》等。

它们并不能重新建立起一个整全。

> 诸种事件的外观是苍白无力的，它们的目的才是那真正持存的东西

第一种反思性历史直接导致了第二种反思性历史，即效用（pragmatic）的历史。这第二种历史实际上并没有特别的名字，然而，这种类型的历史却是历史学家们一般都要追求的目标：即提供对过去及其生活的完整的、发展的历史描述。因为如果我们没有这种整体性、没有这种生活经验，而只是与一个反思性的世界即与某个在精神中已经逝去了的阶段、各种利益以及社会的文化打交道的话，那么我们立刻就会感受到对当下化的需要。这种当下化或者说这种现在不是在历史中发现的，它从知性的视域之中、从心灵的主观行为和努力之中升腾出来。诸种事件的外观是苍白无力的，它们的目的——国家和祖国、它们的意义、它们的内在连续性、它们内在关系的普遍方面，才是那真正持存的东西，因为它们和当下化的现在一样有效，这在过去如此、现在如此，并将永远如此。

每一个国家在自身之中都有一个目的——永恒的自我保存，每个国家的内在发展和进化都遵循着一个必然的进程，正义和自由等符合理性的价值在这个进程中都将逐渐出现。它是一个由各种制度组成的系统，包含作为一个体系的宪法和与之相似的内容。通过这些内容，国家的真正利益才成为自觉的。在对象带来的进步之中，根本没有一

种外在的连续性和必然的持久性；在对象自身之中、在概念之中也根本没有必然性。这才是历史真正的本质。例如，一个近代国家——神圣罗马帝国的历史、伟大的个人或伟大的事件——比如说法国大革命，这些都是历史学家的对象和目标，但是也是各个民族和时代自身所追求的目标。

这种效用的历史也是高度抽象的，因此实际上归属于现在，它应该激活过去的各种记录，并且将今天的生活填充到其中。实际上，这种反思是否生动有趣，是否使人兴趣盎然、意兴阑珊，取决于作者自身的精神。

在效用的历史研究之中，当我们研究过去、沉浸在时间久远的世界之中时，一种“当下化”在我们的心灵之中开敞出来，这种“当下化”是由心灵自身的行为创造出来的。事件多种多样、丰富多彩，但是它们的一般意义、它们的内在品质和融贯性却始终如一。外在环境消解了过去而将事件当下化了。外在环境的一般关系再也不和以前一样，与各种单独的、个体性事件关系密切，毋宁说它们自身就变成了事件。如果纯粹个体性的事件一般地按照这样的方式被诠释，那么这种任务就是毫无结果、没有作用的。但是在更宽广的语境中叙述事件的话，那么作者自己的精神也就被揭示出来了。

在这种意义上，我们尤其要着重讨论一番道德反思（moral reflection）以及我们可以从历史中学到的道德教训，实际上许多历史恰恰就是以此为目标。必须承认，那些表现出美德的例子的确可以提升灵魂（尤其是年轻人的灵魂），因此它们可以用来作为真理的具体事例来教育小孩，这样就可以在他们的心灵中打下深刻的烙痕。但是民族的命运、国家的震荡以及它们的利益、窘境却不同于那种道德秩序。

统治者、政治家和各个民族通常被建议要从历史经验中吸取教训。但是经验和历史能教导给人们的通常是这些东西，即各个民族和政府从来不从历史中学习什么东西，它们也不会吸取可能从历史中得到的任何教训。每个时代和每个民族都会发现自身的处境是如此特殊，以至于它们必须依赖自身来做出判断，并且往往只有伟大的个人才能判断清楚什么是正确的进路。在各种大事的压力下，那些一般的原则没有什么用，而回顾以往相似的处境中人们的作为也没有什么用，因为苍白的回忆在时机的压力面前软弱无力。从历史中能够获得的教导并不在我们的反思之中。世界上没有两种情形完全一样。我们没有充足的证据可以说，在一种场合下的最佳选择在另外一种场合下也会是最佳的。每个民族都有自己的难题，因此没有必要通过观察历史来发掘正确的进程。在这种意义上，没有什么能比我们听到的如下内容更枯燥无聊的了，即在法国大革命期间去寻求古希腊人和古罗马人的经验。缪勒[①]在他的《普通

① 缪勒（Johannes Von Mueller, 1752~1809），瑞士历史学家，代表作为《普通史》和《瑞士史》。

史》和《瑞士史》中，心中就铭记这种道德目标，而且他也为指导各君主、政府和各个民族的行动留下了适当的指导。他编辑了自己对各种箴言和反思的集成，他在自己的通信录中经常提及他在一周之内成功收集到的反思录的数量。只有对于历史局面彻底的、开通的、广泛的眼光和对于观念深刻的意识，才能够给予这一类的反思以真理和兴趣，孟德斯鸠[①]的《论法的精神》就是这样一类著作。

据此，反思的历史一再出现、层出不穷。每一个作者都面临着同样的材料，每个人都相信自己能够安排好这些材料从而写出一部时髦的作品，每个人都在他所处的那个时代的时代精神下将自己的精神带入这些作品之中。这就带来了反对这种反思的历史的材料，读者也通常回到对事件的具体描述上，从几乎每个可能的角度去观察一件事情。它们当然不是没有价值的，但是它们通常仅仅充斥着未经处理的材料。我们德国人对此十分熟悉，但是法国人在创造一个颇具想象性的当下方面、在将过去与现在的情景关联起来这种事情上，却表现出了卓越的天分。

第三种反思的历史是批判的历史，因为它是目前德国历史学家们正在采用的原则性方法，所以值得我们特别地提一下。它并没有构成这样的历史，而毋宁是构成了历史的历史。它评估历史作品、查验它们的真实性和可信性。

① 孟德斯鸠(1689~1755)，法国伟大的启蒙哲学家。主要作品有《论法的精神》、《波斯人手札》、《罗马盛衰原因论》等。

比如尼布尔[①]的《罗马史》就是以这种方式写成的。这种历史的独特性和意图不是在它处理的主题中发现的，而是从作者的锐利的眼光中而来的，他可以从史料的字里行间发现一些未曾表达出的信息。他详细审查每一处情境，从而验证整体的可靠性。法国人在这个领域中做了大量的工作。然而，他们自己却未曾断言，这种批判的程序自身是种历史，但是却在批判性的论文中提出了自己的判断。在德国，所谓的“高级批评”不仅仅侵入了整个文献研究领域，而且也进入了历史写作领域。人们曾经假借“高级批评”之名，就荒谬的想象之所及，来推行一切反历史的荒谬学说。它也是一种将现在带入过去的方法，就是通过主观的想象来代替历史的记录，幻想越是大胆，根基越是薄弱，就越是与确定的史实背道而驰，但是越是这样，他们就越是认为有价值。

第四种反思的历史是专门史（specialised history）。它能以自身的不完整性和特殊性而被人们承认，因为它从一个更广阔的语境之中，即从整个民族生活中选取了某一个别性的一般性视角来进行写作，比如说艺术史、法律史或者宗教史等等。这种历史自身是抽象的，但是既然它的视角是一般性的，它也就提供了进入世界历史哲学的一个视角。

---

① 尼布尔(Barthold Georg Niebuhr, 1776~1831)，著名的罗马史专家，代表作为《罗马史》。

当我们形成关于一个民族的图景时，我们的表象功能——和古希腊人所能做到的相比照——为我们提供了更宽广的视域。这种一般性视角包括艺术史、宗教史、宪法史、法律史、财产关系史以及航海史。今日之文化使这种历史得到更多的关注，变得要比以往更发达。法律史和宪法史在我们当今的时代已经变得尤其惹人注目，因为除非它建基于对作为整体的城邦的概览，否则就没有什么意义。如果它以一种透彻且有趣的方式来实行，并且没有将自身仅仅局限在外在性或者不重要的肤浅性上的话，它就可以很精彩。

（3）哲学的历史：真正的历史

第三种历史，也便是世界的哲学史，我们也可以称它为世界历史哲学。它在如下的意义上与最后一种反思的历史相关，即它也采纳了一种一般性的视角，但是却没有从民族生活中抽取出一个视角而同时抛却其他视角。世界历史哲学的一般性视角不是抽象的一般，而是具体的和绝对的当下，因为它是永恒呈现给自身的精神，因此也就没有过去，只有当下。就像引导逝去灵魂的使者——墨丘利[①]一样，“理念”是各民族和世界真实的领袖，而“精神”

① 墨丘利（Mercury），古罗马负责引导逝者灵魂的神，朱庇特的使者，也就是古希腊神话中的赫尔墨斯。

就是那位指导者的理性的和必要的意志，无论在过去还是现在，都是世界历史上各大事变的推动者。

我们该怎么理解这些呢？大家首先要注意，我们所研究的“世界历史”是“精神”领域的事情。世界这个概念包括两个方面：物理学意义上的“外在自然”和心理学意义上的“内在自然”。前者也是世界历史的组成部分。但是我们说世界历史是精神领域的事情。精神的发展过程是合乎理性的。我们所从事的工作不需要将自然看做合理的体系，我们只需要观察精神对于世界历史的地位和作用，以及精神是如何在世界历史中实现自身就可以了。

精神的一切属性都得自于自由。因为精神刚好在自身内有它的中心点，它在自己的这个中心点获得自己的统一性，于是它就依靠自身而存在，而不依靠自身之外的其他物而存在。它将自身存在的基础建立在自身之中，精神的这种不依赖它物而将立足点植根于自身之中的特征，就是自由。精神依靠自己而存在，这种自由得以存在的手段和工具就是自我意识。

在意识中需要弄清楚两件事情，一件事是我知道，另一件事是我知道什么。在精神的自我意识中，这两件事情不是分离的，而是彼此统一在一起的。因为精神在自我意识内能认识它自己，能确立它自己，能对自己的本性进行判断，并能够自己实现自己，将自身内的一切潜在可能性都实现出来。

按照这个定义，我们也就可以理解了，世界历史就是精神不断地将自己实现出来的领域，是精神不断地将自身之内的潜能展现出来的领域。和一粒树种中就已经包含了一棵树的全部性质类似，精神在自己最初的状态中就已经包含有了历史展现出来的全部内容。只有当历史真的能把握住纷繁复杂的历史事件背后的精神时，才实现了真正的历史，这样的历史必须靠哲学来把握。这就是我们探讨世界历史哲学的任务。

2. 历史是独立自在的，民族精神不过是历史借来表演自身的工具

（1）世界历史哲学是什么

思想将人与动物区分开来

历史哲学无非是将思想应用到历史之中去，而思想是我们无法停止的事情。因为人是思想的动物，也正因为如此，人才与动物区分开来。所有那些使人真正成为人而区别于动物的东西——情感、知识和认知，无不包含一种思想元素，这也适合于所有的历史研究。但是以这种方式将思想掺和进所有的人类行为之中，似乎又有所不足，因为人们可以论证说，思想屈从于存在，屈从于实在的元素，并且以后者为基础，而又由后者决定。另一方面，哲学相信由纯思辨在

不涉及现实性的基础上产生的独立思想。进一步的，人们可以认为，思辨把历史看成是被操控的东西，不会放任其自流，而会迫使它与先在的概念保持一致，从而建构先天的历史。

然而，历史关涉的却是实际发生了什么这样一门学科，因此它的方法就完全与概念思想本质上是自我决定的性质格格不入。当然了，很有可能事情以这种方式呈现在我们面前，以至于我们能够设想这些事情恰好就发生在我们眼前。然而，即使如此，各种事件之间的联系也需要被人们考虑，换句话说，我们的方法需要是实验性的，因为我们需要发现各种事情背后的前因后果。但是恰如人们所能设想的，这种工作需要概念。但是，这并不意味着概念性的思想的介入会与它自身的本性自相矛盾。尽管如此，在这种方法中，各种事情仍然是最基本的，概念的活动需要限制在实际材料即规则、基本原则和原理的形式方面和一般性方面。一般认为，从历史之中进行所有上述的演绎都需要逻辑思想，但是这些演绎的正当性却必须来源于经验世界。不过这些概念性思想所理解的东西确是不同的东西，在这种情况下，理解是概念自身的活动，而不是在材料和个别性起源的形式之间的冲突。这种在效用的历史中发现的两种截然不同的东西之间的结盟，对于在哲学中实践出来的概念性思想的目标来说是不够的，因为后者的内容和材料本质上来源于它自身。因此，在这种意义上，尽管在这两者之间存在辩护关系，但是最初的两难情况却依然存在：历史事件与独立的概念之间泾渭分明，彼此敌对。

但是即使我们将哲学抛在一边不谈，对于历史研究自身来说，一旦从一个更高的位置来检视它的话，同样的关系也会产生。因为历史之中有从概念世界中移植而来的混合成分和更高的决定性因素，比如人类的各种主观性行为和外在必然性、永恒正义和爱、真理居于其中的绝对目的和终极目的。与自然存在者相反，这个第二位的对立点建基于抽象元素之上，建基于自由以及概念必然性之上。这种对立包含了许多有意思的特征，它再次以世界历史哲学的概念而为我们注意。我们当下的目标就是展示它如何在世界的历史进程之中决定自身。

历史的唯一目的是清楚地理解现在是什么、曾经存在什么，以及发生在过去的事件和行为。它越是排外性地寻求探究实际上发生了什么，也就越是在真实性中将自身与那被给予的东西关联起来，尽管这并不是直接的明证，但实际上却要求有许多种研究，在这些研究中思想也起到了相应的作用。这个目标似乎与哲学的功能相冲突，而正是这个冲突，以及对哲学将自己的观念引入历史之中、并相应地操纵了历史的指责，却恰恰是我想在这个导论中讨论的问题。换句话说，我们必须首先获得对于世界历史哲学的一般定义，然后再考虑它最直接的含义。因此，思想和事件之间的关系在这种正确的视角下就应该自动呈现了。

出于这种理由，并且鉴于我不想这个导论变得太长（因为世界历史自身的材料十分丰富），又鉴于历史研究的目标和兴趣方面、尤其在概念性思想和哲学与历史事实之间的关系上有如此多不同的视角、原则和意见，那么对于我来说就没有必要花时间去驳斥和更正无尽的个人性的误解和错误性的反思。虽然这些误解和反思有些在当下来看已经是正确的，而它们中的其他部分只是偶尔正确的而已。

> 凡是合乎理性的，都是现实的，凡是现实的，也都是合乎理性的

关于我们暂时所讲的世界历史哲学概念，我首先想说的事情是这样的。正如已经表明的那样，在哲学上我们可以列举出来一些反对意见，其中主要的反对意见大概是这样的：哲学会将自己的思想偷渡到历史之中，并且会在哲学的视角下去考察历史问题。但是哲学自身唯一携带的观念仅仅是单纯的理性概念。如果说世界历史哲学要在哲学的视角下去考察历史问题的话，那也就是说理性统治世界，世界历史因此就是一个合乎理性的进程。在这种意义上，凡是合乎理性的，都是现实的，凡是现实的，也都是合乎理性的。[①] 如果从这些反对意见的历史的角度来看，他们会说我们这个理解和洞见不过是个假设，但从哲学本身来说，这却不是一个假设，

---

① 这句话的通俗版本是“凡是合理的，都是现实的；凡是现实的，都是合理的”。但要注意不能庸俗地理解这句话，而要把它放到黑格尔的整个精神哲学体系之中去理解。

在哲学里，它是通过思辨性的认知（speculative cognition）才得到证明的，我们这里姑且不去讨论它与上帝的关系，而仅仅用理性这个名称去称呼它。我们已经证明了，理性就是实体，它自己就是所有自然生活和精神生活的无限的内容，它是无限的形式，是这些内容的启动者。

说理性是实体，这就意味着所有的实在（reality）都要通过它、并且在它那里才能获得存在和立足之处。说理性是无限的力量，是因为它并非那般脆弱无力。它只不过是个空洞的理想，它只不过是个被看做应当存在的空洞的事物，它也不是某些实在之外的什么东西，或者换种说法，它也不是某些个别人头脑里出现的一些特殊想法。说理性是无限的内容，是本质和真理，是因为它有着自己的内容，而且理性是通过自己的主动性去启发其内容，它跟那些有限性的活动不同，它不需要一个外在的材料作为启发它的内容的条件，不需要一个外在的来源来取得自己的给养和活动对象，它是自给自足的，它自己就是自己活动的对象。理性不仅仅自己就是那唯一的先决条件，它的目的就是所有事物的绝对目的，而且它自己就是那能够把内在的可能性转化为外在现实性的推动者和实现者。不仅在自然世界中如此，在精神世界中也是这样，在世界历史中亦然。那么，这个理念其实就是真理、就是永恒、就是那无所不能的力量，它就是这样子在世界中展示自己，而它展现出来的东西也不过是理念自己全部的庄严和荣誉。正如我所说的，这些东西都已经为哲学自身所证明了，因此我们就可以把它看做是我们目前目标的展示和证明。

> 世界历史是一个合乎理性的过程，是世界精神之理性的必然的行程

哲学研究的唯一目的是消解偶然性。偶然性和外在必然性一样，也就是说，它们是这样的一种必然性，都起源于自身无外乎是外在环境之中的诱因。在历史之中，我们必须寻找世界的普遍计划和终极目的，而不是主观精神或主观心灵的特殊目的。我们必须借助理性来理解它，理性不能关注特殊和有限的目的，而只能关注绝对。这个绝对目的是其自身的内容，对于人类来说，所有有趣的东西都在这些内容中具有基础。合乎理性的就是那些在自身之中自在且自为，并且从它之中产生出其他东西的东西，它呈现出各种各样不同的外貌。但是它们中没有一个比精神在各种变化不断的国家形式之中所表达出来的更清楚明白的了。我们必须对历史拥有这样的信念和信心，即意志领域不是侥幸的偶然性，也不为偶然事件所支配。世界历史由民族国家的进程最终统一起来，这个民族国家的进程中的理性不是个别人的理性，而是神圣的、绝对的理性。这个真理是我们必须事先确认的。它的证据存在于世界历史自身的研究之中，而其不过是理性的图像和行为。不过，真正的证据来自于理性自身的知识，因为在世界历史中呈现出的理性不过是以间接的形式出现的。世界历史仅仅是这种原始理性的呈现而已，它是

理性呈现自身的特殊形式之一，这个特殊形式就是世界各民族国家的民族生活。

理性是自足的，在它自身之中就包含自己的目的。它将自身带入存在之中，并且使它产生效果。思想必须意识到这种理性的目的。这种哲学方法在我们看来，首先的印象可能是奇怪。坏的思想习惯甚至可能导致我们设想它自身是偶然的，或者不过是随意的异想天开。可是那些并不认为思想是实在中的唯一真理和最高因素的人，并不是在传达什么对于哲学方法的判断。

在座有些人可能对哲学还不太熟悉。本来我可以要求所有人怀着对理性的信念以及对其有关知识的了解来听这个世界历史讲座，但是实际上我不需要就你们的信仰做出什么类似的断言。我接下来要加诸其上的那些暂时性的评论和观察并不是仅仅被当做先在的预设，而应该被看做是对整门学问的一个初步省觉，将其看做是对整门学问考察的结果，因为这结果早就已经在我的掌握之中，是经过我早先的全盘探索而知道的。

那早就已经经过证明了，而且将会在这个历史哲学的考察过程中再次出现的是：世界历史是一个合乎理性的过程，是世界精神之理性的必然的行程。世界精神是历史的实体，它的本性是永远同一不变的，而且它将在世界的实在之中揭示这个本性。世界精神就是绝对精神。正如我已经说过的，这必然是我们对历史之研究的结果。但是我们必须如其所是地去把握历史，换句话说，我们必须历史地和经验性地向前推进。例如，我们不能让自己被职业历史学家误导，因为它们中有些人，尤其在德国，对哲学家们所做的事情——将先天的虚构引入历史之中——的指责恰恰是错误的。

因此，我们就可以确定下来我们的第一条原则，即历史必须被确切地理解。但是像“理解”和“确切地”这样的表述并不是没有歧义的。即使一般的历史学家也会认为自己是忠实于事实的。他随身携带一些范畴，这些范畴毫无疑问会影响他如何处理自己面对的信息和资料。真理并不是在感官的表面层次上就能够被发现的，因为尤其是在自称科学的主体中，理性必须总是保持警觉，因而意识的深思熟虑就必不可少了。任何理性地看待世界的人，都将会发现一个理性的层面已经被预订了，感官和理性两方面存在于一种相互关系中。

认为世界的设计应该通过观察而容易被识别是绝对正确的。但是如果想识别普遍性和合理性，也必然需要运用理性。任何纯粹主观地看待世界的人将会根据自己的本性来观察世界。但是世界历史的全部内容是理性的，并且也的确必须是合乎理性的。一个神圣的意志统治着至高性，并且它足够强大从而可以去决定全部内容。我们的目标是要识别这个实体。为了要做到这点，我们必须运用理性。物理上的知觉和有限的知性是不够用的，我们必须以概念之眼、理性之眼来观察对象，这二者可以穿透表象，深入到复杂的、令人眼花缭乱的事件混沌的核心处。不过人们说这种切入历史的进路是一种先天的程序，因而本质上就是错的。无论他们是否这样做，实际上都是对哲学的漠视。

> 将自身呈现给理性的历史内容，不仅仅等同于整个过去发生的事情之总和

为了理解这种实体，我们必须将我们自己的理性应用到它身上去。然而，这并不意味着单方面的反思是可以接受的，因为他们毁坏了历史并且产生于错误的主观意见中。但是哲学并不关注这些。在知识中理性统领历史，哲学确信，那些事件必须与概念相符，它在潮流盛行之后——尤其在那些语文学家（philologist）那里，他们运用自己所谓的智慧将完全先天的理念引入历史之中——并没有使真理败坏。虽然不得不承认，就预设了理念来说，哲学的确遵循一种先天的方法。但是毫无疑问，理念存在于那里，理性完全承认它的在场。

因此，世界历史哲学的视角并不是众多一般性视角中的一种，也不是以牺牲其他视角为代价而挑选出的抽象。它的精神原则是所有可能视角的综合。它集中精力于所有民族生活之中体现出的具体的精神原则，它处理的不是具体情况，而是贯穿于全体之中的普遍思想。这种普遍元素不是在偶然现象世界中能够发现的，它是在多重特殊性背后的统一体。历史的对象是最具体的，因为它理解的是实

在的各个方面，世界精神是其个体性。因此，哲学在面对历史时，所关注的是它具体形式中的具体对象，并且追述这个对象的必然发展过程。因此，各个民族的命运、情感和精力并不是它的首要考虑目标。恰恰相反，它首要关注的是事件自身背后的推动性精神，因为这才是真正的墨丘利——世间各个民族的领袖。我们因此不能设想，世界历史哲学的普遍目标仅仅是历史的一个方面（无论这一方面如何重要）。与之相反，普遍的对象是无限的具体，因为精神永恒地向自身呈现，所以所有易于理解和领会的东西都没有过去，永远保持它自身相同的精力和力量。

知性必须被带入历史的理解之中，这样我们才能理解在历史中发生作用的前因后果。以这种方式，我们试图发现世界历史中的本质性因素，并剔除那些非本质因素。知性发掘出一切重要并且有内在意义的东西。对于本质和非本质的评判标准，将会根据它对历史查验中追求的不同目标而有所不同，而它自己设定的目标也有巨大的差异。无论何时，一旦某一具体的目标被选定之后，进一步的思量就即刻产生出来，我们也就被迫区分首要目标和次要目标。相应的，当我们将历史事实与精神的目的进行对比的时候，将会忽视可能有趣并且紧跟本质的那些东西。因此，将自身呈现给理性的历史内容，不仅仅等同于整个过去发生的事情之总和。有些目标是知性的本质兴趣之所在，其他的目标是情感的本质兴趣之所在，因此当我们在阅读这些事情的时候才会感到悲伤、敬佩或快乐。

但是，探讨各种类型的反思、姿态和判断却不是我们的任务，更不要说从不重要的类型中将重要的类型区分出来这类任务了。然而，我们无论如何应该对历史进程将自身呈现给思想的一般范畴给予一个简短描述。第一类范畴来自于我们对变化的个体、民族和国家的观察，这些个体、民族和国家，它们可能曾经盛极一时——因此俘获了我们的兴趣——然后便消失了。这就是变化的范畴。然而，这些个体、民族和国家的消失并不是从人类历史中彻底地消失不见，在它们的死亡之中产生了新生命，由此我们就得到了世界历史的第二个范畴——“重生”范畴。世界历史在发展的过程中，有着纷繁复杂的表象，在喧嚣的历史表象背后，是否存在着一个内在的隐含的事业呢？这种疑问的逼迫为我们带来了第三个范畴——理性的范畴。

（2）世界历史中的“变化”和重生

“变化”的积极方面和消极方面

在历史中，我们看到一幕一幕的事件和行动，其中有着无数的民族、国家及个人在动荡之中兴亡更迭，所有足以令人类心智感兴趣的事物，所有对于良善、美好、伟大之感受，无不相继而生；每当我们看到别人所追求的目的是我们所赞许的、他们的成就是我们所渴望的，我们就会分享他们的希望和喜悦。在所有这些事件及偶然性之中，我们最关心的是人们的所作所为和他们经历的痛苦，所有这些我们都会感同身受，以至于我们的感受也会随之而波动起伏。有时候我们会为美丽、自由、财富所吸引，有时候我们会为人类之惊人力量而感动，即使这些力量可能被用在无比的罪恶之上。有时候我们会看到某些涉及公众利益而又为大众所支持的事情正在如火如荼地进行之际，却因为一些无限复杂之小事故而被迫停顿取消，以至会看到某些事情费尽人力物力却只带来微不足道的效果，或者恰好相反，有时候却会看到某些毫不起眼的事情竟带来了震撼人心之效果。所有这些事情都是驳杂无章的，虽然吸引着我们的注意力，然而它们都是此去彼来，彼此不断地交换着位置而已。

这个变化概念的消极方面使我们感到悲伤。生命之最丰富的形式和最好的显现物在历史中必然消亡，因此我们实际上是行走在卓越之毁灭的进程之中，这就迫使我们不得不去思索，历史将我们从我们最好、最高贵的兴趣之中剥离出来：激情毁灭了它们，因为它们不过是转瞬即逝的。因此，似乎一切都必然毁灭，无物持存。每一位旅行者都经验过这种悲哀。当站在迦太基、帕拉米拉（Palmyra）、波斯珀利斯（Pelsepolis）或者罗马的遗迹之中时，又有谁没被感动从而去反思这些帝国和伟人的稍纵即逝？又有谁不去感叹这些逝去时代的富足生活的零落消殒呢？这种悲伤与我们因亲人逝去、私人财产损失或个人壮志未酬而体会到的哀伤不同，它毋宁是一种因为过去卓越文化的丧失而导致的淡漠的悲伤。

我们可以看到，世界历史的大事变动往往是惊人的无常，一切伟大的人物和事业常常最终也都逃脱不了灰飞烟灭的厄运，美好的事物也免不了要成为昨夜之星辰，因为它们都属于“偶然性”的事物。如果没有看到它们背后的精神，而只从这个“变动”范畴来看待历史的话，就一定会常常让人感到黯然神伤，看得通透之人就不免会跳出红尘、遁入空门，看不透者也就只能随波逐流，让自己的生命在历史洪流的裹挟中放任自流。但是，事情却并不如此。历史诚然有着种种巨大之变故，有着许多令人做不了主的悲怆事故，这是人们无法否认的，不过问题在于我们只需承认历史有着偶然之变动，也就是只有承认历史中有“变动范畴”之应用的必要，但却不必停留在这一范畴之内。如果我们只停留在这一范畴之内的话，也就只能看到历史变动的负面意义，而看不到其中也有着正面的意义——这正面的意义即在毁灭及死亡里有着重生的希望，虽然这还不是最后的理性观点，但是如果能看到重生的希望，起码不会使人再被眼前的变幻所迷惑，而仅仅感到历史不过是一片黑暗了。

但是变化范畴还有另外的、积极的方面，因为从死亡之中产生了新生命。东方人最为理解这种概念，这或许是

> “重生”或许是东方人提出的最伟大观念

他们提出的最伟大的观念了，当然这也是他们最高的形而上学义理。这种义理的正面意义包含在他们的“轮回”思想里，尤其是他们关于“火凤凰”的观念之中——凤凰永远不停息地准备献身于烈火并从自己的牺牲之中产生出一个新的、再生的、提炼过的生命。不过，这仅仅是一种东方的意向，它仅适用于肉体，而不适用于精神。西方式的看法则认为精神不仅仅获得了新生命，而且得到了提升和净化。诚然，它由此而否定了自己，并因此而破坏了自己先前的形式。不过当它这样做的时候，它取得了新的发展。当它放弃了原先的存在外壳时，它不仅进入了一个新的外壳，而且更是从先前形式的灰烬中升腾而出，成为一个经过洗炼过的精神。这就由精神的第一个范畴过渡到了第二个范畴——重生的范畴。

精神的重生不仅仅是回归到先前的形式，它是自身的净化和提升。它把自己原先的问题解决后，那些答案又再次产生出新的问题需要它解决，因此就不断地增加它所要处理的材料；因此我们看到精神在历史中向着许多方向发展，并在那里使自己得到享受和满足。这些努力所带来的唯一结果就是每次都增加了自己新的活动量，也因此增加了它新的享用，每次的更新它都不断有所吸取，并从中得到了满足，但也从中累积了新的材料促使它加倍努力。它的发展情况就是这样的，每次增加了新的内容后，就逼迫它将这些形式推进到一个更高的发展水平，它被逼迫着要在所有方面迸发能量。由它的发展和创造之丰富性来看，我们可以看到“精神”的力量是如何的强大。在这些奔放的活动里，它乐此不疲地让自己沉湎其中。然而，大自然会在它身上实施内在和外在的限制，这些限制不仅在它的路上增加了阻力和障碍，而且还有可能令它的努力失败。不过即使它饱受挫折，但仍然保存着自己作为精神的本质，这本质的目的不在于它的制成品，而在于它的创造活动，因此，它在挫折之下仍然能够保持自己活跃的本性。

不过这些引人入胜的想法所带来的直接结果就是，我们厌倦了那些特殊性，并且自问这些特殊性能够对最终目标有什么贡献呢？我们无法接受它们的重要性仅仅体现它们自己的个别目的之中，所有的事情都必须是一项整体事业的一部分。诚然，在这个精神泉源的巨大消耗背后，一定存在某种终极目的。我们要追问这个问题，即在历史的喧嚣背后是否存在一个隐蔽的、内在的事业，而所有现象的能量都保存在这个事业中。而可能让我们更为迷惑的是，历史内容呈现出的巨大的多样性甚至是矛盾性。我们看到的是，完全对立的事物却各自被人们尊为神圣，这些事物各自呼唤着不同的时代以及不同的民族去为此牺牲，这些困惑逼迫我们要在“理念”中找出到底这些牺牲是怎么回事儿。这样的反省就带领我们来到第三个范畴面前，即理性的范畴——道德有没有一个在其自身之中并且为了其自身的终极目的。理性范畴是一个出现在我们意识之中的信念，这个信念就是世界是由理性统领的，对于这件事情的证明是世界历史本身的课题，世界历史是理性的影像和活动场所。

（3）理性主宰世界

理智范畴让人理智清醒

理性的范畴对于我们理解世界历史来说十分重要。如果没有理性范畴，而仅仅有精神不断的创造和重生的话，就会让人无法理智清醒，从而变得困惑不安。因为许多民族都会为自己传统中的精神所鼓舞，从而积极进取、开拓创新，甚至惨烈地牺牲。纵观人类历史，甚至有许多民族在这个过程中被毁灭了。尤其是那些受宗教精神感召而带来的战争，往往都带来了令人难以相信的胜利。因为这些战争往往与他们自己的教义相互矛盾，无法自圆其说，比如有些教派在“信、望、爱”的指导下残酷地镇压其他教派，也有一些团体和个人以自由、平等之名为借口残酷地做压制自由、平等的事情。所以，如果不能掌握住世界历史之理性的终极目的，而只是鼓励人们的精神去为“重生”而牺牲，就有可能带来历史悲剧。虽然这些事情的发生都有自己的历史作用和历史地位，但是却不应该任凭它们发展下去，其底限在于，不能在它们发生之后仍然无法知晓其中的前因后果，因为这些历史悲剧会自动地逼迫人们去反省在它背后的哲学原理，从而“理性”范畴就正式登场了。当“理性”范畴出现之后，人们就会发现，在历史的喧闹背后，其实有着一个内在的、沉默的、隐秘的事业在悄悄地行进之中，这就是“世界精神”要实现自己的“自由”的终极目的，这就是要不同的民族在牺牲、毁灭之中将其“精神”延续到别的民族，从而让它们来完成这个历史使命。历史的“理性”就是以这样一种曲折的方式呈现出来，所以这就需要一种锐利的眼光、广阔的视野才能看出其中的真相，而不能用直线的、推理的眼光来观察。

就理性已经统治并将继续统治这个世界，因此同时统治世界历史这个一般信念而言，我仅仅希望提及两点。因为这将给我们一个机会，去更仔细地检视我们所面对的困难，并且能暂时性地触及一些以后必须讨论的事情。

正如历史告诉我们的，古希腊人阿那克萨戈拉是第一个宣称世界被“努斯”（nous）也就是理性所统治的人。但这并不意味着在一种拥有自我意识的理性这一意义上的智慧或者类似的精神，我们不能把这两者混淆。太阳系的运动是由不变的法则控制的，那些法则就是它的内在理性。但是与那些法则保持一致、围绕在它周边运行的无论是太阳还是行星，都无法自觉地意识到这些法则。是人从经验实在中抽象出那些法则，并且获得关于它们的知识。这种观点——即在自然中存在理性或自然为亘古不变之普遍法则所统治——无论如何都不会让我们觉得奇怪。阿那克萨戈拉就已经将之应用于自然。我们对这种观点已经十分习惯，就不会觉得它们有什么奇怪了。我之所以提及这个现在基本已经没有什么意义了的观点，是因为我想展示一下我们从历史中是如何学到那些曾经为世界所不晓、但现今却已经没有什么意义的观点。这种观点实际上在人类精神的历史中具有时代意义。亚里士多德曾经说过，作为这种思想之起源的阿那克萨戈拉，是一位站在一群醉汉中唯一的清醒者。这颇有点世人皆醉我独醒的味道。

虽然阿那克萨戈拉所讲的只不过是自然世界里发生的一般事情的规律，他仍然没能进入到人文世界中去看待精神的运作，所以阿那克萨戈拉的“努斯”只不过是“知性一般”，而没能上升到思辨的水平。但是，阿那克萨戈拉的工作显示出他已经看到了世界是由一个亘古不变的普遍法则所掌握的。他的这种看待世界的思路，使得世界在人们面前不再只是偶然性的存在，世界不会完全受制于外在的偶然因素而没有自己的内在目的。所以阿那克萨戈拉的工作还是具有很高的地位，但是我们却不能停留在阿那克萨戈拉的层次上，而是要顺着他的思路往下走，去寻求一个更完备的答案。

基督教的观点和思路与阿那克萨戈拉的观点和思路比较接近。因为基督教将上帝看做全知、全能、全善的存在，他具有超越性的地位和特征。所以，基督教认为世界的发

> 宗教诉诸人们的信仰，而哲学却寻求证明

展是由上帝所掌控，在世界背后存在着“神意”。因此，基督教的这种看法显然要比阿那克萨戈拉的观点更进一步。但是，宗教和哲学之间存在着一个巨大的区别，就是宗教诉诸人们的信仰，而哲学却寻求证明。就基督教而言，宗教凭借的是人们对上帝的信仰，这种信仰无需经过理性的证明，甚至在很多情况下是需要排斥理性证明的，比如“唯其荒谬，我才信仰”就是对此最好的证明。而哲学却与此不同，哲学就会寻求对世界背后的“神意”进行明确的说明、陈述和证明。

不过对于基督教来说，最后却只能运用自然界中的偶然事件来解释世界和说明世界。可这似乎却和它们的前提相去甚远，因为基督教之所以要强调“神意”，其目的在于要承认世界并不是偶然性的存在，但是由于缺乏思辨的哲学思维，他们只能求助于那些较低层次的自然因素来解释世界的运作。这对于解释世界来说是不够的。一方面，我们要和阿那克萨戈拉一样，寻找世界变化之后的理性和精神，但却不能停留在他的浅显层次上；另一方面，我们在追逐解释的深刻性上要向基督教的深刻迈进，但同时要能上升到精神的高度。

所以，我要进一步地用自己的整个思辨哲学去领会和把握基督教的“神意”，对这个神意做一个普遍的、理性的解释和说明，从而清楚地看到上帝到底怎样去安排世界

的秩序，特别是人类世界的文化秩序。所以，在这个工作之中，我们最终要理解这一“上帝的蓝图”。

基督教透露了上帝在人类之中展现出来的本质和特性。因此，作为基督徒的个人便因此而认识了上帝，上帝从此就不再是不可知的事物，如果人们坚持己见地去说上帝是不可知的，那他就算不上基督徒了。虽然基督教要求信徒谦卑地去认识上帝，但却不是只凭着感情和信仰，而是要通过神圣的知识和认识。与此同时，基督徒因此而知道了上帝的秘密内情，这就给人们提供了开启世界历史的钥匙，从而能够得到关于“神意”及其计划的一个明确认识。基督教透露了上帝向人类展示出来的本质和特性，这种本质和特性其实也就是人类的主体性。在此基础上，不能仅仅停留在信仰的阶段而去坚持上帝的不可知性，相反，原始基督教已经透露出了上帝的秘密，因此真正的基督徒就要凭借这把钥匙去了解上帝在世界历史中的计划和安排，要明确地、普遍地去说明世界历史的发展规律。

因为这些规律是上帝的安排，它不是偶然的世界，在其背后有着“神意”的支撑，所以，基督徒的新使命就是要认识这个“神意”。不过，仅仅停留在信仰这一层次之上显然是不够的，因为世界历史是“永恒理性”的产物，理性决定了世界历史中所有重大的变化革新。因此，我们真正的目标是要去探讨理性，以及以理性为普遍法则去查看历史。“神意”只涉及普遍的法则和目的，在人文世界里，神意的实现也就是要实现“自由”，如果着眼于哲学这个领域的话，思辨哲学就已经是“理性”的最高产物了。

所以，哲学的时代已经来临，各种信念可以同时被思考、被发展、被确认，从而可以成为一门明确的学问。信仰不会去发展其内容，不会去探讨其内容的必然性，这些只能是“认识”的工作。由于“精神”流动不息，这个事实保证了哲学的时代一定会来临。思想、概念作为精神的最高阶段一定会坚持自己的权利，也就是它们那作为普遍的、本质的存在是精神自己的真正本性。

信仰产生主观的、朦胧的感情，思想产生客观的、明确的概念和知识

但混淆信仰和思想的行为是不可行的。因为由信仰所产生的是感情，而感情是主观的、朦胧的，而由思想产生的是概念知识，概念知识是客观的、明确的，二者的对象可以相同，但却是以不同的方式出现的，彼此各有界限，不能相互混淆。在世界历史里，最崇高及最优美的事物也要牺牲在它的祭坛上面，理性不能为此而停下来去照顾个别人士所受到的伤害，在世界历史的普遍目的面前，个人的特殊目的只能被挤到一边从而为世界历史的发展让路。在历史的兴亡浮沉里，我们看到全人类所共同努力奔赴的大事业，这大事业真实地存在于人类世界中，是属于人类的大事业。在塑造这样一个真实的大事业时，现象无法为人们提供帮助，真正能提供帮助的是人们的意识，而且必须是“思想性的意识”，

因为世界历史中的正面的事物正好不在于感情的安逸，不在于空洞的幻想，而是完全属于真实的世界，属于人类的世界。

（4）“太阳底下无新物”

> 人的本质是要在精神王国中提升自己

如果我们考虑理性与世界的关联的话，那么如果想就理性自身而对理性进行定义的话，就相当于问世界的终极目的是什么。我们无法谈论终极目的，除非能指出这个目的一定能完成或实现。因此，我们需要考虑两点：第一，终极目的自身的内容；第二，终极目的的实现。

我们首先必须指出，在我们面前的对象是世界历史，这属于精神领域。作为整体的世界既理解物理的本性，也理解精神的本性。物理本性在世界历史中也起作用，我们当然要对这种物理影响的基本条款方面提出些评论，但是精神及其发展过程才是真实的历史本质。我们在此不必将自然看做一个其自身就是合理性的系统，尽管它实际上的确是一个合乎理性的体系，但是这种合理性却仅仅在关联于精神时才会出现。

在宇宙自然被创造出来之后，人类接着也在自然里被创造出来了。于是，人就成为了“自然世界”的对立面，他的本质就是要在第二个世界里提升自己。我们的一般意识拥有两个王国——自然的王国及精神的王国。精神的王国是人类自己创造出来的，它们会为自己形成各种各样属于上帝王国的观念，这些观念都属于一个“精神王国”，它们将要在人类中得到落实，而且将要在人类的存在中逐渐成熟。

精神领域范围广阔、无所不包，那是人类自古以来就已经关注到，并且会永远关注下去的。在精神领域之中，人类十分活跃，这是因为精神在人类行为之中起着积极作用。因此，它可能有兴趣在其真实存在中检查精神的本性，也就是与自然或与人性相关的精神。“人类自然”这种表述通常被用来表现某些固定的和持久的东西。对人性的描述本来是要应用到所有人身上，无论是过去的人还是现在的人。一般的类型能够容纳无限的改变，但是，无论可能有多么巨大的差异，它始终都保持着本质上的一致。反思性的思想必须漠视各种差异，并且使一般性的因素孤立起来，这些因素可能在各种环境下都以同样的方式行动，并以同样的方式展现自己。即使在那些看起来彼此差异巨大的例子中也可能发掘出一般的类型模式，同样，我们在即使被扭曲得最厉害的形式之中也能识别出人类本性。我们可以从如下知识中，即这种形式仍然保持人性之残余的知识中，获得安慰和恢复信心。那些从这个视角去观察历史的人倾向于强调人类与其以往相同，尽管环境发生翻天覆地的变化，但是人类的德性与美德却始终如一。一个人很可能同意所罗门（Solomon）的观点，即太阳底下别无新物。[①]

例如，如果我们看到某人在一个偶像面前跪地祈祷，他祈祷的内容在理性看来是可鄙的，但是我们却仍然会尊敬那些激发他的情感，并且承认它们和那以象征方式捍卫真理的基督教徒的情感一样有价值，也和通过理性思想将自身沉浸于永恒真理的哲学家的情感一样可贵。对于这些情感来说，仅仅是其对象有所不同，但这些情感本身却是同样的。根据流传甚广、大家都十分熟悉的趣闻，恺撒大帝在一个小山区发现了和他自己在罗马帝国大语境下所遭遇过的同样的野心和行为。在一个小镇上出现的野心和动力，和在世界大事这个大剧场中的野心和动力是一样的，很明显，这种看待历史的方式是从人类行为的内容和目的中抽象出来的。这种不顾客观情况的独立性在英国和法国历史学家中尤其盛行，他们往往把自己的作品称为“哲学的历史”。

然而，没有充分形成的理智无法区分以下的两种动力和倾向，即在有限层面发挥作用与在世界历史利益冲突层面保持活跃的动力和倾向。这种客观的兴趣既通过一般的设计也通过贯彻它的个体对大众发生作用，在这种情况下，

① 据《圣经》记载，所罗门王（公元前 960 ～前 930 年）是以色列联合王国的国王，他是犹太民族历史上最伟大的君王，在位期间使以色列王国达到了鼎盛的黄金时期。在经历了人世荣辱、世事沧桑之后，所罗门发出了“太阳底下别无新事”（Nothing is new under the sun）的感慨。

客观的兴趣才使历史变得生动而吸引人。这些设计和个体，它们的陨落和毁灭，往往最为我们哀恸。当我们在仔细思考希腊人反对波斯人的斗争时，或者亚历山大大帝的短暂统治时，我们完全意识到我们的兴趣之所在。我们希望看到希腊人从蛮族的统治中独立出来，并且关切古希腊城邦的存留。让我们假想一下，如果亚历山大大帝在他的事业中失败了，我们会有何感受？如果我们仅仅对人类感情有兴趣的话，当然不会对此有什么损失感，因为我们仍然没有否认在行为中体现出的诸种情感。但是这不会使我们感到满足，因为我们对材料自身、对客观境况自身都怀有兴趣。

世界历史的终极目的是在世界之中的“意图”

但是，我们或许可以追问，精神获得其本质内容所依据的本质目的，其本性如何？我们的兴趣具有实质性，并且具有决定性，它的内容是某些确定了的宗教、知识或艺术。但是精神如何能获得这样的内容，这种内容又产生自何处呢？从经验中得到的答案十分简单。在任何特定的时刻，每个个体都会发现自己具有某种这样的本质兴趣，他生活在一个特定的国家，这个国家具有特定的宗教，这个国家也会拥有某种特定的知识以及关于是非对错的特定态度。留给个人做的，不过是从其中选择特定的某一或某些方面，由此他可以获得自己的身份和人格。但是当我们意识到，所有的民族都有这样的对象，并且沉浸在这样的兴趣之中时，我们就不得不又一次面对世界历史问题了，而它的内容却恰恰是我们想要确定的。对于我们的目的来说，经验性的进路没有用处，我们必须要转到关于精神如何获得它的具体内容这种更具体的问题上来。我们必须根据专门的概念来界定内容。迄今为止所讨论的内容不过是我们一般意识的部分，而我们现在要转向的概念却是完全不同的系列。无论如何，哲学都会忽视流行观念，并有抛除流行观念的理由。

我们在此要考虑的是世界历史，它与其终极目的关联在一起。世界历史的这个终极目的就是在世界之中的意图。我们知道上帝是完满的存在，因此他的意愿只会着眼于他自己以及那些跟他一样的事物，上帝跟他的意旨的本性是同一的，在哲学上我们将其称为“理念”。因此，我们所要考察的就是理念，特别是人类自由的理念。理念本身所展现出来的最纯粹的内容就是思想，也就是在逻辑中要考察的理念，这是第一种形式的理念。第二种形式涉及自然的本性，第三种形式是在绝对意义上的精神，而绝对意义上的精神的最终目标是自由。

思辨哲学的最终落脚点和目标无非就在人类自由上。虽然思辨哲学体系可以具体而微地划分为主观方面、客观方面和绝对方面，但是就哲学的整体来说，最终目的无非就是人类自由的理念。精神哲学的终极目的一定要以自由为旨归。在世界历史领域中，精神是在自然的环境和自然的各种物体中积极行动、曲折发展后才会将客观自由落实下来，因为那不过是理念自己在落实自己而已。当理念为了自己并在其自身之内积极行动，在世界历史进程中落实下来之后，客观的自由才会获得其现实性，从而成为具体的自由。这具体的自由就表现在人类的各个文化领域之中。

（5）作为世界历史之内蕴的精神是自由且自足的

精神在其自身之内完全是个体性的、活动着的

我们首先必须说明精神的抽象决定因素。然而，必须指出，精神在其自身之内并不是抽象的，因为它不是由人类发明创造的，恰恰相反，它完全是个体性的、活动着的，并且是绝对活生生的。它是意识，但同时也是意识的对象——因为精神将其自身当做自己的对象，这就是精神的本性。那么，精神就能够思想，它的思想也就是自身存在且能思维其存在及思维其如何存在的存在者。它拥有知识，但是知识是对于合乎理性的对象的意识。除此之外，精神仅仅在它认识到自身时才有意识。换句话说，我仅仅在我知道我自己，以及通过自己而得到的自身决定因素这个意义上才能认识一个对象，因为无论我是什么，总已经是我的意识的对象了，而且我不仅仅是这一个、那一个或者其他的任何一个，而且我知道我自己到底是什么。我知

道我的对象，我也知道我自己，这两者是不可分割的。因此，精神形成关于其自身以及关于其本性的明确观念，它只能具有一种精神性内容，它的唯一的内容和兴趣都是精神性的。这就是精神如何获得其内容的方式，它没有在自己之外找到自身的对象，而是使自己成为自己的对象，并使其成为它的内容。知识就是精神的形式和功能，但是知识的内容却是精神性自身。因此，精神在本性上就是自足的、自由的。

精神的第一个特征就是能够以自我作为意识对象，由这对象而产生的内容就是精神性的内容，这个对象乃不假外求，因此是自足的。这个对象无远弗居、无所限制，所以是自由的，因为这个对象正好就是精神自身，是人类的意识能力，或者就是人类的意识本身。

如果我们把精神与它的对立面，也就是物质进行对比的话，就可以很好地理解精神的本性了。正如重力是物质的本质，同理可以说自由是精神的本质。对于每一个人来说，很明显自由是精神的属性。但是哲学教导我们，所有的精神属性仅仅根据自由才存在，所有的精神属性不过是获得自由的手段，他们寻求的唯一对象以及他们所献身的事业，就是自由。思辨哲学已经表明，自由是精神的真正财富。物质具有重力，是因为它被迫向一个中心点运动；它本质上是混合性的，是由彼此分离的不相关的部分组成的，这些部分全都倾向于向一个中心聚集，所以物质没有统一体。物质由单独的元素组成，这些元素渴求一种统一状态，因此这些元素努力克服自身，从而寻求其自身的对立面。如果这种做法成功了，那么它将不再是物质，它挣扎着向理性化的状况发展，因为统一体就是它的理想存在。另一方面，精神的中心则在它自身之内，它也争取向自身的中心点发展。它的统一体不是某种外在的东西，它总是在自身之内发现自身，并且总是在自身之内存在并与其一起存在。物质的本质在自身之外，而精神则与之相反，自身是自足的存在，它就是自由。因为如果我依赖它物的话，我就对别的某物而非我自身负有义务，因此如果没有与这个某物的外在关联的话就无法存在。然而，如果我是自足的，那么我也是自由的。

当精神在奋力迈向其中心点时，它同时也在奋力迈向自由的充分发挥，而这个奋力就是精神的本质。当人们说精神是个体事物时，那好像马上就意味着精神是一个已经完成了的事物，但恰好相反，精神这个事物是活跃的。活力是它的本质，它是自己的产物，因为它本身就是自己的起点而又同时是自己的终点，它的自由并不见诸于静态的事物，而是见诸于一种不断的否定——精神会不断对那些足以危及到自由的事物加以否定，精神的要务就是去产生自己，去使自己成为本身的对象，以至于去认识自己。在这种情况下，可以说精神本身就是为了自己的，而自然的事物则不是为了自身，因此它们也就不是自由的。

精神的“自足性”使其开端与终结都在自身之内

因此，精神之所以要奋力走向它的中心点，从而实现自由，归根结底，其原因在于精神并非一个外在的物体，它不是物质性的东西，它与物质性事物的不同之处在于它是“自足”的，因此它自己的开端和它自己的终结就在它自身之中。它的自由并不存在于静态的存在者之中，而毋宁存在于一个连续的否定之中，它威胁、毁灭着自由。精神的事务是生产自己，使它自己成为自己的对象，并且以这种方式获得关于自身的知识，以这种方式，它为自身而存在。自然对象不为自身而存在，所以出于这种理由，它们不是自由的。精神在那关乎它的“自我的知识”的帮助之下去产生自己、落实自己。它以这样的方式来活动，好让它所认识的自我能同时得到落实，所以一切活动的展开都来自于精神对自己的意识。如果精神认识到自己是自由的，这跟它对自己一无所知的情况大大不同，因为如果它没有认识到自己是自由的，它就始终处于奴隶的位置并且会满足于其奴隶的处境，它也不会认识到这并不是一个恰当的处境。正是对自由的感觉使精神得以自由，尽管实际上精神也总是在自身之中并为了自身已经是自由的了。

由此，无论是“自由”也好，“必然”也罢，实际上都是在讲精神领域之内的事情。“精神”的本质和具有物质性的事物不同，因为物质性的事物会有广延，会有质量、颜色等等。而精神的特性只在于自己的本性，这就是自由。

因此，精神的本性就是要实现这种自由。历史哲学就是精神自由的实现过程。这个精神自由之实现，其正确位置和起源是“意志”。但是，意志层面的自由还只是“主观的自由”，仅仅实现了主观自由并不是实现了自由。只有在实现了主观自由的同时实现了客观的自由，才真正地实现了自由。在政治领域里，在世界历史的领域里，要实现“客观自由”当然需要依赖每个民族成员之自觉才能实现，不过意志在这方面所表现出的自由也有赖于法律制度、国家制度的装饰才能够成为客观自由。所以，只凭意志得到的自由显然仅仅是初步的自由，这种自由不过是主观的自由而已，还不能够安顿民族这个集团生命的归宿，如果想对自由有进一步的认识，就需要对精神的全部特征进行全盘的考虑。

（6）精神的发展过程是个辩证的扬弃过程

凡是人类在现实中拥有的东西，他在理想中也一定拥有

当精神假定了个体能够感知的时候，精神自身就能够得到最直接的知识了。此时，它仍然还没有获得一个对象，个体仅仅以某些特别的方式感觉到自身确实有这种特征。然后它试图将自己与这种具有决定力量的品质区分开来，并且在自身之内进行一种内在的划分。因此，“我”的情感就分裂成两部分，这两部分分别进入

了外在世界和内在世界。就“我”有一种否定性和不完善的特征来说，“我”的本质属性因此就进入了新阶段。“我”在自身之内遇到了矛盾和冲突，它们有毁灭“我”的危险。但是无论如何，“我”依旧存在，“我”当然清楚地认识到此点，因此“我”在这种知识与“我”的否定感和缺乏感之间做工作，以使它们保持平衡。“我”幸存下来，寻求克服这种否定感和缺乏感，这是“我”的本能。“我”的本能所指向的对象，是根据直观才得到的，“我”依据直观可以获得满足以及“我”自己作为一个整体的恢复。所有生物都蒙受本能的推动，因此，我们是自然物，我们所有的本能都具有一种可感性质。对象——就“我”被本能推向它们而言——是整合的手段，这是与此类似的理论和实践的基础。但是就我们对物体的直观来说，我们直接与外在物打交道，我们甚至就是我们的外在物。我们的直观是与感性自然不相关的统一体，因此也是我们的本能，而无需考虑它们的内容。

如果根据这种定义的话，人和动物将没有任何区别，因为本能对自身没有意识。但是人类拥有关于自身的知识，正是这点将人和动物区分开来。人是思维的动物，而思想是有关普遍事物的知识，它简化了经验的内容，因此人也被它简化了从而可以成为内在的、理想的存在者。不过，更准确地说，这种内在性和单一性是内在于人类之中的，我们的经验之内容只有在被简化后，才会变成普遍的、理想的。

凡是人类在现实中拥有的东西，他在理想中也一定拥有。因为他具有关于现实的理想知识，他会听从自己从而不再成为一个纯自然的事物，不再沉湎于去满足和促进那直接的本能和直觉，这就是思想的作用。这种知识，促使他去控制自己的本能，他将理想——即思想领域——置放在本能的需要和本能的满足之间。而在动物那里，这两者却是混淆在一起的，它们不能借助自己的力量切断两者之间的联系，只有痛苦或恐惧能做到这点。人类则先有本能的要求，然后才会去追求本能的满足。人能控制或驾驭自己的本能，他就能够按照自己的目的去行动，以至于按照一般原则来决定自己，他甚至能使把自己的目的变成一个完全普遍的目的。在这样做的时候，他由自己所形成的、有关自己的本性和意志的观念所引导。正是此点才构成了人的独立性：因为他知道决定自己的是什么。因此他就可以把自己的目的简化为一个简单的概念，例如他的积极自由的概念。

人性的基本特征在于，人可以把自己设想为一个自我

哲人咖啡厅

动物的观念则不是理想的，没有真正的实在性，因此便缺乏内在独立性。作为一个有生命的存在物，动物也在它自身之内具有运动的泉源。但是它仅仅只能接受那些自身就已具有了的刺激之官能所能接受的刺激。对动物来说，不符合它内部构造的事物对它来说是不存在的。

动物从它自己身上分裂出来，也在自己身上有所分裂。动物不能在它的本能和它的本能之满足中间加进去任何东西。动物没有意志，因此无法尝试控制自己。促使动物行动的本能来自于其内部，这些本能的运作就已经预设了它们具有一套内在的机制。然而，人类的独立性却并不是因为他是自己行动的源头，而倒毋宁是因为他能控制自己的本能的源头，从而也就控制了本能的自发性和他的自然禀赋。

之所以凡是在现实中拥有的东西，在理想中也一定拥有，是因为精神是积极的、活动着的。即使人类的意识开始时仅仅是朦胧的感觉，但通过那简化过程最终却可以使人追溯到精神本身的理想性。精神从对“这一个”的意识，即感性确定性，通过自身的丰富、变化、发展而一步步上升到自我意识，从而最终上升到精神对自我的意识的过程。这是内在于人的，并且只有人才具有，动物没有这样的认识，所以动物只能是自然的存在，也就只能按照本能行动。动物为本能所驱使，去追求本能的需要和本能的满足，因而动物没有办法在自己的本能中添加进去任何东西，就更不要说一些理想性的、思想的事物了。而人类却不一样，他可以在本能的需要和本能的满足之间添加很多东西，其中最重要的就是人类的目的和思想。人类依据自己的目的和思想可以抑制自己的本能，而动物却做不到。

人性的基本特征就在于，人可以把自己设想为一个自我。作为精神，人并不是直接的存在，而毋宁说在本质上是通过反思而走向更加完美的存在者。这个中介功能是精神的本质阶段。它的活动在于超越和否定直接性，从而可以让自己回顾自省，因此他通过自己的活动而使自己成为自己之所是。唯独在精神回顾自省这件事情上，主体才具有了真正的实在性，而精神实际上不过是它的成果而已。

种子的例子可能会让我们更好地展示这点。植物从种子开始生长，但是种子同时也是植物之整体生命的产物，因为植物的生长仅仅是为了产生种子。种子同时是植物的起源和产物。虽然它既是起点，又是终点，但是却已经不同了，因而也不是同样的东西了。种子成为某一株植物的产物，但却是另一株植物的起点。

从种子到植物，再从植物到种子，以至于从种子之中再萌生出新植物，其实不过是在重复前一阶段的过程而已，就此而言，它们又是相同的。这样的生命其实不过是个重复，或者说循环而已，因此没有发展、没有进步、没有提升。人类的生命本来也是如此，子子孙孙的生命延续也不过是在重复生命本身生、老、病、死的过程。但是人类的与众不同之处在于，人类并不仅仅只有动物性的本能，除此之外，人类还具有精神生命。精神的发展是渐进的，它能把潜能转化为具体的事物。精神一旦如种子一般萌发出来，会持续地向前推进和发展，但是与种子单纯的量变不同，精神的发展中存在着质变。因此，在每一个阶段之中，精神的发展都添加进了新内容，直到精神发展到了完善阶段，达到绝对。精神的这些发展阶段都要经过激烈的斗争、痛苦的煎熬，这个蜕变过程往往充满着痛苦及艰难，但是却恰恰是痛苦及艰难才会促进精神的成长，才会促进人类的进步。而精神的这个发展过程，自身就是一个不断扬弃自身前一阶段的辩证发展过程。对于世界精神的发展来说，同样也是如此。

（7）世界精神借助民族精神实现自己

> 正是精神对自身的意识才有权力统治各民族的伦理世界

人类只有通过接受教育和训导才能完全实现自己。人的直接性实存仅仅包含自我实现——即成为理性的和自由的存在者——的可能性，仅仅赋予他一些才能，而他的现实性必须由自己实现，这是人的义务。动物的教育很快就完成了，但这不应该被看做自然赠予动物的恩宠，它们的成长不过是在力量上的增长，这种增长不过是量的单纯增加而已。而人必须通过自己的努力去实现自己的潜能，必须自己获得一切，因为他是精神性的存在者，简单说来，他必须刨除在他身上的自然成分，这样，精神才是它自己的产物。

精神的本质是自我意识。精神在本质上是个体，但是在世界历史领域中，我们对特殊性的情况不感兴趣，也不需要将自身局限于个别情况之中，更不需要尝试将一切事情追溯回这些情况之中。历史中的精神是一个个体，这个个体有着一个普遍本性，而且这一普遍本性的内容又是明确而具体的，这就是一般意义上的民族概念。我们所关注的“精神”是“民族精神”，但是民族精神这个概念在它有关自身的观念之中有很大差别。正是精神对自身的意识才有权力统治各民族的伦理世界。民族是精神自身形成的概念。精神当然只有人类才具有，因此，精神一定要落实到作为个体的人身上。但是，世界历史所要考察的却并不是作为个体生命的“个体”，而是以民族作为世界历史的个体，要去考察各个民族生命中所蕴藏的精神。世界精神本身也要靠不同的民族精神才能逐渐地实现自己，所以，世界历史的个体单元不应该是作为个体的个人，而是各个具体的民族。

因此，精神的概念是在历史中实现的。根据精神认识自己的程度之不同，各个民族的民族意识也彼此相异。每一个人都依赖的意识的最终阶段是对人的自由的认识。精神自己的意识必须在世界中实现自身；而它实现自身的材料或土壤不过是那一般的意识，是一个民族的意识。这个意识涵括并引导了整个民族的全部目的和利益，而该民族的法律、习俗和宗教都由此而来。即使个人没有意识到它，而且还把它当做理所应当，它也是民族精神背后的本体。它是一种必然性的形式，因为个体在此氛围中被抚养成人，并不知道其他任何东西。但是它并不等同于教育或教育的结果，因为这种意识是从个人内心中生发出来的，个人就处在这种意识之中。

这个普遍的本体并非世俗之物，世俗之物也无力与它抗衡，没有任何人能够超越它，尽管个体能够区分出自己与其他人的区别，但却不能把自己从自己民族的民族精神中区分出来。只有那些知道这种民族精神并且根据这种民族精神来行动的人，才能被认为是真正有智谋的。他们是民族的伟人，他们把整个民族领向普遍精神的要求处。因此，个体性不在我们的考虑之内，但那些把民族精神转化为实在性的人除外。如果我们想哲学地看待历史，就必须避免如下这样的表述，即如果不是某人的原因，那个国家就不会灭亡了之类。个人在普遍的实体面前无足轻重，而普遍的实体会创造它所需要的个人来完成自己的目的，而对于一定会发生的事情，没有人能够阻挡。

> 一个民族在世界历史的发展阶段中究竟占据着什么样的位置，在于这个民族所体现出的精神

一方面，民族精神是特殊的，而另一方面，它与绝对的普遍精神保持同一，因为归根究底它不过是绝对的普遍精神的一部分。世界精神就是当它通过人类意识在世界中揭示出来时的那个世界的精神。人类与世界精神的关系，是部分与整体的关系，世界精神是人类的本体。这种世界精神与神圣的精神，即绝对精神保持一致。个别民族的特殊精

神也许会没落，但由于它是“世界精神”发展链条中的一环，因此这种普遍精神就不能消失。民族精神是以特殊形式出现的普遍精神；世界精神超越了这种特殊形式，但是只要它存在，它就落实到特殊性领域中了，因为它一旦成为实际存在者，就会以一种特殊面貌出现。民族精神的这种特殊品性根据它所依赖与掌握的意识的不同而不同。在日常生活中，我们常说某一民族对上帝有这样的想法，有这样的宗教，有这样的法律制度，对伦理生活有这样的看法等等，我们很容易把这些都看成是外在对象，看成是一个民族拥有的外在事物。但是一旦我们对此有所考察，我们就可以知道这些事物都是属于精神这一类的存在者。只有精神才具有真实性，这是精神对自身的意识。

一个民族在世界历史的发展阶段中究竟占据着什么样的位置，不在于这个民族外在成就的高低，而在于这个民族所体现出的精神，要看该民族体现了何种阶段的世界精神。这种精神就相当于自我意识。但是这却十分容易带来误解，因为我可能会错误地设想，我在自我意识这种行为中意识到的不过是我在时间中所表现出来的个体性。哲学的处境存在一个难题，那就是人们经常认为哲学处理的不过是个体性的特殊存在物，但是当精神意识到精神自身时，它就自由了，精神因此也就克服了时间性的、有限制的存在者，并将自己提升到纯粹的本质之中，而这种纯粹本质同时也是精神自己的本质。

如果神圣的存在不是人与文化的本质，那么，它根本上就将不存在。自我意识因此是个哲学概念，它仅仅在哲学话语中才能获得自己完全的属性。如果我们把这看做是确定的，那么我们可能就会进一步得出结论，认为这种民族意识是该民族对它自身存在的意识。精神一开始就是它自己的对象，但是只要这仅仅是我们的看法，精神还没有在它的对象之中认识到自身的话，它就仍然不是在真正意义上成为自己的对象。然而，它的终极目的是获得知识，因为精神唯一的努力就是要认识在它自身之中、并且是为了它自身的东西，并且要以它真实的形式那样揭示它自身。它要根据自身的概念去创造一个精神世界，从而获得并实现它自己真实的本性，它也会根据自身的概念而产生宗教与国家，这就是精神与历史的一般目标。正如在一颗种子中就已经包含了大树的本性，以及它的果实的气味和形式那样，在精神之中也已经包含了全部历史。

3. 世界各民族的“自由”

（1）民族的自然生命和精神生命

世界历史是一个记录，它主要记载的是精神努力实现它自身包括的知识。东方人不明白精神是自由的，也不明白人在其自身之内就是自由的。因为他们不知道这一点，

> 世界精神的目的通过每一个个人的自由而在实体之中得以实现

所以他们自己就不自由。他们仅仅知道一个人是自由的，但是即使如此，这样的自由也不过是这个人的欲望、野性，是激情过后的空虚，又或者同时是温顺、宽大这一类的事物，但是这些都不过是自然状态下的偶然性，或者说，这些都不过是意欲而已。所以东方人不过是专制者，而不是自由人。自由意识首先在古希腊人中觉醒，与此相应，古希腊人就是自由的。但是古希腊人和罗马人却只知道只有一些人是自由的，而不是全体人都自由。柏拉图和亚里士多德也不知道这一点。因此，古希腊人不仅仅豢养奴隶——他们将自己的生命和长远的自由建立在奴隶之不自由的基础上——而且就连他们自己的自由也仅仅只是偶然的、不发达的、短暂的和有限的。

随着基督教的兴起，日耳曼民族第一次意识到，人在本性上就是自由的，精神自由是人的本质。这种意识首先在宗教之中、在精神的内在宗教中出现，但是将同样的原则吸纳进世俗存在中却是一个进一步的问题，它们的解决办法和运用需要长期、艰苦的文化斗争。例如，奴隶制并没有随着基督教的兴起而退出历史舞台，同样，自由也没有立即在国家、政府和宪法中占据统治地位，国家、政府和宪法也只是在自由原则基础上逐渐变得更合乎理性。将自由原则应用到具体事务之中，借助于自由原则对具体生命进行突破与转换，是历史自身的长期任务。

精神对它自己的自由意识被明确地界定为精神之理性(spiritual reason)，因此也就被界定为精神世界的命运，作为世界的一般终极目的。但是正如上文所界定的，这种自由仍然是一个未被定义的术语，这就给它带来了无限阐释的可能性，因此，既然它是最高的概念，它就向无限的误解、困惑和错误敞开胸怀，从而也就涵括了一切可能的挥霍。但是我们此刻却必须停留在这个一般性的界定上。我们也强调了在原则与其实现之间无尽差别的重要，因为自由在它自身之内就已经具有获得意识并实现自己的必要性：它自己就是自己运作起来的目标，它自己就已经是精神的目标了。

精神的实体是自由。从这一点我们就可以推断，在历史的发展过程里，精神的目的是主体遵循自己的意识与道德的自由，是主体追求和增进自己普遍目的的自由。它也暗示出，主体具有无限的价值，因此它一定能意识到自己的卓尔不群。世界精神的目的通过每一个个人的自由而在实体之中得以实现。

> 精神是一个民族中所有事件及该民族的抱负、志气的原动力

在这个过程中，民族精神是精神达到对自己的自由之认识的中介。然而，民族为它们自身而存在——因为我们在这里不关注在它自身中的精神——因此，它们只是自然的存在者。就它们是民族国家来说，它们的原则只是自然原则，因为它们的原则彼此不

同，各个民族自身也就自然地有所不同。每个人都有他自己的原则，他寻求这个原则来实现自己的目的。如果它已经实现了这个目标，它在世界上就没有进一步要完成的任务了。

和个人的生命有灵魂和肉体两个方面一样，民族的生命也同样具有两个部分，即自然生命与精神生命。对于精神生命，我们可以从该民族的文化成就中进行发掘，特别是宗教、哲学、艺术、道德这样很明显就是精神性的事物，而自然生命，可以从该民族国家的国力、人民、土地以及其他外在事物中得以察明。对于一个民族的自然生命来说，当然会受制于这个国家外在的环境和地理、气候、临近的国家民族等，因为这些因素关系到整个民族的生死存亡，所以，一个民族在其开始的时候多数都是凭借自己的自然生命而去追求它在自然中的“存在”，不过，尽管如此，也并没有否定其本体仍然存在于“精神生命”之中。

因此，我们可以将一个民族的精神看做是某一原则的发展，这个原则起初受制于不明显的本能，它逐渐开拓出自己的道路，寻求获得客观实在性。这种自然精神是一种明确的精神，一个具体的整全，但是，它最终必定会在自己特定的本性中对此有所认识。而做这种事情的就是我们自己，我们借助的手段，就是思想。接下来，民族精神也以同样的思维方式来理解它自身，因此我们也要仔细地去考察一下精神的明确概念或明确法则。精神自己运作的方式就是思想，而思想要明确地掌握概念和法则。不过，对于一个民族的精神来说，该如何掌握自己的概念和法则呢？毫无疑问，这显然是哲学家、尤其是思辨哲学家的任务。

精神的原则在内容上十分丰富。因为精神是鲜活的、生动的，并且仅仅关注于自己的产物，所以它在自己的发展过程中以多种方式呈现出来。精神是该民族中所有事件及该民族的抱负、志气的原动力，在这里它才能够实现出来，才能够获得自我满足和自我知识。宗教、知识、艺术、历史命运以及历史事件，都是精神在发展过程中展现出来的侧面。正是这些精神事物、而非民族的自然倾向，决定了该民族的性格和气质。在精神的积极运作之中，民族精神起初仅仅会认识到它在现实中的目标，而不会很快认识到自己的本性。但是，尽管如此，它却有着阐述自己属性的本能。它那至高无上的活动就是思维，因此，当它实现自己的力量时，或者说当它的活动发挥出最高效果时，它的目标是去认识自己。

精神的最高目标就是认识自己，而理解它自己不仅仅要凭借直观，而且还要凭借思维。精神一定会并终将达成自己的目的，但是它的成功同时也是自身的没落，这就带来了下一个的新阶段，带来了一种新精神。个别的民族精神通过与其他民族的民族精神的融会贯通才能实现自己的任务，才能完成自己，因此，我们可以看到在不同的民族原则之间存在着一个前进、发展和连续的关系。世界历史哲学的任务就是要在这种运动中发掘其内在连续性。

由此可见，世界精神的完成和实现，并不是一个民族自己就能完成的，而是要由许多个民族共同实现的。对于这些民族来说，每个民族的出现、成长、繁盛、衰落和消亡，其背后都体现着精神的运作，而在不同民族之间，也同样存在着继承、发展的关系。

（2）文化教养的养成

民族精神的抽象发展模式，实际上体现在时间的推演过程中，这个过程由感觉可以察知，这是精神的初级活动。更具体的进程也是精神性的活动。一个民族有内在进步的时候，它会进一步地向前发展，同时最终也会被毁灭。这里，我们可以使用的恰当范畴是文化教养的范畴：文化教养的纯化（或文化教养的提升）、文化教养的衰落。对于文化教养的衰落来说，它可能是民族陨落的结果，也可能是民族陨落的诱因，但是“文化”这个词却并未传达民族精神的实质内容。它是一个形式性的范畴，总是根据普遍事物的形式而形成的。一个有文化教养的人知道怎样将普遍性运用到自己的行为之中，他已经摒弃了自己的个人性、私已性，而根据普遍原则来做事。文化教养是思想的一种形式，它有赖于人们的自我克制，有赖于人们不仅仅遵循自己的欲望和性格去做事，而是将自己置放于原则的约束之下，因此，他给予自己的对象一种独立性，并让自己也习惯于采取理论态度。

对于有教养的人来说，他会习惯性地去掌握个别事件的不同情况，去分析其中的处境，去直接地把普遍性形式应用到孤立的、抽象的事件之中去。一个有教养的人会辨识出他的对象的不同情况，他对这些细节了如指掌，成熟的反思能力使他能掌握普遍性的形式。他也会将这些普遍性的形式运用到自己的行为之中去，从而使自己的行为举止端正。

而另一方面，没有教养的人则很可能会掌握大概意思，但是同时却将其他的枝节破坏得一塌糊涂，使它们的内容变得十分混乱；但是有教养的人则将所有反面都照顾得十分周到，因此会将普遍性的形式表现出来，有教养的人已经习惯于根据普遍性的观点和目的来行动。因此，文化教养可以被这样定义：将普遍性带入某一个具体内容中的能力。

既然精神的发展过程就是文化教养生成的过程，现在我们就必须用更具体的方式来对此进行说明。精神的普遍性就是要把那些“在自身之中的”本性实现出来。这也可以用一种主观的角度来理解，在这种情况中，我们可以将精神在其自身之中的内容称为它的本性。当这种本性已经被实现出来时，我们就说它的品质或能力而不再说它的本性。在后一种情况中，也就是当精神的本性被实现出来时，其所产生的结果也只能在主观的形式下才能被掌握。

然而，在历史中，在它的形式中就有精神产生出来的对象、事件或事业。民族精神是知识，思想以如下方式对民族精神之存在发生影响，即它知道自己的工作是客观的，而不再仅仅是主观的。我们应该注意到人们常常把人的内在本性与他的行为进行区分，但是这在历史中却行不通。人是他做的事情的总和。一个人可能会想象这样的一种情况，尽管一个人的行动很糟糕，但他的想法却很好、很优秀。当然，一个人掩藏自己的真实意图和真实态度这种事情也是可能的，但是从整体图景来看，这却说不通。实际情况是，在一个人的内在和他的外在之间没有什么区别。在历史中尤其如此，没有必要浪费时间去区分各个事件之间在时间上的差别。这也就是说，在历史之中，外在的行为就表现其内在的本质。民族的特性就是这个民族的行为的特征，因为事件就表现了它所追求的目的。只要那是属于历史的，也就属于该民族，历史的所作所为就是历史的目的所在。

4. 民族生命的辩证发展过程

（1）精神控制民族生命的成长与发展

> 当一个民族得到了完全发展，并且已经实现了自己的目的，那么它对更为严肃的事情的兴趣就开始消退

精神的行为以其本质为依据。它将自身之中已经具有的东西，也就是它自己的行为或事业在现实之中表现出来。因此，它就成为了自己的对象，也将自己的实存表现在自己面前。一个民族的精神也同样如此，它的行动就已经使自己进入了实际世界之中，也就是说精神的所作所为就是要为自己创造出一个实际的世界，一个同时占有空间的世界。它的宗教、礼仪、伦理、风俗、艺术、宪法和政治法律，实际上它的所有制度、事件和事态，都是它自己的产物，而正是这些内容使一个民族成为一个民族，成为它之所是。这也是各个民族的共同感受。因此，个人发现他的民族已经作为一个完整、稳定地发展起来的世界而存在，作为个人，他已经位居其中并被这个世界同化了，因此，他不得不将该民族的实质存在当成自己的存在，这样他的能力和气质才能与之相符，从而最终才能让自己成才。

民族这个精神的产物已经现成在那儿了，恰恰是个人需要让自己面对它并让自己与它符合一致。如果我们在一个民族形成的形式阶段来检查该民族的话，我们就会发现

它的行动可以推进它的精神目标，我们就会把它描述为有道德、有德性、有力量。因为它的行为由它的精神之内在意志统辖，同时它也准备好通过斗争来使自己客观化，来使自己成为现实，并通过斗争来保卫自己的事业免受外来侵犯和攻击。

在此阶段，个人还没有从整体中分离出来，因为这种分离直到后来、到反思阶段开始的时候才出现，一旦民族形成了，在它的本质与它的实存之间的分裂就被克服了，因为它从自己的内在本质中创造了自己的世界，所以它得到满足。精神就在自己创造的世界中尽享鱼水之乐了。

当精神已经得到了自己的对象，下一个阶段也就开始了。在这个阶段中，精神的活动不再激烈活跃，它的实质灵魂变得不再活跃、趋向于静止。它的行为现在仅仅与自己的最高利益遥遥呼应。我仅仅会对自己力所不及的事物感兴趣，或者仅仅对我尚未实现的某些必要的目的感兴趣。因此，当一个民族得到了完全发展，并且已经实现了自己的目的，那么它对更为严肃的事情的兴趣就开始消退。民族精神是一个民族的个体，具有民族个体性，因此，它会生成、繁盛、变强，然后就会消退、死亡。它落实在自然界的有限领域里，有限的精神也就转瞬即逝。因为它是有生命的，所以它的事业就是产生自我、创造自我、实现自我。只要现实的情况跟它的概念还没有符合一致，或者它的自我意识还没有掌握其内在概念，那么，这里就始终存在一个矛盾。不过，一旦精神自己获得了客观生命，或者一旦它实现了自己的概念并完全将其运用到实践之中时，它就开始变得贪图享受而不再积极主动了，这时精神也就变得了无生气了。

> 民族精神的自然死亡可能会以政治僵化的形式出现

精神仍旧活跃的阶段是该民族的青年期，是该民族整个发展过程中最好的阶段。在这个阶段中，个体感到有必要保护自己的祖国，并去实现自己民族的目标。当这一切实现之后，生活就变成了一种习惯，正如人们会因为生活过于刻板而失去生活的热情一样，民族精神也会因为自我沉沦而失去热情。当民族精神实现了自己的功能，它的热情和敏锐也就会因此转向低落。这时，该民族生活在成年期与老年期的边界时期，并能安享自己努力的成果。过去该民族曾经采取各种手段来满足需要和需求，而那些现在仍然继续存在。不过，现在已经完全用不着采取手段去满足自己的需要和需求了，因为它们已经得到满足了，于是接下来那些措施也就被取消了。

当然，情况也或许是这样，即该民族放弃了自己某方面的目的，并且让自身仅仅满足于某些小目标。现在它就生活在自身目标的满足之中，于是一切就变得僵化，僵化成了一些规矩和习惯。在这些僵化的规矩和习惯中，不再有奋发向上的精神生活了，它也就只会逐步地走向自己的自然死亡。或许它还能够忙于战争与和约，忙于内政与外务，因为它还能够活上一段时期，所以它仍然活跃。不过这些活跃的表现纯粹是出于个人私下的利益，而不是出于民族本身的整体利益。那个民族的整体利益、那个大我利益、那个崇高的关注，已经在生活之中消失了，因为人们只有在矛盾中才会生发出这种关注。

民族精神的自然死亡可能会以政治僵化的形式出现，或者以我们称为习惯的形式出现。时钟在上紧发条之后会自动运转，与之相似，习惯也是如此。习惯仅仅保留了时间形式的连续性，它的目标之深度和丰富性不再需要表达。这样说吧，它就好像是个外在的、感性的存在，没有任何值得它去再度深化的事物。因此，个体会死于自然生命，与之相似，民族也会死于自然生命。即使民族能存留下来，它们的存在也失去了生命和兴趣，它们的制度变得多余而无用，因为当初产生这些制度的需要已经得到满足，所以除了政治僵化和无聊沉闷之外，没有什么东西遗留下来。这种负面元素已经不再起着冲突和奋斗的作用。例如，古日耳曼帝国的各个诸侯国就是这种情形，它们自己并没有什么过错，只是对降临到自己头上的事情一无所知，但是却丧失了自己的独立。不过通过这种形式的死亡，一个民族或许会更繁荣，尽管它自己不再参与到理念的生活之中，但是它却因而构成了更高原则的素材，变成了更高原则发挥作用的其他民族的属地。但是，一个民族所具有的原则是实际的存在，即使它在习惯中逝去，但仍然保有其精神的本性，因此不能全部灭绝，不过是向前进入了更高级的存在之中。世间万物的转瞬即逝可能会让我们对此印象深刻，往往令我们感伤赞叹，但是如果从更深刻的意义上看的话，这是精神过渡到更高理念的必经阶段，因为精神必须采取这种方式来实现自己的绝对目标，因此，我们也就可以舒缓一些由此转瞬即逝、倏忽即灭带给我们的焦虑。

（2）民族精神的灭亡与新生

> 除非一个民族已经失去内在活力，或者已经死亡了，否则没有任何毁坏力量能够战胜一个民族的精神

各个民族的精神常常会无常转变。它会沦落，会丧失自己的世界历史意义，不再是最高概念的承载者。这最高概念曾被它拥有过，因为，每次一个民族成为时代之宠儿，它的精神就掌握住那最高概念，它就会与时代契合、卓尔不群、统领他族，至于那些没有如此高级概念的民族，或许也会幸存下来，但是它们只是存在于世界历史边缘而已。

但是因为民族精神是普遍的生命、是集团的生命，因此进一步的规定就开始发生作用。作为一个集团的生命，民族精神为了自己而存在，这也就意味着精神之实存的普遍方面可能也会设定自己的对立面。在这个对立面之中，

精神的否定方面就会显现并发展。思想凌驾于民族的直接功能之上，因此，它的自然死亡也就表现出它自己杀死自己的状况。事实上，民族的没落过程有多种表现形式，比如它可能从内部开始腐化：当欲望失去节制的时候，个人就会谋求单干的满足，个人单干的利益摧毁了原先奉献给全体的力量和财产。在这种情况下，那否定的方面就以内部腐化的面貌出现。这种腐化堕落通常伴有外在的强力，这些外在强力剥夺了该民族的主权，因此这个民族也就不再存在了。除非一个民族已经失去内在活力，或者已经死亡了，否则没有任何毁坏力量能够战胜一个民族的精神，也没有任何毁坏性力量能够在民族精神内部发挥破坏作用。

但在转瞬即逝这种无常变化的范畴之外，存在一个更进一步的阶段。因为死亡之后，就有新生。也许人们会想起自然界中的生命，在自然界的生命中，总是伴随着春华秋实，在几度花开花落之后，新旧生命也在交替更迭。但是，精神性的生命却不是这样，在自然界中，树木会随着自然界的变化而发芽、生长、开花、结果。树木的成长交替永远都要从头开始，因为即使这些树木可以向上生长、向下扎根，但是却无法保存自己的果实，而且这些树木最终都是要消亡的。在自然界中，在死亡与新生之间的更替，不过如此。它们只是一种循环往复而已，因此，太阳底下无新事。

但在精神的太阳底下，一切却全然不同。精神的运动和进程却并不重复自己，因为当精神在前进的时候，它的各个方面都在发生变化。精神的运动和变化每次都会带来新东西，每次变化都会使精神本身有所建树，都会使精神在本质上有所前进。即使民族精神被自己思想中的否定性方面毁坏之时，这个进程也没有停止。因为它的知识和它对存在的思想性理解是新形式——实际上是更高的形式，它的原则在将它保存下来的同时也对它进行了重塑——产生的源泉和模型。因为思想具有普遍性、集团型的性质，所以它就死不了，它自己会保持自身的同一。每种精神表现出来的形式都不简单地随着时间的流逝而自动消退，毋宁在自我意识之自我决定、自我意识的行为中保存下来。因此，精神一方面保留了自己本性中的实在性和连续性，同时它也为其本质、其思想和其存在中的普遍性方面所丰富。它的原则不再是它先前存在的间接性内容，也不再是它的目的，而是其内在本质。

我们追随一种民族精神而进入另一种民族精神，应该强调，这种普遍精神并没有死去，它仅仅在作为一种具体的民族精神时才能死去。作为一种民族精神，它属于世界历史，它的任务是获得关于自己功能的知识，并且借助思想理解自己。这种思想或者说反思，最终不再反映它的直接存在，因为它意识到，在这种直接存在背后，是具体的原则，因此，主观精神就从普遍精神中分离出去。普遍精神就是民族精神在每一个公民成员身上表现出来的普遍情况，也就是个体和集体不分彼我、圆融一体的情况，这在古希腊的各个城邦中表现得最为明显。在这种情况下的精神是未经反省的，所以就是直接的精神。不过直接的精神却并不能持久，一旦个体意识到自己的身份和地位时，个体和集体之间的这种亲密无间的关系就要被打破，而这个过程同时也就是主观精神形成的过程，同时也是主观精神从普遍精神中分离出的过程。

在这个过程中，个体退回到自身之内，并追求自己的目的，这就是民族的没落：每一个个体都把自己的目的当做自己的利益所在、兴趣所在。但是当精神退回自身之后，思想就在其自身之内获得了特殊的实在性，同时各个学科开始繁荣。因此，学识与民族的衰落或陨落总是携手出现、并肩前行。

但是，与此同时，一种新的同时也是更高的原则出现了。破裂本身就包含和携带了统一的要求，因为精神是一个统一体。它是活生生的有生命之物，所以足够强大，从而能够创造自己需要的统一体。在精神与低级原则之间的对立或冲突带来了一个更高的因素，例如，希腊人在自己的文化达到最高峰的时候，在自己的伦理事业最兴盛的时候，并没有普遍自由的概念，他们虽然有具体的自由，有具体的礼仪规范，但却没有真正的道德或良知。因为道德建立在精神的反思活动基础之上，同时也是精神反躬自身、反思而诚的行为，因此道德在古希腊人那里并不存在，他们那儿有的只是伦理、风俗、习惯。这种意义上的道德仅仅在苏格拉底那里存在。一旦反思行为要产生出来，个体本身要返回自身之内，并且要从那个社会中分离出来，从而根据自己的意愿去过自己的生活时，堕落与矛盾就产生了。但是这种精神无法保留安稳状态，因为它要寻求统一，这统一里面存在着更高的法则。历史就是精神发现自己及其概念的过程，因此，在分裂之中就包含了意识的更高原则，但是这种更高的原则也有另外一个方面，它的这一方面根本没有进入意识之中。因为直到个人自由原则已经出现时为止，根本没有对这种最高原则对立面的意识。

因此，这个过程的结果是这样的：精神在使自己客观化、并且意识到自身的客观存在的同时，一方面毁掉了自己存在的特性，另一方面却领会了自己的普遍性，因此就对自己的法则进行了新界定。这就意味着，民族精神的实质特性已经变化了，或者换种说法，民族的原则已经被吸收进另一个更高的原则之中了。

理解历史需要发现并识别“转变”观念

如果我们想要理解历史，并想要在哲学的帮助下去理解历史，那么全部事业的最重要、最与众不同的特征，实际上也就是这项事业的本质，就在于我们应该发现并识别出这种“转变”观念。个人作为一个独立单位，经历了不同的发展阶段，但是却保持了自己的个人统一性。民族也是如此，至少就其精神进入普遍阶段中是这样。我们可以在这种内在的或概念的必然性中找到驾驭变化的东西。但是，正如我们已经提到过的，生命的无能为力也由此显现，生命的开始和它的终结是分裂的。这既适用于个人的生命，也适用于民族的生命。在世界历史中，这种特定的民族精神不过是一个个体而已。一个民族在自己成熟时带来了自己的果实，因为它的活动就在于去完成自己的法则，但是，这些果实不会掉落回原先孕育自己成长的温床。它不可以享受这成果，恰恰相反，这果实会变成一杯苦酒，它不可能拒绝品尝这杯苦酒，因为它对此有着无限的渴望。然而，喝下这杯苦酒的代价却是自己的毁灭，虽然这种扬弃同时带来了一个新法则。果实当然会再次孕育出种子，但是它却已经成为其他民族的种子了，其成长过程也就只能由其他民族来完成了。

精神本质上是自己行为的产物，它的行为在于要超越和否定自己的直接性，并回到自身。精神是自由的，世界历史中的世界精神，其目标是要实现自己的本质，并获得自己的自由。精神的活动是认识自己并识别出自己，但是这个过程并不是一蹴而就的，而是在一个逐渐发展的进程之中实现的。每一个新生的民族精神都代表了世界精神在其漫长征途中的一个新阶段，这个征途是世界精神寻求其意识和自由的征途。一个民族精神的死亡，是向一个新生命的转化，但这却不是像自然界中那般实行的。在自然界中，一个个体的死亡带来的只是另一个相同个体的新生，而在精神领域之中，情况恰好相反，世界精神从低级形式、低级阶段向更高的法则、自己本性之概念过渡，向它完全发展了的理念形式前进。

5. 世界历史事关人类的“安身立命之本”

（1）终极目的存在于世界历史之中

因此，目前我们要处理的问题就是人类的终极目的问题，这个目的是精神将自己放置到世界中而设置的，这个目的是精神自己提供动力来实现的，并且这个过程无休无止、无尽无停。这个终极目的的更具体的含义，会随着精神的发展而变得越来越明确，这就有赖于上文提到过的民族精神。我们已经看到，精神除了自己之外不关注其他东西，没有什么东西比精神更高级，因此除了精神之外也没有什么东西值得成为精神的对象了。在精神认识到自己的本性之前，它不可能闲下来，也不可能忙于去做别的事情。我们已经将这看做精神的最高并且是其唯一的兴趣和利益。当然，这种思想是一般的、抽象的。在观察历史时，我们会发现，在它和各民族及个人的利益之间存在一个巨大的鸿沟。在经验层面，我们看到各个民族有着自己持续了数世纪的特别的目的和利益，我们只要想想罗马和迦太基之间的对立就可以理解这点了。认识这些经验现象，本质上是思想过程自身的吁求，因为这构成了精神的本质利益。我们已经把历史的目的定义为精神对自身的自我意识，或者让世界符合精神的自我意识。这就等于说，精神从自身之中产生出概念，使这些概念客观化，因此就成为了自己概念的本质。精神在客观世界之中意识到了自己，因此它可能获得自己的提升。因为只要客观世界与精神的内在需要符合一致，精神也就实现了自己的自由。当精神以这种方式决定自己的目标时，它的进程就表现出更具体的性质。这种性质体现在它不再仅仅包括量的增长。我们或许可以在此基础上说，在我们对自己的一般意识面前，我们必须承认，意识在认识到自己的本质属性之前，必须经历过各种发展阶段。

因此，世界历史的目标就是，精神应该获得关于自己真实性质的知识，并且将这种知识客观化，将它转化为一个真实的世界，也就是说，要给自己一个客观存在。这里的本质之处是要注意到，这个目标自身就是精神的产物。精神不是像动物那样的自然存在者，因为动物不过是自己的直接存在。精神自己生产自己，并使它自己成为它所是的样子。因此，精神在自己的真实存在中假定的第一种形式是它自己行为的产物。它的本性是生生不息而不是静止不动，因为它自我创造，并且为自己而存在。只有在它创造了自己这个意义上，我们才能说精神是真实的。它的本质是绝对中的发展过程，这个过程有几个重要的阶段，它充满了运动和变化，因此在不同时代以不同方式被决定。精神本质上包含有一系列不同的阶段，世界历史就是这个神圣过程的表现，这是一个逐渐发展的过程，在这个过程中，精神开始认识自己并且实现自己以及其全部真理。世界历史的不同阶段是精神的自我认识之中的阶段。精神的本质、精神的最高指令就是它应该认识、了解并实现自己。它在世界历史之中实现自己的目的，它为自己带来了不同的明确形式，这些形式就是世界历史里的各个不同民族，在其构造里，它所表现出来的每一个个别阶段就成为世界历史的不同民族。其中的任何一个民族都代表了一个特别的发展阶段，因此它们与世界历史中的各个阶段一一对应。

世界历史是精神之神圣、绝对进程的最高表现形式。在这种进程之中，它发现了自己的真实本性，以及对自己的意识。精神在这些阶段所假定的特别形式是世界历史的民族精神，它们各自的伦理生活，它们各自的宪法制度，它们各自的艺术、宗教和知识，都有着自己明确的特征。世界精神有实现这些阶段的无限冲动和不可抗拒的动机，因为这种行为的后果及其实现是它的真正概念。世界历史仅仅表明精神如何逐渐地获得自己的意识，以及对真理的意愿。它要从曙光开始，逐渐掌握要旨，直到最后才会达到完整的意识状态。我们已经讨论过这个过程的终极目的，而世界精神在世界历史之中实现出来的载体是民族精神。

民族精神在自己必然的发展过程之中所体现的原则只是普遍精神的不同环节，这个普遍精神要通过这些民族精神而在历史过程的整体之中达到自己的完美状态。

(2) 人类理想在世界历史中得以实现

精神在历史中实现自己的目的，这种过程与一种流传甚广的观点相冲突，这种观点也是有关理念的本性及其与现实的关系的。因为很多人都持有这样的一种观点，并且这种观点也时常被宣传而广为流行：只要理念依然是理念，无论它是想象力的理念还是理性的理念，都无法转变成现实。尤其是，我们曾经被告知，青春之理想会在冰冷无情的现实面前堕为梦幻泡影。在人生的旅途之中，无论这种理念建立在如何艰难的现实基础上，它都一定是主观的，它仅仅是那些自认高人一等并且自认聪慧的人的观点。对于这种观点，我们在目前的讨论中不做赘述，因为孤立之个人的幻想在最大程度上也不能整合实在，就正如普遍法则不会仅仅出于个人利益而被钉上枷锁一样，而反过来，这个个人倒可能会不情愿地被这些法则影响。个人的理想无法实现，这种情况当然可能会发生。个人通常有关于自己的特殊观点，有关于他们的高尚目的，并且想要去做伟大的事情，他常常会认为自己的目的、观点很重要，如果能实现的话一定会让整个世界从中受益。这当然也有可能发生，但是这些观点在这里不是我们要关注的。个人的梦想通常不过是对个人实力的高估，有时甚至是过分夸大。进一步说来，这类人也很有可能遭受不公正的待遇，但是这对世界历史来说却无关紧要，因为世界历史仅仅把个人当做推进自己向前发展的工具。

但是这些却并不是人类唯一的理想。这些也是理性的理想、理性的理念，其中有关于善的理想、真的理想，以及有关世界上一切最为卓越的理想。人们有着真切的要求去实现这些理想，如果在此得不到满足，人们反而会把其看做客观上的不公平。像席勒这样的诗人带着极大的热情表达过对理想之不能实现的哀伤。但是如果我们说普遍理性实现了，这当然与个体的经验实例毫无关系，因为，说到底，经验性的实例可能会时好时坏，因为概念已经授权偶然性和特殊性在经验世界中运作，从而发挥它们的影响。

当我们考虑具体事件时，我们很可能会得出结论认为，在世界上存在太多的不正义，对于个别现象来说我们当然也可以挑出太多的讹误之处。但是我们在这儿关注的不是经验细节，因为经验细节仅仅依据偶然性，而偶然性并不是我们这里的研究对象。人们对个别的事物进行批评，实在容易不过，并且这种批评可以让批评者表述出自己高明的意见和良好的愿望。这种主观批评只不过是看到了事物的片面性和缺点，实在容易不过，但它们却没有认识到这些事物背后存在的普遍理性。如果这些主观批评能更多地强调自己对全体之幸福有着良好的愿望，以至于打出极度关注的幌子，那么他们很有可能更会变得自我膨胀，从而自欺欺人。找出个人、国家及世界事务的缺点，比看出它们背后的真理性内容要容易得多，因为当人们在给出否定性的批评后，便似乎陡然变得正派高尚起来，并且就因此而目空一切。但是他们却没有深入事情背后去探究其中的缘由，从而也就没有认识到事物的正面意义，因此只会在一切事物之中挑毛病，而不会发觉事物的正面意义和真正价值，这是非常浅薄轻浮的表现。

但是如果想要回到真正的理念和理性的理念自身，哲学就应该像它本应去做的那样，帮助我们理解这个实际的世界。哲学向我们表明，符合理性的意志、具体的善实际上富于力量、十分强大，这种绝对权力可以将自己在现实中实现出来。真正的善，也就是普遍的、神圣的理性，也有实现自己目的的能力和力量。这种善和理性的最具体表象就是上帝，因为善不仅仅是一个一般理念，而且也是一个实际的、有效力的动力，这就是我们称为“上帝”[①]的东西。哲学教导我们，没有力量能够超越善的力量或者能够超越上帝的力量，也没有力量能够阻挡上帝目的的实现。哲学向我们表明，上帝的意志最终总是会实现，世界历史

①值得注意的是，黑格尔这里说的上帝并不完全等同于基督教中的上帝。基督教中的上帝是指通过被钉上十字架这种方式，替信众背负罪责，从而拯救信徒的人子耶稣，而黑格尔的上帝则是理性的化身。

不过就是神意的计划。世界由上帝统治，世界历史就是他的计划内容，就是他的计划的执行。理解这一点是世界历史哲学的任务，在这种神圣理念的纯粹光照下，那些虚幻的想法会被清除出去，那些以为世界历史不过是一堆无意义而又愚蠢事件的虚幻想法，也会被清除出去。哲学的目标就是要认识这神圣理念的内容和实在性，并且保护现实免受伤害。因为正是借助于理性，或者说正是通过理性，我们才能理解上帝的工作。

那通常被人们称为现实的东西，在哲学看来不过是无根草，它在自身之内并没有实在性。如果我们有如下的这种印象，即过去的事件加在一起不过是一场灾难、没有什么意义的话，我们就能在这种想法中找到一些安慰。但是安慰仅仅是一种对不幸的补偿，这种不幸本不应该发生，这些不幸属于有限者的世界。因此，哲学实在不是获得安慰的方式和手段，哲学的作用要比安慰多得多，哲学要协调实在世界与它不正义的外表，并且使它与理性协调一致。它表明，自己是建立在理念自身上的，理性在理念之中得到了满足。因为神圣性内在于理性之中，理性的基本内容就是神圣的理念，它的本质是上帝的计划。在世界历史领域中，理念并不等同于理性，这和在主观意志那里的情形不同，在世界历史领域中的理念只等同于上帝的活动。我们将理性看做理解理念的手段，它的词源也表明，理性是对被表述之某物的知觉，换句话说，也就是对逻各斯

（logos）即真实的知觉。真实在被创造的世界中获得自己的真理。上帝表达自己，并且仅仅表达自己，他是那种自我表达的力量，理性可以理解这种表达——理性所理解的是上帝的真理和影像。因此，哲学得出结论说，凡是空洞的事物，都不能是理想的，只有那实在的事物才可能是理想的。这就是理念自己向知觉揭示的内容。

6. 人类的欲望是历史发展的动力

（1）人类具有强大的欲望

> 情感、个人利益和自私动机的满足是十分强大的动力

那么，现在的问题就变成了，理念能采取什么手段来实现自己呢？这就是我们接下来要考虑的内容。当我们考虑自由创造自己的世界所凭借的手段时，就自然而然地将我们引导到了历史现象上。历史中，自由开始只是一个内在概念，因此它运用的手段就属于我们在历史中直接面对的外在现象世界。但是，如果我们稍微浏览一下历史就会发现，人类的行为受制于自己的需求、情感、利益以及人们的意见和目的，人们的性格、天赋和才能也对人类的行为有很大影响。所以，在这种情况下，人们的活动看来似乎都是由这些需求、情感、欲望推动着向前发展的。个人有时候的确会追求更一般的目的，比如说

善，但是即使是这些他们追求的善，也十分有限。比如高尚的爱国情操就是这种类型，它们可能会被直接地投射到某一个国家身上，但是如果与世界整体和世界的普遍目的比起来，国家就会显得微不足道了。对于自己家庭和朋友的爱也同样如此，实际上一般意义上的道德情感、道德姿态，以及那一般的正派行为都是如此。简而言之，所有的德性都归在此类之下。

我们也可能看到理性的目的借助个人和这些个人的影响才能实现，但是它们只不过是孤立的个人，如果我们将他们与其他所有人做个对比来看，这些个人不过是很小部分而已，他们的德性能够起的作用相对来说也就很有限了。但是在很多情况中，情感（尤其是情欲和激情）、个人利益和自私动机的满足却是十分强大的动力。它们之所以力量十足、威力巨大，主要在于它们并不受正义和道德的约束。与那些要通过很长时间才能培养出来的秩序和自制、法律和道德相比，情感的原始力量更容易直接地抓住人心。

这种情欲具有非理性的特征，即使它们具有好的意图和有价值的目标，也往往会凭借暴力手段行事，带来让人不愿接受的历史后果。当我们看到人类精神创造出来的最繁荣昌盛的各个帝国一次次陷入痛苦、邪恶和没落之中时，当我们对那些个人的不可名状的悲惨感到深切同情时，我们对世事流转也只能空留悲叹。既然所有这些破坏不仅仅只是自然的后果，而更是人类意志的杰作，那么我们的悲伤也就更容易带上一层道德的不安，因为我们心底深处的善良精神最终对此感到难过，从而引发了自身的愤慨。可以毫不夸张地说，我们只需要将有关民族和政治生活之不幸、个人德性或无辜之不幸的尖锐描述和记录编辑并呈现在自己面前，就可以看到一幅令人恐惧的画卷。它的作用不过是加深我们的悲痛感受，而没有把握住任何可以平衡它的方法。我们可以告诉自己，这不过是命运使然，因此是命中注定的事情。通过这种办法，我们可以使自己变得坚强，从而抵抗它，或者从这种悲痛的反省中退出，回到我们的日常生活态度中，去面对当前的目标和利益，这就要求我们现在积极行动，而不是回忆往日的痛苦。

实际上，我们这样做，不过是回到了自私的自鸣得意处，它建立在风平浪静的沙滩上，从一个牢靠的立足点上，沾沾自喜地眺望远处愚蠢的困惑和壮观的残骸。但是，即使我们把历史看做一个祭台，民族之幸福、国家之智慧以及个人之美德都在这个祭台上被屠戮殆尽，但是我们的思想也毫无疑问会迫使我们自己追问：这些可怕的牺牲到底祭献给了谁，到底祭献给了哪种终极目的？这通常就会反过来将我们带到整个研究由以发端的那些问题。从这个起点开始，我们试图将同样的事件——这些事件承受了如此多的悲情和反思——界定为不过是实质性命运、绝对和终极目的，或者换句话说，世界历史的真正结果的实现手段和途径。大致地说，我们反对将反思当做从具体的历史细节上升到它背后之普遍原则的手段。除此之外，这种多愁善感式的反思并没有真正的兴趣超越自己周围的那些态度和情感，也没有兴趣去探究由它们自己引起的神意之玄秘。接下来，让我们回到我们一开始就秉持的观点上去。

> 只有通过意志的活动，原始概念才能够实现出来

我们需要注意的第一件事是这样的：迄今为止我们称作原则、或终极目的、或命运、或精神自身之中的本性和概念之类的东西，它们自身是普遍、抽象的。原则、基本规则或法则是某种普遍、内在的东西，作为这样的东西，无论它自身可能如何真实，它都没有获得完全的实在性。目的、原则以及与之类似的东西起初出现在我们的思想之中，甚至是出现在书中，它们是我们的内在意图，而不是自身就处在现实之中。换句话说，开始的时候这些东西不过是在自身之中，它们还仅仅是“可能性”、“潜在性”而已，还没能把自己的内在本质落实到现实中。因此，在它获得自己的实在性前，就需要插入一个第二阶段，这就是实现活动。它的原则是意志，从大处来说，意志是人在世界上的所有活动。只有通过这些活动，那些原始概念或者潜藏的因素才能够实现出来，从而得到落实。

这些法则和原则自己没有直接的生命，也没有什么效力。使它们运作起来并将它们赋予实际存在的行为，根源

在人的需要、动机、倾向和情欲活动之中。如果我将某物放入实践之中，并且给予它真实存在的话，我就必须有这么做的个人利益。我个人一定卷入其中，并且希望通过它的完成和实现获得满足。换句话说，当我这么做的时候，我自己的利益一定也卷入其中、岌岌可危。在某物中获得利益，就意味着已经卷入其中或受其牵连，我自己积极主动追求的目标一定也在某种程度上是我自己的目的。正是我自己的目的和需要被满足，即使我致力于追求的目标有很多方面，而这些方面与我没有什么关系。这些对个人满足的追求，是主体的无限权利，这是自由的第二个本质阶段。在这个阶段中，主体一定要对自己所做的行为和工作感到满意。如果人们要对什么东西产生兴趣的话，他们必须积极参与其中，也就是说，无论自己的工作是出于何种目的、为了何种目标，他们自己都必须从中寻求自己的利益，因为他们希望能让自己与那些事情保持一致，从中获得自己的自尊心。但是在这里我们一定要小心避免一个十分可能出现的误解：一种普通的、正当的指责或者批评指的是，他对某个人感兴趣，换句话说，他只是在寻求某些个人私利并且仅此而已；他只想推进自己的事业，而不考虑普罗大众，仅仅当他能从普罗大众的利益中捞到什么好处时才对他们有兴趣。

但是任何积极支持某项事业的人不仅仅只对与该项事业有关的群体感兴趣，他对该项事业自身就有兴趣。对于此我们可以这样理解，除非个体作为某个个人的关注能够得到满足，否则什么事情也不会发生，什么成就也无法取得；虽然其他人可能也会有同样的需要，虽然在内容上来说，他的需要、本能和利益根本上与别人可能没什么区别，但是这些人作为具体的个人仍然有着自己独有的个人需要。这不仅包括由个人大声讲述出来和他自己欲求的需要，而且也包括来自个人信念和信仰的需要。在这些情况下，人们通常指望自己行动的理由应该只适合于他们自己，人们也会指望，自己能够在自己的意见和信念的支持下进入所有的事件之中，这些意见和信念有关于这些事件的好、正义、效益。这也就是说，人们会指望，自己会凭借自己有关好、正义、效益的观念，去对事情进行分析、评判，去做一些事情，而这些人指望从这事情中有所回报。这种情况尤其适用于我们这个时代，在这个时代中，人们更倾向于不信任事情，或者不信任外在权威的力量，希望可以仅仅在自己的理解和独立的信念、观点指导下去做事情。

（2）人类欲望推动建立民族伦理生活

在世界历史领域中，我们的研究对象是理念，它通过人类的意志或人类的自由为媒介而将自己外在化。因此，意志也就成为了自由的抽象基础，并且产生了各个民族的整个伦理生活。在这种形式下的理念的第一原则是作为抽象实体的理念自身，也就是说，理念这个抽象形式是它的第一原则。理念的第二原则是人类的情欲。这两个原则构成了世界历史这个组织的“经”和“纬”。理念是实在，情欲是辅佐它的臂膀。情欲和理念是两个极端，将两者综合统一起来的是伦理自由。客观地说，理念与个别事物领域似乎彼此互为两极，就犹如自由和必然性一样，这会让我们联想到个人与命运的关系。但是这里所说的必然性并不是像命运那样的外在必然性，而是神圣理念的必然性，因此我们现在必须追问，这种高贵的理念如何能与人类自由和谐一致呢？如果个人能够绝对地、抽象地、在自身之中并为了自身地决定自己的意志，那么他的意志就是自由的。那么，普遍或理性有在历史中决定什么的可能吗？我们在这里的目标不是要全方位地讨论这个二论背反，仅仅将它们之间的这种关系铭记心中就可以了。

火消耗空气，同时也消耗木材。空气是树木生长的重要条件，但是当树木使火消耗空气的时候，它就是在攻击自己的存在和泉源，然而空气中的氧气却一如既往，而树却不再繁荣昌盛。[1] 以同样的方式，如果有人想建造一栋房子，他的确有这么做的自由，但是却需要所有的元素帮

① 黑格尔在这里说的是树木、火与空气之间的辩证关系。树的生长需要空气；火燃烧时需要树木和氧气提供材料；但是对于树木来说，如果它帮助火消耗空气的时候，就毁灭了自己，攻击了自己的本性。

助他来完成这个任务。房子的目的是保护人，将人与那些元素分割开来。因此，在这种情况下，这些元素就被用来反对自己，尽管自然的普遍法则并未因此失效。建造一栋房子首先有自己的内在目标和意图，与之相对的是手段，那些独特的元素是类似于铁、木材和石料之类的材料。它们被用来加工处理这些材料，用火来铸铁，用空风来煽火，用水来驱动轮子[1]、切割树木，如此等等。最终的结果是，用来帮助建造房子的空气被房子自身分割开了，狂风暴雨和施虐的火（仅当房子防火时）也遭到同样待遇。石头和横梁遵守重力法则，向下施压，使高墙的修建成为可能。因此这些元素按照自己相应的自然本性物尽其用，它们一起制作了一个产品，这个产品却反过来限制了它们自己的行为。

人类情欲的满足在很大的程度上与此相似。这些情欲根据它们自己独特的本性实现自己的目的，从而带来了人类社会的伟大建树。在这个社会中，存在约束个人情欲的法权和秩序。在我们的日常生活中，可以看到保护我们安全的是一个正义制度，正义制度是自己形成的，因为它是人类行为的本质特征，尽管它通常指向人们自己的目标和人们自己的利益。但是在个别情况下，人们却不惜破坏普遍正义，从而实现自己的一己私利，并且把这看做是自由。不过这并没有破坏社会的共同基础，没有破坏其背后的实

① 这里说的是水车。

体——法律体系或者法律制度。这也大致适用于世界秩序，它的成分一方面是情欲，另一方面是理性。情欲是活动着的力量，它们不会永远与伦理价值对立，因为正是通过它们，普遍目的才能实现。至于它们的道德品质，情欲诚然追求实现并推进自己的利益，因此在这个意义上说，它们表现得自私而卑劣。但是，所有活动着的东西都具有个体性：我存在于自己的活动中，这些活动就是我试图追求的目标。但是我追求的目标也可能在道德上是好的，甚至可能是普遍的。我的利益可能的确很特殊，但是从这里并不能推导出，它就和普遍利益冲突或者矛盾，因为普遍只能通过特殊实现。

情欲常常被认为是错的、不正当的东西，或者在本性上多多少少是卑劣的，因此人们常常认为最好不要有情欲。但是情欲可能并不是我想表达的意思，这个词有不当之处。我在这里用这个词，只是想表达所有那些由私人利益、由特殊目的推动的活动，甚至可以说是由自私企图所引起的任何活动；在这种情况下，为了达到自己的目的，人们会激发出自己意志和品性中的巨大力量，甚至会不惜为此目的而牺牲所有其他目的，乃至于牺牲除此之外的所有其他事情。这些特殊的内容是人们意志的一部分，这就是对人类意志最明确的规定，并且是它不可分割的一部分；正是这一点，决定了个人的面貌和本性。因为个人是一个独特的存在，这和人类一般不同，因为人类一般只是一个抽象规定。“品性”这个词也包含有意志和智力的这种规定，但是一个人的品性包括他的所有特殊性，他在自己私人关系中的行为方式，等等，一个人的品性并不特别地传达他的个体性功能。因此，我将会继续运用情欲这个词，我用它来表达品性的特殊规定。就这点来说，在情欲之后并不只存在那一个私人性的内容，而更要注意到，情欲就是在行为背后起推动和促进作用的力量。

因此，我们或许可以得出结论认为，如果没有那些当事人的实际利益活动，一切成果都将无法取得。既然利益可以被描述为情欲，我们或许可以说，如果没有情欲，那么世界上就不会有什么伟大之事能够实现了。情欲是活动之意志能量的形式方面和主观方面，这与它的实际内容或目的没有什么关系，这种形式与内容之间的区分也适用于所有个人信念、个人意见和个人良知。因为我的信念的内容，以及我的情欲指向的目的具有同等重要性，这样才能分辨出到底是这个信念具有真正的本性，还是其他的信念具有真正的本性。不过反过来说，如果它的本性的确如此，那么它必定有着自己真实的存在，它必定属于那主观意志阶段，在那里有着下述各项事物：需要、冲动、情欲，以及个人态度、个人意见和个人信念。

（3）个人利益与国家目的之间的关系是辩证统一的

从上述对历史目的在实现过程中的第二个本质阶段的考察来说，如果我们稍作停留，考察一下其中的政治含义的话，一切都很明显，即在一个国家之中，如果公民的个人利益和国家的一般目的保持一致的话，那么国家和个人都可以得到满足，并且通过彼此而各自实现自己，那么这个国家就会秩序良好，并且会十分强大。但在国家实现这个联合、达到这种统一之前，需要建立大量的制度，需要发明许多机制。知性在发现事实上究竟什么合适之前也要走许多坎坷斗争之路。在最终统一实现之前，个人利益与个人情欲也要经历许多波折，并且也要经受严厉而长期的节制。国家实现这种联合的那一刻，标志着在它历史中最辉煌的阶段。这时它的美德、力量和财富都会达到最高峰。

但是世界历史并不是从哪一个自觉的目标开始的，这和人们建立起来的所有的特殊联合体或联合会道理一样。每个个人的社会本能使他天然地就有保护自己生命和财产的意识。一旦一个社会建立起来，这样的目的就立即以更具体的形式出现。例如，这个目的会变成保护雅典城邦或罗马帝国，新的恶在这个过程中产生，问题就变得越来越特殊。世界历史从自己的普遍目的（即精神概念应该能够实现）开始，这个目的仅仅在其自身之内才能够存在。它现在仍然是内在的、基本的、无意识的冲动，世界精神的所有行动就是要努力把这种冲动转变成现实，让它在世界历史进程中实现出来。世界精神的目的仅仅是要发现自己，与它相伴在一起，并思索自己的现实性。那寻求和实现自己目的的个人生活和民族生活，它们的一切表现同时也是更高的目的和更宽广事业的手段和工具。而当它们这么做的时候，对那更高的目的和更宽广的事业是无知的，它们是在不自觉的状态下去实现这个目的和事业的。

但是这实际上也要面临追问，而实际上，这一切常常被质疑，常常被否定，或者被驳斥、归结为纯幻想，或者被认为只是哲学的虚构。但是从一开始，我就声明了自己在这个问题上的立场，并且简短地陈述了我们的预设，即理性统治世界，相应地也统治世界历史，并将继续统治下去。涉及这个自在且自为的普遍实体，其余的一切事情都处在从属地位，仅仅是作为为自己利益服务的手段。这种普遍理性在历史中作为内在原则存在，在历史之中并通过历史，普遍理性实现了自身。这个自在自为的普遍实体与个人性、主观性的结合体，就是唯一真理，就是一个思辨命题，而逻辑可以把握这个思辨命题。但是在世界历史的实际进程中，如果从这种东西尚未完成的角度来看，我们发现这种主观元素或主观意识还没有认识历史之终极目的，即精神概念的真正本性。因为精神概念还没有成为它的需要，还没有成为它的利益。尽管主观意识还没有认识到它，但是无论如何，普遍实体依然在它的特殊目的中表现出来，并且通过这些特殊目的实现了自己。正如我已经说过的，既然这种关系的思辨性属于逻辑领域，那么我现在就没有必要去详细地界定、分析这个概念，从而使众位理解，但是我至少可以尝试通过举例的方法来让大家对它有个清晰的印象。

主观意识由普遍实体决定，所以世界历史之中的人类行为产生了不同于他们自己意愿的效果，这些效果也和他们自己的直接认识和最初欲望不同。他们的利益是使自己高兴，但是同时，他们也收获了更高的目的，这个目的实际上暗含在他们的行为之中，但却不是他们意图的分内之物。比如我们可以做个类比，假设一个人有复仇的动机，去给别人家的房子点一把火。这意味着，在直接事件和环境之间建立起了一种关系，尽管这可能是一种外在环境，它也和原初的环境没有什么关系。我们设想的这件事，不过只要在小横梁上点把火就成。这件事情自身所没有实现的内容，取代了自己的记录；被点了火的横木与横木上的其余部分连在一起，那又进一步地与整个房子的木材联在一起，这个房子还连着其他的房子，这样的话，单单给房子的小横木点把火，就可能会导致意想不到的、迅速蔓延开来的大火灾。除了被复仇人之外，这场火灾还会毁去很多不相干人员的财产，最糟的是甚至有可能使他们丢掉性命。所有的这些事情都不是原始事件自身，但是纵火就是犯罪，对它的惩罚也名正言顺，纵火者也罪有应得。犯罪人自己可能没有意识到这一点，引起火灾乃至危害无辜者的财产和性命这一切后果可能也都不是他的本意，但是无论如何，那都是事件自身的普遍本质和必然后果。

这个例子的目的是表明，一个行为很可能会超越主体的意图和意识。上述例子也有进一步的特殊性，即行为的实质，以及相应的行为结果，对实行它的人也会有反作用。该行为反过来会使他退缩并毁掉他，因为它是犯罪行为，因此宣告原始行为是无效的，从而维护了正义的权威。但是在这里没有必要强调这一点，因为它仅仅适用于具体场合和具体例子，除此之外，我也已经说过，我只是想做个类比。

但是我还想更进一步地举个例子，这个例子我们稍后还有可能反复提及。作为实际的历史事件，它是一个典型，表明普遍和特殊的联合、明显的必然决定因素和明显的偶然目的的结合可以在一个具体形式中展现出来。恺撒在面临丢掉自己的军权这一危险面前，要反对他的对手，要捍卫自己的地位、自己的荣誉、自己的安全。他有被自己的敌人打败的危险，但是他的那些敌人与此同时拥有国家宪法——因此也具有合法性——可以用来为自己谋利益辩护。但是既然他们的权力使他们具有超越罗马帝国诸行省之上的主权，恺撒对这些人的胜利也就使他自然而然地能够统治整个帝国。他因此就成为整个帝国的统治者，尽管他依然保留了宪法。但与此同时他实现了自己的目的，即获得统一的罗马主权，这也是罗马史和世界史内在发展的必然过程。因此在这个过程中，就不仅仅只有他自己利益的满足。像他这样的人，就是历史上的英雄、历史上的伟人，他们自己特殊目的之实质同时也是世界精神的意愿。

二、个人、英雄在历史发展中的地位和作用

一个民族在某种程度上由各种各样的环节组成，它们一起赋予了该民族的一般性格，同时，一个民族也体现了个体性法则，这两个原则一起构成了理念的实在性。在一个民族或一个国家中，一切都取决于这两个原则的性质，一个民族所承载的理念的普遍性与所体现出的该民族的个体性，这两个原则辩证统一。这是一个活跃的过程，理念自己也在这个过程中获得自己的生命。理念起初是内在的、不活跃的原则，是民族的内在本质，这种本质只在思想和观念之中存在，而尚未在现实中存在，只有通过个人的活动，这个普遍的法则才会活跃起来，并且随之而确定下来，直到使自己可以把自己的内在本性转化为实在性，因此它将那经常被错误地描述成实在的东西——即单纯的外在世界——带入与理念的和谐之中。

1. 个人的历史地位和幸福

（1）个人的历史地位和幸福

> 绝对理念知晓一切事情的最终命运，具有神圣的荣耀

个体性自身——就它尚没有精神，或者还没有完全发展成熟来说——还属于单纯外在性的范畴。个体事物越是逐渐地变得真实，越是更全面地进入普遍实体之中，理念也就越完全地进入它们之中。一切都取决于普遍性与主观性之间的关系；其内在本质必须变成自己民族意识的一部分，从而该民族才能把真理看做本质性元素，这种元素自在且自为地具有永恒存在。要去认识那自在且自为的真理，从而得到活生生的意识，这需要一个过程，而不会在一开始就得到正确的形式。只要这个意识依然是内在的、还尚未清醒，那么，那个个体性意志就仍然只是个体意志，因此在它之中还没有理性事物。在这种情况下，正义以及正当还没有出现。在个体已经完全认识到自己的目的之前，没有真正的伦理，他们必须获得关于不动的动者的知识——正如亚里士多德称呼它的那样，他们也必须获得有关不动的动力的知识，只有借助这种不动的动力，个体才被激发起来。要想使这种力量被激发起来、发挥作用，每一个主体自身就必须是自由的、独立的。从这一点来看，一个民族的个体成员才是与他的民族相类似

的，因为他们在世界历史过程中都是独立发展的。

理念自身之中已经包含着自我认识和行为的内在规定，因为理念是上帝永恒的内在生命，这就好比在世界创造之先，在它们身上就已经有了逻辑关联。开始时，理念只是一个普遍的、内在的观念法则，它仍然缺乏直接性的存在形式。从现在起，理念开始要继续自己的第二步了，在这第二步中，理念必须承认如下两个法则之间的区别：即处于自由的普遍形式下的理念，和纯粹以自我为中心的抽象反省的理念。理念在前一种情况下是完全自足的。在二者的这种区别之间，理念以自己原初的那一面法则出现，不过它要去规定自己的对立面，也就是形式的自为、形式的自由、自我意识的抽象统一性，同时它也是无限的自我反省、无穷的自我否定，这个自我是个孤立分子，它跟所有的责任义务相对立，它是理念之成就的对立面。所以，普遍的理念一方面有着实体性的成就，另一方面却有着抽象的自由意志品质。上帝及其全部存在因此就分裂成具体的事物，这些事物中的每一个都可以作为独立个体出现。但是认识主体，即自我，需要认识其他物体的存在。

如果进一步追求这种发展的话，我们就可以看到独立心灵的产生，就可以看到世界自身的产生，等等。这种他物，这种个体性的原子，同时也是一个复合物，它们一起构成了无限世界。每一个单独的个体仅仅在排除了他者的意义上才自为存在，这就相应地反过来限制了它，因此它自己就是有限的。这种主体对自身的反思就是个体的自我意识，它是理念的对立面，因此是绝对的有限性。

但是这些有限的事物，这些最大限度的自由的有限领域，这些形式知识，它们跟绝对理念有着密切的关系，而后者知晓一切事情的最终命运，因此具有神圣的荣耀。绝对理念会认识到这些有限的事物将会成为自己的土壤，因此这些有限的事物自身就是绝对的一个方面，不过仅仅是它的形式方面，只具有形式实在性。所谓形式的实在性，是说还没有被赋予足够的内容。它是指个人的意愿、情欲以及个人努力争取到的成果不过是有限世界的事物，不过，这些事物虽然有限，但却是绝对和绝对理念能够生存下来的土壤，绝对和绝对理念就将自己的根扎在这里。各个文化环节，其实都立足在这个有限、具体的世界上的，虽然这个世界起初是有限、具体的，是不完美的，但是它为精神的演化提供了一个立足点，在此基础之上，精神可以通过自己的运动，逐渐地将自我外化，最终就会破茧成蝶，经过重重考验和蜕变，最终就会达到“客观的自由”。

而这个蜕变过程，就是精神自身辩证发展的过程。自我，作为宗教的对象，会作为上帝之另一面表现出来；作为有限世界的全部累计，会最大可能地在世界之中表现出来。在有限世界之内，自我也把自己看做是有限的，所以，它的观点就会只有有限目的，它的观点就会只集中于有限世界。因此，在这种意义上，个体会具有内在反省的自由。

这种自由如果从它的抽象和一般意义上来看，是绝对理念之活动的形式性环节。

> 幸福在于个体消除与其他个体之间的对立，并与之相互协调

认识主体对于自我有着强烈的追求欲望，因此它在一切客观事情中都寻求获得自己的主体性。就理性是主体性的唯一内容来说，这可以被称为理性的本能，其出发点就是拯救主体。所以，开始的时候，理性并不是把自己看做一个认知主体，而是把自己看成一个有限的、直接的存在者，这就是它在现象世界中的存在方式。它只着眼于自己的特殊性，在这一点上，情欲开始发挥作用，个体性依此去实现自己的特殊性。如果它能实现自己的特殊性，那么它实际上就使自身双重化了。在这种情况下，如果那些孤立的原则能够由此和其他原则相互协调，那么，个体就实现了幸福。

其实，主体性、特殊性、个体性一开始的时候都是以自我为中心的个体，在其初始阶段，它只能发挥自己直接的、原始的本性，从而满足自己的需求，凭此去追求自己的欲望、利益、情欲，从而实现自己的有限性。在这一层次上，更多涉及的是人的物欲层面，这只是个人的主观自由。如果在这一基础上，个体能够及时消除自己与其他个体之间的对立，能够与其他个体相互协调，而不再是孤立的个体，那么，这个时候他所达到的状态，就可以被看做是幸福了。如果人们能够与自己和谐相处，那么就可以说

他是幸福的。人们也很可能从这种幸福观出发去考虑历史，但是历史并不是幸福生长的沃土。在历史中的幸福时期，不过是一片空白。当然，在世界历史里会有满足的时刻，但是这种满足并不等同于幸福：因为得到满足的那些目标和目的已经超越了所有特殊的兴趣和利益。在世界历史中，所有重要的目的都必须由抽象的意志和抽象的能力来保证它的实现。在世界历史领域中曾经实现过这种目标的伟人可能曾经获得过满足，但是幸福却必然不是他们的目标。

这个抽象活动的阶段应该被看成是一个中介，是普遍理念与外部世界连接的桥梁。这代表着，理念从自身之中投射到外部世界的所有事物，一旦普遍地外化之后，它就具有了个别性事物的面貌和品性。孤立地看，理念的内在维度或者说理念的内在方面仍然将保持为无生命的抽象，它只有通过活动才能获得自己真实的存在。相反，理念的活动将空洞的客观世界提升为自在且自为的存在显现物。

到目前为止，我们只考虑过理念分化的一个方面，即理念分化成原子，但是这个原子却是会思维的原子。这个原子为了他者而存在，他者也为了这个原子而存在。因此，它的性质是纯活动和无限之不安，因为它要去掌握它自己。作为一个特别的存在者，它似乎很孤立，但是与此同时它却有着桥梁作用，一方面要从物质性的东西中提升出它们的普遍性，另一方面也要将普遍性物化，使它们具有特别的表现样式和面貌，这样，才能保证绝对意志被认识、被实现。这种对同一的无限渴望与冲动、这种对破裂的复合，是理念自身分化的另外一个方面。这种有限存在的观点，就存在于个体行为之中，通过这些个体行为，普遍获得了真实存在，并实现了它们内在的规定。它一方面包含了这样的个体活动，即所有的个体都努力追求自己真正的、有限的意志，所有的个体都去追求自身的享受；另一方面也包含了普遍目的，比如说善、正义和义务，这些普遍目的也在它自身之中显明出来。如果这不是实际情况的话，那么我们就会沦落到野蛮及放任的地步了。

从个体之中概括出普遍，这是对主体进行伦理教育的题中之义和内在要求，并使伦理生活成为可能。在具体事物之中的这种普遍性是普遍善的特殊形式，也就是说在具体事物中有具体的善，而在这种具体的善之中，才有伦理生活的存在。这种创造活动不过是对已经存在之物的保存，而所有的保存都具有生产性，而不仅仅是对已经存在之物的单纯延续，因为这种延续没有生命力。这种对伦理规范以及相应的对是非标准的保存有着特殊性，因此不等于一般的善，因为一般的善不过是个抽象物。责任或者说义务要求人们保护他们自己的祖国，而不是随便选择的哪个国家。这个要求是对所有个体的伦理行为进行批判的标准，它是每个个体都知道、并且都会认同的职责和法律，因为在现实的生活世界中，并没有“为行善而行善”的空间，如果人们真的有心为善，那么，他不能只是心存向善，而必须要知道到底何种事物为善。在个人生活中，每天都会遭遇各种偶然的事情，但是对于是非善恶的定义，早就已经在每个国家的法律和习俗中确定下来了，认出它们并没有太大困难。

（2）个人的价值要与民族、国家联系起来

> 个人的道德在于做与自己的职位和责任相符合的事情

个人的价值，主要根据他反映了多少民族精神、代表了多少民族精神来衡量，还可以根据他在国家整体事务中占据的特殊位置来评价。在一个国家中的自由，有这样的一种情况，即个人所采取的任何行动、角色，不应该事先被任何等级制度决定，而是由个人来决定。那么，个人的道德也就在于要履行自己的责任和义务，而这些责任和义务则是由他自己的社会身份决定的。这种关系的实质——即它们体现的理性元素——是众所周知的，它的外在表现也就是我们称作职责或义务的东西。如果想要就义务自身来给它下个定义的话，结果就不过是无意义的思辨而已，或者说是无用的玄想。如果把道德当做很难实现的东西的话，就有逃避自己责任的倾向。每个人在社会中都有自己的位置和角色，因此人们十分清楚，什么样的行为才是正确的，才是品格高尚、令人敬佩的。

如果某人宣称，评判什么是正当、什么是善，一点也不容易，如果他思考高尚的道德只是为了指出想做有道德的人很困难，想做符合道德的事情会有各种顾虑，那么，我们就只能把这归结为他们不过是在寻找借口去逃避自己的责任，而这是蓄意的、邪恶的，是错误的，因为认识他们的责任或义务根本不困难。如果做不到这一点，就只能说明该人的反思能力没发挥作用，他用自己的理性做别的事情了，所以没有成为德性充沛的人。道德慎思所调整的关系，其本性由它背后的实体决定，由责任的戒律决定。因此，孩子与他们父母的关系，其本性仅仅表明，孩子的行为应该与这种关系相一致。或者我们也可以拿法律关系举例，比如如果我欠某人钱，根据权利而言，我必须根据债务关系的要求来办事并还钱。责任或者说义务，植根于公共生活的土壤之中，个人根据自己的职位和自己的责任做事情，他们的道德就在于做与这种职责相符合的事情。

因此，将普遍的理念转化成直接的现实，以及将特殊提升为普遍的真理，这两个极端的联合是从一种原初状态开始的，在这种状态中，这两者必须是完全不同、完全分离并且彼此漠不相干的。个人在自己的行为中追求有限目的和特殊利益，但是他们也认识和思考存在者。鉴于此，他们的目的就和那普遍的事物、正义所规定的重要事情、善好、责任等交织在一起。因为单纯的欲望、仅仅被野性的意欲及野蛮所主导的事物并不在世界历史领域内，因此在世界历史中不起什么作用，这些同时也可以作为个体目标和行动之指南的普遍规定而拥有特定内容。每一个个体亦即个人都是他自己民族在发展过程中的某个特定阶段的产物。每一个个人都无法逃离他自己的民族精神，这就好比他逃不出地球一样。地球是重力的来源，如果我们设想某具身体放弃了自己的中心，我们就只能设想它是瓦解在空气之中了。这也同样适用于个人。根据这种本性，个人就必须与自己的实体或者说本质符合一致。他要清楚地意识到自己民族所需要的意志，并将这种意志表达出来。个人没有发明自己意愿的内容，而仅仅是去实现那原来已经存在于他自身之中的实质内容而已。

但是每个个人必须将这个普遍实体转换为行动或者说行为，整个伦理生活都寄居于这种行为之上。但这个普遍目的却会被第二类的普遍事物干扰，后者也同样要在历史的大洪流中表现自己，从而让每个人很难按照他们的伦理生活要求行事。其实，每个人都会按照自己民族的要求投入到实现那普遍目标的活动之中去，这种目的就是第一类普遍目的，它以民族为中心，并且是在原始状态的伦理生活下表现出的普遍目的，这种原始的普遍目的会被第二类的普遍目的干扰、逼迫、驱使，从而使个人很难再留在原始的伦理和谐之中，而被分离出去。在个人被分离出去之后，就会突出自己的个体性和个人性，再在个体性的指引下曲折地完成第二类普遍目的的实现，这第二类的普遍目的在地位上也会更高级一些，这就是国家。

> 民族精神在耗尽了自己的生命后，会走向衰落和死亡，从而确保世界历史和世界精神能延续下去

第二类的普遍事物来自于理念的发展过程，它不在伦理共同体的范围之内，因为个体事物已经在这里出现了，比如罪恶、诈骗等，这和民族的普遍规定相冲突，它们都会在第二类的普遍之中被压制。由于原始的伦理全体是一个范围很小的部分，所以会有一个更高、更普遍的目的与它相对照，这个原始的伦理群体要在自我破裂之中才能进化出更高级的普遍。由此，在这个过程中就体现了精神自身的辩证发展过程。一个精神性的内容要过渡到更高的阶段，就要由思想唤醒那特殊的意识，然后引起这特殊意识自身的辩证发展过程，当然在这个过程之中也会有扬弃。那更高阶段的意识是前一种精神内容的新形式、新类型，在其中也包含了新内容，虽然这个新内容可能还没有起作用，但是却早就已经内在于那原初的普遍领域之中，这就好比在一粒种子中已经包含了后来长成的参天大树的形式一样。由于有了这个内在的、更高的要求，于是就可以保证现存的实在世界虽然会经历动荡，但却不会破裂。

历史的一个本质环节是要将各个民族或国家以及它们之中各个部门的实际活动和本质要素记录下来、保存下来。个人的活动是这个共同事业的一部分，人们也都会在自己

的位置上去做这个事业的某个特定部分的内容，因为正是通过这种方法，伦理生活才被保留下来。不过历史中的第二个环节却是，民族精神在耗尽了自己的生命、操劳过头之后，就会走向衰落和死亡，从而确保世界历史和世界精神能延续下去。至于个人在整个伦理事业中的地位以及他们的道德态度和道德责任在此处没有讨论的必要，因为我们关注的仅仅是在朝向自身更高的概念发展的精神，以及它的发展、进程和自我提升。但是，随着这个更高概念的完成，随之而来的就会是与前一阶段相同的模式，其中当然也会包含没落、破裂与毁灭。

从某种意义上来看，上述的这些变化都不过是通过理念自身的发展而自动实现的，但是另一方面，理念自身也是它外部因素导致的结果，它是由个人的行动来实现、来贯彻的。正是在这一点上，我们遭遇了下述的冲突：一方面是那些已经受到考验，已经得到认可的责任、制度和法律，另一方面是那些衍生出来的可能性，它跟原先的体系相对立，会损害后者基础，会毁灭其实在性。而这些新的可能性现在成为了历史的一部分，它缔结出一个具有另一种形式的普遍事物。

2. 英雄的历史地位与作用：时代的代言人

（1）英雄认清了事情发展的本质

世界历史中的大人物、伟人们，是那些抓住了这个更高的普遍性并把它们当做自己目标的人，正是他们实现了那些符合更高级之精神概念的目的。就这点来说，他们可以被称为英雄。他们不在现实的呆板陈规中寻找自己的目标和使命，也不在事物的神圣秩序中去寻找自己的目标和使命。实际上，他们的合法性不在于维持现状，因为他们从其他源泉中寻找动机和激励，其源头就是那快要出现但却仍然处于潜伏状态的时代精神，这个新阶段的精神被困在当前的局面之中，导致它还没有一个现存的载体能够确保自己的茁壮成长。对于这种精神来说，当前的世界不过是包含着错误果仁的外壳而已。不过，可能也会有人反驳说，一切从已经确立了的秩序——无论是意图、目的还是观念或者理念——中衍生出来的东西都和现存的东西不同。所有冒险家都有这种理想，他们的行动建立在与现实环境相冲突的观念基础上。但是实际上，所有这样与现实不同的态度、观点、明智的理性或一般原则，并不意味着他们就具有正当性和合法性。唯有通过精神的内在、绝对的力量在精神自己的发展过程中衍生出来的内容，才是真正的目的。世界历史中的个人并非出于想象或个人观点去做事，而毋宁是看到了事情之中的正确性和必然性才去做。他们认识到什么是及时的、什么是必要的，他们对这些事情有着强烈的内在洞见。

要区分个人的这种洞见和现实是可能的，即使精神的这种显现形式也不过是普遍理念之中的各个环节。领会这一点是哲学的任务。世界历史个人[1]没有必要这么做，因为他们只是实践着的个人而已。然而，他们的确知道自己的使命和事业是什么，因为他们的出现就已经是世界历史发展的必然结果，他们迎合了世界历史发展的潮流和趋势。他们的任务就是去认识他们那个世界的普遍、必然、最高的阶段，并全力去实现它。所以，英雄也只不过是他所处时代的代言人，如果不是历史的发展已经到了那一步，如果局面不是到了非如此那般不行的地步，英雄人物也就不能干出一番惊天动地的事业来，如果时候未到的话，那么，即使一个人具有英雄的气质，恐怕也只能为未来的英雄开路，因为英雄的事业需要群众自愿支持才行。如果历史的发展没有到达那一步，如果历史发展的动力没有积聚到一定程度，英雄们恐怕也很难一呼百应。

①世界历史个人指的是在世界历史发展过程中能够自觉认识到世界历史发展的规律和实质，也就是精神在世界历史中实现出来的规律的人。在黑格尔这里，世界历史人物、世界历史个人和英雄可以彼此替换。

（2）英雄顺应了时势的发展

不过，英雄的见解无疑是正确的，因为他们颇有远见：他们能够识别出什么是世界真理、什么是时代真理，他们知道这些概念的下一个要求是什么，并且知道那个要求即将来临。这样，其他的人才会追随在他左右，甘为稻粱谋，也自愿为他所驱使，因为英雄识别出时代的要求，并将这种要求指明出来，他们是同时代人中最有远见的，他们了解当时的局面，他们做的每一件事情都是正确的，其他人因而也才会支持他。他们所说的话和所做的事情是那个时代中最容易被人们接受、最容易打动人的，因此，历史上的伟大人物只有在他所处的时代背景下才能被人们理解，而他们之所以能够做到这一切，不过是因为他们自己是那些实体精神的工具而已。这才是个人与其时代的普遍本质之间的真实关系。因为这个本质或者说实体是一切事情的源泉，是同时代人唯一的目标、唯一的权力，这个本质或实体通过世界历史中的伟大人物来满足自己，通过他们来得到实现。正是这给予世界历史人物在世间的权力。仅在他们的目标与自在且自为的精神相协调、融合的意义上，他们才具有绝对的权利，尽管这还只是一种完全特殊的权利。

世界的状态还没有被完全认识，所以就要赋予它们现实性，这是世界历史个人（也就是英雄）的任务。正是通过赋予世界状态以现实性，他们才会得到个人满足。他们能看到现存之物的弱点和缺陷，尽管它们仅仅徒具实在的外表而已。精神的内在发展将自己外化到自己栖居其中的世界，并且会超越它。它的自我意识在现状中再也无法满足，但是它的不满还没有能够让它发现自己需要什么，因为真正需要的东西还没有呈现出来，因此它的功能也就是负面的。世界历史人物（英雄）能够首先捕捉住自己同时代人的欲望，并将其表达出来。实际上，我们可能想要一些东西，但是往往采取一种消极立场、一种不满的态度，很少能有积极正面的意义。但是世界历史人物（英雄）却完全不是这样，他们能意识到时代意愿的积极方面。

然而，他们并不从一开始就创造出令人满足的东西，而他们行动的目标无论如何也不是去满足其他人。因为如果他们的确这么做的话，就会有很多很多的事情要做，因为他们的同时代人并不知道时代需要什么，甚至也不知道自己需要什么。试图抗拒这些历史人物是徒劳的，因为他们是在一股不可抗拒的力量驱使下去做事情、去完成自己的事业的，他们的方向是正确的，即使其他人可能不相信那意图符合自己的意愿，但是却不会拒绝，并会默默地接受，因为有一股力量凌驾于这些人身上。时代精神的发展步伐就是所有个人的内在灵魂的发展步伐，不过在英雄和伟人唤醒它们之前，它们不过是无意识的内在倾向。这股力量毫无疑问是所有人的真实意图，并会迫使人们追随它而前行。于是，人们因为觉得自己的内在灵魂已经被这股无可抗拒的力量所鼓舞，于是就会追随英雄和伟人而力图去实现这种精神。

3. 仆人眼中无英雄

（1）英雄们目标明确，意志坚韧

如果我们进一步去查看这些世界历史人物的命运，就会发现他们有幸成为标有普遍精神之某个阶段特征的目的的代言人或执行者。这也就是说，世界历史中的伟人和英雄，他们个人的特殊目的把世界精神的意志当做自己的内容，但是作为个人，他们也有与普遍实体不同的存在形式和存在方式。在普遍实体那里，这些个人不能说拥有尘世幸福，他们除了实现自己的目的之外，并不欲求任何形式的幸福，他们只有通过艰苦的劳动才能成功做到这一点。他们知道怎样获得满足并实现自己的目的，这同时也是普遍目的。他们面前有如此伟大的目标，因此他们就会勇敢地决定，去挑战同时代人的全部信念。因此，他们自己选择的不是幸福，而是在自己目标鼓舞下的冲突、争斗和辛劳。即使他们实现了自己的目标，享受静谧的喜乐和幸福也不是他们的命运。他们的行为就是他们的全部存在方式，他们的全部本性和品格都由他们的主导情欲所决定。当实现了自己的目的时，他们就会像空皮囊一般地倒下。为了实现自己的目标，他们可能历经众多艰难困苦，但是一旦他们达到了自己的目的，就会像亚历山大大帝那样早逝、像恺撒大帝那样被谋杀，或者像拿破仑那样被放逐。可能也会有人追问，这些人自己得到了什么呢？他们所得到的就是自己成功实现的概念或目的。

但是这些伟人却时常会被一些满怀妒意的小人所盯住，他们指责英雄们的情欲和缺点。从英雄的活动来说，说他们的生命充满激情当然可以，尤其是对他们做出道德评判时这样说。当然了，他们实际上也是富有激情的人，因为他们激情十足地献身于自己的目标，他们将自己全部的人格、天赋、才华和本性都奉献在实现这个目标上了。诚然，这种伟人看起来可能的确仅仅遵循自己的激情和自由意志的指引，但是他们欲求的对象却是普遍的，而恰恰是这些才使他们勇敢无畏。在这种意义上，情欲的目标和理念的目标是同一个，激情或者说情欲是个人性格与普遍性的绝对统一体。因此，精神在自己主观的个体性中以这种方式与普遍理念结合起来，仿佛是粗野暴力的。

能够做出丰功伟绩的人，会把自己的全部力量都投身于自己的任务中。他不会无聊，不会三心二意，也不会将自己的注意力分散到其他各种各样的零散目标上，相反他会全心全意地投身于自己那真正伟大的目标上。情欲或者说激情就是实现这种目标的动力，也是决定他自己意志的因素。因此，一个人可以全心全意地投入某一具体的事业，这件事就表明了其中具有某种本能——某种近乎于动物性的本能。这种情欲可以是激情或者热情，但只有当那目标有着较为理想、普遍的本性时，我们才可以把这种情欲称为热情。政客不是激情主义者，因为他要考虑许多具体的环境，要统握全局、深思熟虑，但这些表现明显就不属于激情的范围。情欲是人类所有卓越品质的先决条件，因此，关于它也就无所谓道德与否。如果这种激情具有天才禀赋，那么它就会变得冷静而倾向于深思熟虑。它的理论机能会清楚地知道该采取什么手段、方法和途径去实现自己的目标。

（2）英雄们也有七情六欲

我们必须进一步注意，在追求普遍精神的必然发展而树立起来的伟大事业时，这类世界历史个人不仅仅获得个人满足，而且也在这个进程中获得了新的外在特征。他们追求的目标同时也是他们自己的目标，我们无法把英雄本人与他自己推动的事业截然分开，因为这两者是同时得到满足的。然而，一个人可能会尝试将英雄自己的满足与他的事业的满足区分开来，从而表明这些伟人实际上是在追求自己的目的，然后得出结论说，一切都不过是他们自己追求的目的而已。英雄们的确获得了名誉和声望，无论是他们的同时代人，还是后代人都会承认此点。但是，认为有人在做什么事情，而同时却没想从中获得满足，这种想法委实有些奇怪。无论如何，既然主观因素是纯粹的个人性，既然他的目的是纯粹有限的和个人的，因此，就必须使个人屈从于普遍。但是就它是实现理念的工具而言，它一定也会帮助维系其背后的实体。

如果真想做出这种区分的话，实际上不过只是心理学意义上的书呆子行为。那些沉湎于做这种事情的人，把一切激情都贴上淫欲标签，因此怀疑英雄们的道德。通过这样做，他们将英雄们的行为后果看做是他们的实际目的，因此就将那些事件还原为手段，从而宣称那些伟人们所做的事儿不过是沽名钓誉，如此种种。所以，例如亚历山大大帝的丰功伟绩就会被界定为他攻城略地的欲望，这就会使其具有主观色彩并给这些事涂上不光彩的一笔。这种心理学进路设法将所有行为都还原到人心之中，并主观地阐释这些事情，其结果就是，那些人做的一切事情似乎不过是或大或小的激情，或者欲望，而鉴于这种激情或欲望，那个人就一定不可能是有道德的。马其顿的亚历山大大帝不完全地征服了希腊和亚洲，因此他内在地充满征服的野心。他的所有行为都是为了博得美名和征服，这些是他的动机，其证据就在于他的行为的确为他带来了盛名。

对于亚历山大大帝以及恺撒大帝的伟大，学校的校长们[1]还没有展示的，就是他们乃由这种情欲驱使，因而他们是不道德的。从这点就会立即得出结论说，校长们要比他们更值得尊敬，原因是这些校长们并没有那种激情，证据就是校长们没有征服亚洲或者消灭大流士和波鲁斯。这些心理学家们尤其依赖英雄们的个人气质和个人秉性。人总要吃喝、总要与朋友和亲戚交往、总会有各种情绪，并且偶尔会爆发出来。历史伟人同样会具有这些个人气质和秉性，他们同样需要吃喝，会更喜好某道菜，会更喜欢某种酒，或者只爱喝清水——因此，“仆人眼中无英雄”是一句众所周知的谚语。

4.“原因不在于英雄是不是英雄，而在于仆人只是仆人而已”

（1）真正的英雄并不沽名钓誉

对于这个谚语，我曾经给它又加了点东西上去，歌德在我说完这话两年后也重复过：“原因不在于英雄是不是英雄，而在于仆人只是仆人而已。”仆人为英雄脱靴，伺候主人就寝，会清楚英雄更青睐香槟，如此等等。不过这种英雄并不是为仆人存在的，毋宁是为了世界存在、为了实

[1] 因为此部分内容是根据黑格尔的讲课稿整理出来的，所以保留了授课时的特点。黑格尔在这里用校长们和英雄人物进行对比。

在存在、为了历史存在。这种心理学的奴仆[1]在历史书中描述的历史名人当然会如他们所愿地那么糟糕，于是被还原成和这些人性考古学家们同等层次的道德水平，甚至会被还原到比他们低几个等级的水平。

除此之外，这种心理学书呆子们甚至在自己的理论之中就不一致。他们把伟人们的荣誉和名声描述成错的、坏的，好像荣誉和名声就是伟人们追逐的目标似的。但是，另一方面，我们却被告知，伟人们的设计必须获得他人的同意，也就是说，他们的主观意志需要得到同胞们的认可和尊敬。不过他们的确获得了荣誉和名声这件事就足以说明，伟人们的确满足了自己同胞的需要，他们的目标也被其他人认为是正确的，并被接受下来。世界历史个人设置的目的，实际上与人类的内在意志是符合的。然而，他们从其他人那里接受的赞同却被认为是错的，他们因为贪婪于自己已经获得的荣誉和名声而被指责。因此，我们可以说他们根本不关心荣誉和声望问题。只有这么做，他们才能完成自己的任务，否则他们就不过是普通人，那样的话，其他人就会实现那精神的意志。

① 即黑格尔上文谚语中所说的“仆人”，黑格尔反对利用心理学将英雄们的伟大还原到心理学上的某个心理现象，比如偏执、狂热等。

（2）英雄创造历史时定会有所牺牲

不过，另一方面，英雄们再次被指责，因为他们没有寻求获得他人的授权，没有宣扬普罗大众的意见。当然，英雄们其实是深思熟虑地对待那广为流传的价值，这才被授予荣誉。由于他们给世界带来的革新是他们自己的个人目的，他们从自己的真知灼见那里形成观念，他们实现的也的确是自己的目标，由此他们才获得了满足。他们蔑视其他人的任何反对意见，这样才能欲求自己的目的，并在实现自己目的的过程中得到满足。伟人的目标只是为了满足自己的意愿，而不是为了其他人的好意愿。他们不会从别人那里学什么东西，即使他们听从了别人的建议，那也不过会限制他，使他变得目光短浅、走上歧途而已。他们自己知道什么是最好的。恺撒对罗马共和国有着非常精准的印象，因为他意识到依靠贵族阶层的律法已经名存实亡，因此以个人独裁来取代罗马共和是合适的，也具有正当性。如果他听从了西塞罗的指点的话，那么他将一事无成。恺撒知道，“共和”不过是个谎言，而西塞罗的思想也十分空洞。他知道，共和这种恐怖体制必须被一种新的体制替代，他自己创造的体制正好就是必需的那一个。因此，这些英雄们在追求自己的重大利益时，必然会以一种轻率的、大意的、肆无忌惮的态度来对待其他那些有着内在价值和神圣正义的事物，从而使他们自己饱受世人的争议和道德谴责。但是，我们却应该从另一个角度来理解他们的处境：当一个伟大的历史人物以自己的方式昂首阔步时，他一定会无意识地、不经意地将许多无辜的花朵踩在脚下，并且还会蹂躏更多挡在他前进路上的美好事物。

5. 理性的诡计：英雄们德福不一

（1）“理性的诡计”牺牲个人而追求普遍

所以，伟人之情欲的特殊利益实在不能与普遍利益的实现区分开来，因为普遍利益和普遍目的要从特殊的情欲以及它的自我否定之中产生出来。“特殊”在世界历史中有自己的利益，它的本性是有限的，因此，它必然会灭亡。特殊利益之间彼此竞争、冲突、搏斗，因此其中有些利益就会在这个过程之中消失。但是正是从特殊事物的冲突和毁灭之中，普遍才产生出来，而它自己却一无所损。因为在这个过程中，并不是那普遍理念自身处于矛盾及斗争之中，它们自身毫无危险，它自己一直位居幕后，不为所动、不为所伤，却指派情欲出于并为了特殊利益互相争斗，并且因此而有所损耗。这就是我们叫做“理性的诡计”的东西。“理性的诡计”指派情欲为自己做事情，因此那些给予情欲存在的事物却要蒙受损失、饱受伤害，因为它们只是现象，其中一部分是毫无价值的，一部分有正面的积极价值。因此，与普遍事物相比，特殊事物就显得微不足道了，因此，其结果就只能是个人被牺牲、被抛弃。理念要为自己的实存以及那转瞬即逝、倏忽即灭的现实世界付出代价，但是它却是通过个人之情欲而不是通过自己的资源来付这一代价的。恺撒所必须要做的，就是抛弃罗马堕落的自由，而他自己在这场斗争中却丢掉了自己的性命，但是必然性取得了胜利。由此，与理念相比，自由不过是次要的。

但是，尽管我们可能也会接受这种说法，即个人、他们的目的及目的的满足都可以被牺牲掉，他们的整个幸福也屈服于自然力的领域，也就是屈服于他自己所属的偶然性领域。在这种情况下，这些个人就是手段，而不是目的。但是却仍然会有我们不愿意用这种眼光度之的个体性，即使与普遍联系起来也是如此，因为它们并不隶属于其下，而是落实在个体身上，从而是永恒的、神圣的法则。这就是道德观念、伦理习俗和宗教虔敬。人的生命可以区分为自然生命和精神生命，自然生命必须要面对自己的生、老、病、死，这也是必然会发生的，但这方面的牺牲却是为了要完成或者说实现自己的精神生命，在这种意义上，自然生命就是手段，而精神生命是目的。

当我们谈到“手段”的时候，我们首先会把它设想成完全在目的之外的某种东西，因此就在目的之中或目的之内没有什么位置。但是实际上，即使是自然界中的事物，本身也是最平常的无机事物[1]，但如果被当做手段来运用的话，也一定会符合自己的目的，并与理性的目的有某些共同之处。人类与理性的目的之间的关系，至少就在这种意义上不是那种纯然外在的手段与目的之间的关系。因为在实现理性的目的过程中，他们不仅自动地实现了自己的特殊目的，而且也参与到了理性自身目的的实现过程中，因此它们自己也就成为了目的自身。它们不只在形式的意义上成为目的本身，而且是根据这目的自身所具有的精神性内容，而让人类个体成为目的本身的。因此，我们就必然可以得出结论说，我们可以将道德、伦理与宗教从工具范畴中除名。人自身之内就具有神圣原则，据此人自己就是目的了，[2] 而这个神圣原则就是人的理性。尽管我们在这里还不能进一步地讨论它的含义，但是无论如何，我们可以认为，宗教、伦理等等这些内容，在理性原则之中有其根源，因此，本质上就可以被提升，从而超越外在的必然世界和偶然性之上。但是我们却要始终铭记，仅仅就这些因素存在于个人身上，即仅仅就这些因素与个人自由相关联时，我们才关注这些元素。从这种观点看，人们在宗教价值及伦理价值上的衰落、腐败、没落及沦丧都要归咎于个

① 黑格尔所称的“无机事物”指事物自身不包含目的，而不是通常所说的“无机物”。

② 黑格尔此处的说法继承了康德“人是目的，不是手段”的思想。

人的过失。

（2）明辨是非、区分善恶是人的命运的标志

人具有的崇高的、绝对的命运之标志是，他能明辨是非，他能区分善恶，他还能做出选择。总而言之，他能自己对善负责，而且也能对恶负责；他自己不仅能对具体的个别事情负责，而且能对自己分内分外的事情负责，而且他更能对内在于个人自由的善恶负责。这就是说，人有意志自由，能够自己做出抉择，并且自己能分辨是非、明断善恶，能在明确知晓事件后果的情况下做出相应选择。只有动物才可能完全无辜而不必负上道德责任。但是，如果想阻止或去掉由此带来的误解，却并不容易。

但是，当我们考虑这些美德、伦理生活、宗教虔敬在历史中所遭遇的命运时，我们一定不要沉溺于悲叹之中，因为美好的、有益的事物经常在历史中命运多舛，会遭遇不幸，而那丑恶卑劣的事物却往往会一帆风顺、平步青云、志得意满。平步青云或者繁荣发达的观点可以有很多种阐释方式，比如说在财富方面、荣誉方面以及类似的东西上。但是当我们讨论自在且自为的目的时，这种叫做平步青云，或者说某些个人的不幸，或者其他类似的东西，却不能也不应该被看做是普遍的理性秩序的本质环节。与其指望那普遍目的为个人带来幸福和好运，倒不如看看普遍目的如

何能保护和促进那善良的、伦理的、正直的目的的实现，而且后者明显更具有正当性。人们在道德上常常不满的是，他们把普遍目的的内容当做自己的准则，并把它当做正确及善好，或者是他们更喜欢在理想中去寻求鼓舞，因此发现现实世界并不符合他们的这些理想的观念、原则和意见。他们将事物的实然与应然进行对照，在这种情况下，他们要求获得满足的并不是自己的个人利益或情感，而毋宁是理性、正义、自由，凭借这种想法，这些要求也就显得颇为正当，从而不止是单纯地对世界不满而牢骚满腹，因此也就会更容易公然地对抗现实世界。

为了正确地理解这种情感和态度，我们应该对他们的这些要求进行审视。就这些事务而言，以往从来没有像今天一样存在这么多的一般命题和观点，而且这些命题和观点还充满着高度的自负。如果历史总是以情欲争斗的方式表现出来的话，在我们今日的时代，它就一方面表现为各种理念彼此争斗，从而为自己赢得正当性，而另一方面，它会表现为情欲和主观利益上的相互冲突和彼此争斗，只不过以更高根据的名义做掩护而已。以理性之绝对目的的名义和自我觉醒之自由的名义提出自以为正确的要求，就像宗教、伦理、道德那样声称自己的要求是绝对目的的要求一样。

我们应该暂时将目光转向国家，因为所有这类要求都指向国家。但是那些宗教的、伦理的、道德的目标总要面对堕落、扭曲和毁灭，因此，我们至少要说，这种精神力量实际上的确具有绝对正当性，只不过尽管它们的内在法则和普遍法则具有无限性，但它们在实现过程中所采取的形式、它们的内容及发展程序却是有限的，因此也就落在外在的自然领域和偶然领域。在这个意义上，它们也会转瞬即逝，并且也会衰退和被扭曲。伦理与宗教作为具有内在普遍本质的东西，就它们自己的概念来说，它们的特性会在个体灵魂上出现，即使他们没有把这特性完全展现出来，没有把这特性应用到复杂的关系上去。对于像牧羊人、农民这种生活圈子狭窄的人来说，他们的生活集中在很少而且十分单纯的关系上，因而他们的真诚及单纯都会表现得十分简单，但是即使如此，他们的宗教性和伦理性也具有无限的价值，而且这些价值不会比任何一个学识渊博的人低，也不会比一个关系宽广而且活动频繁的人低。这种内在的中心，这个主观自由之权利的单纯源泉，意愿、决心、活动的发源地，良心的抽象内容等等，它们都包含着个体的责任和价值，都包含着他自己永恒的审判。所有这些都始终不为外物所动，而且也不会被世界历史之喧嚣扰乱，他们不仅不会被外部暂时的变化所触动，而且也不会被自由概念的绝对必然性带来的后果扰乱。

但是我们却要把这件事当做一个确定的、一般的规则，即世界上能够被称为光荣及高贵的东西，自己本身都会受制于某些比它们更崇高的事物。世界精神的权利超越了所有个别的特殊要求之上，它只能在有限的程度上与后者共有一些内容，只要它们的内容仍然属于特殊领域，那么它们就始终会被特殊性限制。

上述的这些内容已经足够说明世界精神为了实现自己的概念而要采取的手段和途径。用简短抽象的术语来说，它采纳的手段是个人的活动，理性在其中充当它们背后的实际本质。但是这个基础仍然是晦暗未明的，问题于是就变得更为复杂困难了。但是，当理性所要处理的对象变得越来越复杂、越来越艰难，如果我们不仅仅从个人的行动和个人目的这种视角来考虑个体，如果我们不着眼于这个个体的狭隘目标，而从更为具体的观点出发来考察他们的宗教和伦理生活的内容时，这些确切的内容就会从理性中分离出来，从而使它们同时能够得到成为目的本身的绝对权利。这样的话，仅仅作为与目的相应的手段这种目的与手段之间的关系也就得到了阐明。

6. 精神依靠“国家”这种形式实现自己

（1）个人在国家中实现自己的本质

那么，接下来需要考虑的就是通过这些手段实现的目的是什么的问题了。其实也就是说，当目的在现实世界中实现的时候，到底是一种什么状态。在之前的讨论中，我们一直致力于考虑手段问题，不过，当要考虑实现一个主观而且有限的目标时，就必须同时考虑到它的材料环节，这个材料环节在目标的实现过程中同样至关重要。所以，到了此处，我们要追问的问题也变成了理性的终极目的究竟在什么材料中才能得到实现。

在历史生命的变化中，这种变化得以发生与实现的领域已经被预设出来了。正如我们已经看到的，预设了这个领域的其实是人的主观意志。因此，同样的，我们对上述那个问题的回答，首先就会想到主体，实际也的确如此，我们的答案首先就会涉及主体自身、人的需要以及一般的主体性领域。理性在人类知识和人类意志领域中获得自己的实存。我们已经看到了主观意志如何在自己的目的中表现实在真理。如果那目的是一个伟大的、具有世界历史意义的情欲时，这种情况就更为确切了。然而，当个人的情欲是有限的时候，主观意志就不是独立的，因此它只能在这种从属位置上满足自己的特殊目的。但是正如我们已经指出的那样，它同样也具有实质生命，同样也具有实存。这个实质生命或者说这个本质性的存在是个人的主观意志与集体的普遍意志的统一，因而也就是伦理整体，它的具体形态就是国家。国家是一个存在者，具有实在性，个体在国家之中实现自己的自由，并能享受这种自由，但是其前提却必须是，个体知道、相信并欲求普遍。这是精神的所有其他方面——比如正义、艺术、伦理及生活上的娱乐——的焦点和枢纽。在国家内，自由成为了自己的对象，并且在国家那里得到了正面的、积极的实现。

但是这却并不意味着，个人的主观意志要通过普遍意志得到贯彻和落实，后者仅仅是前者达成目的的一个手段。普遍意志也并不是人类意志的共同体，从而使所有个人的自由在这个共同体中都有所限制。如果把自由想象成这个样子，即，如果个体与其他主体相遇并共同生活的话，必须限制自己的自由，而这集体的意志要求所有的人都彼此相互限制，使每个人都只有很小的活动空间，那么，人们这种想法就只把自由看成是负面的了。与之相反，正义、伦理生活、国家以及其他与此类似的东西，实际上是正面实现的自由，是人们对自由之渴求的满足。个人对自由的任意偏好和自由本身并不相同，二者不是一回事。那种要加以限制的自由实际上只是武断性的个人偏好而已，它本身不过是个人的特殊需要。

（2）伦理生活在国家中实现自己的本质

只有在国家中，人才具有理性的存在。所有教育的目的都是确保个人不仅仅是纯然主观的，而更要在国家之中获得客观存在。个人当然可以把国家当做获得某个目的的手段，但是只有当每个个人都欲求那普遍原因，并且抛除所有非本质因素时，也就是说当每一个个体都恪守本分时，真理才能实现。人要把自己所有的成就都归功于国家，只有在国家中才能获得自己的存在。无论他具有何种价值、无论他具有何种精神实在性，都只能归功于国家。因为作为一个认识的主体，他仅仅在自己的存在，即理性自身之中才获得自己的精神实在。仅当如此时，他才存在于一个伦理世界中，他才能在那正义的、道德的国家生活之中。因为真理是普遍意志与主观意志的综合统一，普遍就出现在国家之中，出现在国家的法律、普遍而合乎理性的规定之中。

主观意志或者说情欲，是实际起到推动作用的动力法则和实现法则。理念是内在的本质，国家就是伦理生活实现出来的现实。因为国家是普遍的、本质的意志和主体意志的联合体，正是这构成了伦理生活。在这种统一体中生活的个人具有伦理本质，他的价值仅仅存在于这种实体性之中。索福克勒斯在《安提戈涅》中说，“神圣的律令不属于昨天，也不属于今天，而属于永恒，它们亘古不灭、永世长存，无人能够知晓它们从何而来。”伦理法则因为自身就是合乎理性的，所以它们不是偶然的。国家的目标就是要认出并展示在人们的行为和性情背后的实体、本质，因此应该确保自己的连续性。理性的绝对利益要求这个伦理整体应该在当下呈现出来，而那些开国英雄们的正当性、合法性与所取得的丰功伟绩，也正是建立在这个理性之利益的基础上，即使他们建立起来的国家可能很落后。

国家并不是为了它的公民才存在的。或许人们可能说，国家是目的，它的公民是它的工具。但是这种目的和手段的关系在当下语境中却一点也不合适。因为国家并不是站在公民对立面的抽象物，恰恰相反，它们就像有机生命那样，只是分属不同环节而已。因为在有机生命那里，无所谓哪个环节是手段，无所谓哪个环节是目的，毋宁根本就不可能做出这种区分。国家之中的神圣原则就是理念要在尘世落实或显现的东西。

国家的本质是伦理生活，这存在于普遍意志和主观意志的统一之中。这个意志是活跃的，在主观意志之中它碰到了自己在外在世界中的对立面。意志的原则就是自为，但是这却需要限制和说明。人们通常认为，人在意志领域之中没有限制，而在思想中有所局限，其实这句话要反过来说才对。但是如果我们认为意志的本质是自在且自为的话，那么我们就要认为它在外在世界中脱离了自己的对立面，也就是说从自己的对立面那里解脱出来了。所以，意志在自身之中就具有力量，并且同时是自然和精神这两方面的本质力量。我们可能会选择将这种本质看成“主人”：自然的主人和上帝的主人。然而，如果主人作为一个主体，也不过是与另一个存在者相冲突的存在者而已。但是，绝对力量却不是凌驾于其他事情之上的主人，毋宁说是自己的主人，在它自身之内进行反思。这种内在反思仅仅是出于一个简单的自我联系，是一个涉及自我的问题。因此，经过内在反思，这力量就是直接的现实性。这就相当于知识，或者更精确地说，相当于知识的承载者，换句话说就是人类个体。普遍精神本质上就呈现为人类意识。知识获得了自己的实存，在人类之中自为存在。精神作为主体认识自己，并且为了自己而存在，它的本性就是要让自己获得直接的实存，因此，它也就相当于人类意识。

这样，人们通常习惯于根据普遍意志行事，并使自己的目的具有普遍性，这在国家之中也得到了承认。即使在原始的国家中，也会发现这种意志屈从于另外一种意志，尽管这并不意味着这个人没有自己的意志，但是却说明他的意志没有权威。而个人的异想天开和幻想尚没有纳入我们的考虑范围，即使在原始的政治语境中，意志的这个特别方面也被人漠视，而只有那普遍的意志才是真实的。特殊意志受到了压抑，因此转向自己的内心世界另寻出路。这是普遍事物要争取自己的实存所必须经历的第一个阶段。在这个阶段中，知识和思想的要素在国家中产生出来。仅仅在这种环境中，也就是在国家之中，艺术和宗教才能存在。我们在这里关注的各个民族，都已经获得了合理的内在组织，而世界历史仅仅会关注那些已经将自己转变成国家的民族。但我们不要想象这种情况可能发生在一个荒岛上，或者可能发生在一个完全孤立的世界中。诚然，所有伟人无不是在自己的孤独中孕育出自己的伟大成就，但只有当他们把那国家已经创造出来的成果纳入到自己的目的之中并将其同化时，他们的工作才得以完成。普遍不能仅仅是个人的意见，它必须有自己的实存。因此，它要在国家之中以被人所认同的一般形式出现。在国家之中，内在性转变成现实。现实当然有多种不同的表现，但是在这种情况下，我们只考虑它的普遍性质。

7. 精神的客观存在形式是国家宪法

（1）国家的本性通过宪法来实现

到目前为止，我们所讨论的内容都只是国家概念的抽象方面，但是现在却需要考虑这个概念的实现问题了。也就是说，我们现在要按照国家的概念规定，将国家的内在本性呈现出来。而这就要通过国家的宪法才能实现。正是宪法使精神这个概念具有可操作性，并且能够采取某些手段和方法确保在国家之中发生的事情符合国家的性质。但是这仅仅意味着，没有宪法这种事情自身也被看做是一种宪法，或者说它自身就是宪法的一种。

如果个人意愿原则可以被看做是政治自由的唯一决定因素，并且大家一致认为所有的个人都应该认可由国家做出的事情、都认可为了国家而做出的事情，那么，严格说来，就不可能没有宪法。这时唯一需要的组织不过是一个没有意志的协调机器而已，它只是去反映国家的需要、去注意并发布国家的意见而已。于是它需要的东西不过是建立一个机制可以将所有的个人召集起来，登记他们的选票，然后进行唱票、比较不同提案获得的票数，于是，最终的决定就由此产生了。

国家自身是个抽象物，它在自己的公民中具有自己的纯粹普遍实在性。但是它的确具有实在性，而它的纯粹普遍实在性必须在个人的意志和行为中以决定性的形式出现。这就需要某种形式的政府和政治管理机构。挑选并区分出那些热衷政治事务并实际从事了大量工作的人，他们会做出政治决议，并且决定它们在现实中应该如何实现；他们还决定谁对那些执行这政治决议的人进行指导。例如，即使在一个民主国家中，大众一致决定发动一场战争，但是也仍然要给军队指派一个做头儿的将军指挥战斗。作为抽象物的国家只有通过宪法才能获得自己的生命和实在性。但是当它这么做了时，在发动命令的人与遵守命令的人之间就产生了差别，在统治的人与被统治的人之间就产生了差别。

虽然顺从似乎与自由格格不入，而那些发布命令的人所做的事儿又似乎与国家大众的需要即自由概念背道而驰，但是，就像我们主张的，如果在发布命令的人与遵从命令的人之间作区分是必需的——因为如果没有这一点，国家的功能就无法展开、无法实现了——那么，这实际上看起来也不过是个无奈之举，是一种在抽象意义上与自由冲突的外在必然性。于是，人们似乎一致认为，国家的组织最低限度要做出这样的安排：在可能的范围内，公民所要服从的事项一定要减到最低程度，从而在可能的范围内，需要托付给那发号施令的人的事情也会减到最少。而在主要事务上，这些命令的内容需要由人民、由大多数人的意愿或者是全体的个人来做出规定或决定。但是，国家作为一个个体性的统一体，必须至少要保留自己的力量和元气。

在国家之中，首先需要做出的区分就是统治者和被统治者之间的区分。一般来说，一个国家的宪法和政治制度会区分为君主制、贵族制和民主制，但是在这点上我还需要多说几句。首先，君主制还需要进一步划分为君主独裁制和开明君主制。第二，从国家这个概念中派生出来的所有划分的每个范畴中，只有基本决定因素是特殊的，但这并不意味这些范畴必然会被它的具体含义、具体视角之类的东西全部消磨掉，也就是说，普遍性还是会留下一些。第三，也是最重要的一点，那个概念会容纳许多种特殊变化，这不仅会出现在它们每个一般性的制度之内，而且会更进一步地把这些基本的制度混合在一起，但它们也会由此而变成模糊的、不稳定的，因此结构在自身之内就不太稳定。所以，在国家之中，首先需要在统治者和被统治者之间作出区分，从它之中衍生出的制度之间进行区分，还要区分它们背后的意义和目的。这个冲突就提出了如下问题，即什么是最好的宪法？这也就是说，应该怎么安排、怎么组织，或者说政治权力的机制该怎么运行，才能保证国家的目标肯定能实现。

诚然，这个目标可以以各种不同的方式得到阐释，比如说，作为城邦居民的和平、喜乐的生活，作为普遍幸福而得到阐释。正是在这种目标的指引下，产生了理想宪法这种东西，并且会与一般意义上统治者的教育问题相关，比如说柏拉图在《理想国》中就涉及了一整套关于如何教育城邦统治者的理论。在这一类例子中，重点就落实在城邦统治者的个人品性上，理想宪法对国家自身的有机制度一无所说。“什么是最好的宪法”这类问题不仅把这个理论问题当做是一件主观的、可以自由地考虑的事情来看待，而且好像那种被认为是最好的宪法的实际运行能够自动地遵循一种纯粹理想类型，好像这里被选择的各种宪法不过完全是任意选择的结果，其标准仅仅是反思就可以决定的，而完全不需要深思熟虑。

(2) 国家宪法要与本国国情一致

在今天的时代，人们再也不会认为一个国家或民族的宪法是任意选择的结果。对于自由基本的但却仍然有些抽象的定义导致了一个广泛流传的理论，即只有共和是唯一公正而真实的宪法。曾经有很多人——他们在君主制治下的国家政治机构中占有高位——也不反对这种观点，甚至实际上他们自己也会持有这种观点。但是他们却从来没有制定这样的一部宪法，因为它虽然可能是最好的，但是却并不总能实现，因为人性就是那样，所以我们自己只能满足于程度小些的自由。在这些已定的情况下，在该民族的道德状况中，立宪君主制宪法就被看做是最有利的。这种见解同样也不过是把一个特定的国家宪法所依赖的先在情况看成是纯粹外在和偶然的。这种观念建立在反思理性在概念与其现实之间所做的区分的基础上，在这种观念中，它自己只是栓之于一个纯然抽象因此是不真实的概念上，从而没能把握住理念自身。或者说，如果它的内容不是缺乏形式的话，那就是它没能获得关于该民族和国家的具体印象。我们已经注意到，一个民族的宪法与它的宗教、艺术和哲学之间形成了一种本质，形成了同样的精神，或者至少与它一般的文化保持着同样的态度和思想，就更不要提它对气候啊，它的邻居啊，以及它在世界中的一般性地位之类的外在力量的进一步影响了。

每一个国家都是一个个别的整全，从中不可能选取并分离出来任何一种特殊方面，无论它可能有多么重要，即使像国家宪法那样重要的最高层面也不能被隔离出来进行单独的研究。因为，宪法不仅仅与那些其他精神力量相生相伴，而且还依赖于那些精神力量。这些是整个精神的个体性之规定，从而它的全部力量都不过是整个历史的一个环节而已，而且它们在这个发展过程中早就已经被决定了。

宪法的最高约束力就在于此，它的最高必然性也同样来源于此。

但是，不应该忘记，当我们与宪法打交道的时候，我们不能停留在对宪法的抽象区分中，对于这些内容我们已经有所涉及，就是有关民主制、贵族制和君主制的区分。除此之外，没有人能够否认，很难找到完全将贵族制原则排除在外的纯粹民主制。进一步而言，君主制也是一种将其他两个环节纳入自身之中的宪法。但是当我们考虑宪法也就是民族的实质政治状况时，完全不同的规定就出现了。

在政治生活的方方面面中，起到决定作用的宪法可以用如下的一个命题表述出来：最好的国家是那些自由程度最大的国家。但是这却提出了这样一个问题，即自由的本质是什么？什么构成了自由的本质？自由通常被认为是，在国家重要事务上，所有个人的主观意志都可以参与其中。在这种情况下，主观意志就被认为是最终的、决定性的因素。但是国家爱的本性是客观意志与普遍意志的联合统一，主观意志在此处得到了提升，它在此处宣布放弃了自己的特殊性和个体性。有关国家的一般观念倾向于在政府和人民之间做出区分，因此在这种观点下，政府全神贯注于普遍事物的活动，而人民则代表着个体市民的各种主观愿望。因此，政府和人民被当做分离的存在者看待。人们会相信一个良好的国家宪法要由两方面相互制衡，其中的一方面是发挥普遍功能的政府，另一方面是具有主观意志的人民，从而双方相互约束。

在现实的历史进程中，这种形式的宪法当然有着自己的地位，但在国家概念中，这个矛盾对立必须要经过扬弃。关于政府与人民之间的这种关系有一种邪恶的观点，这个恶毒的诡计暗示，与政府分离了的人民自己就可以构成一切。这种观点一旦被维持下来，就不能说国家——它是普遍意志与特殊意志的联合——真的存在。恰恰相反，国家还需要被创造出来。国家的理性概念将这种抽象的矛盾克服了，那些把这看做是一个必然的矛盾的人，其实一点也不了解国家的本性。因为国家把这种统一和联合当做自己的基础，而恰恰是这构成了国家的实存和本体。

（3）历史变化通过国家宪法的变更来体现

但是这不意味着它的实体在它自身之内得到了完全的发展。因为这就好比一个有机体系统，一个有着很多独立领域的新系统，一个有着很多特殊普遍性的系统，它们的每个部分从内在来说都是独立的，但它们的功能在于去创造整全性，因此扬弃了自己的独立性。在有机世界中，这种个体特殊的独立性之间的冲突不是问题。例如在动物的生命中，生命的普遍性呈现在每一个细小的部分中，如果该部分的生命消失了，那么也就只剩下无机物而已。然而，国家的宪法根据整体预设的形式，却差别很大。国家是理性在世界中的表现形式。各种各样的宪法因此互相衔接，绵延开去，每一部宪法都有各自遵循的原则，这些原则之间彼此不同。后代的宪法会超越前代的宪法，这是亘古不变的法则。

国家是精神的理念外化于人类意志与人类自由领域中的结果。因此，所有的历史变化本质上都取决于国家，或者说，历史变化在本质上落实在这个国家之上。理念之前后相继的各个环节在国家之中显现出来，其表现方式就是各种不同的宪法原则。世界历史中的各个民族在其鼎盛时期所制定并依赖的宪法是该民族独有的，因此就不能被认为是普遍适用于一切民族的。它们之间的不同不仅体现在其文化教养及发展过程中所体现出来的特定方式，更体现在他们遵循的法则之间的不同。因此，对于当代的宪法架构来说，如果想从历史中吸取点教训是不可能的。因为，那最晚近的宪法，也就是我们时代的法则，并不包含在以前的世界历史民族的宪法中。

但是，在知识与艺术领域中，一切就截然不同了。因为在它们那里，先前的原则是后来者的绝对基础，例如，古代哲学是近代哲学的基础，所以它就必然需要被后者吸纳进自身之内，从而构成自己的根基。在艺术领域中，甚至可以说，古希腊的艺术仍然是最高的艺术模型。如果涉及政治性的宪法，也是另一种不同的情况。因为古代宪法和近代宪法没有共同的本质性原则。当然，对于正义政府的抽象规定和观念来说，执政者一定要有智慧和德性，这一点却是它们共同具有的。

但是如果想通过检视古希腊人、罗马人或东方人的政权，从而为探究我们今日的宪法应该如何建立确立模型，却是错的。东方人为我们提供的是：家长制、父权政治、民族忠诚的美丽图画，希腊人与罗马人为我们提供的是关于民族自由的描述，因为我们发现这两个民族有着自由宪法的概念，在这个概念之下，所有公民都需要参与国家事务以及有关法律事务的讨论和决定。在我们的时代，这仍然是一般性的观念，但是我们时代的特性却是这样的，因为我们的国家如此之大，公民的数量如此之多，因此，公民不应该直接在有关公共事务之决议上表达认可，而应该通过代议制的间接方法来达成这个目的。简单来说，对于一般意义上的立法，人民应该由议员来代表自己的意志。我们就将所谓的代议制宪法与自由宪法的观念联系起来，因此这就变成了一个十分顽固的偏见。

但是，最重要的问题是“自由”问题，即怎样由概念来规定自由。这不是以主观的意志或任意的情欲作为立法依据，而要以普遍意志作为准则，并且要意识到自由体制就是它自由地发展出来的各个阶段。“主观意志”是一个极其形式性的抽象规定，它完全没有说清楚自己欲求的是什么。理性的意志自己就是普遍原则，依据这种普遍原则它独立地决定自己、发展自己，并把它前后相继的各个环节当做有机的组成部分。但是理性的自由才是所有阶段中的最后一段，各个阶段的自由组成的整体是一个哥特式的建筑。古代人对于这种哥特式的教堂建筑一无所知，因为它是基督教时期的建筑物。于是，一个无限的对立就出现了，只有当个人认识到自己的自由、独立和实质存在，都在于自己和其背后的实体之统一时，那个无限的对立才能被消解。这时，个人自由背后的实体就与个人的行为方式融合在一起了。这也就是说，个体的活动要跟实体相称，因为在这最后一个阶段中，所有的东西都取决于实体的发展。这就是各个民族与它们的宪法在更高层次意义上的区别。

从这个更高的原则来看，在宪法中通常被看做最重要的东西，比如个体公民是否认可该宪法的问题，就变得无关紧要了。首先需要确定的是，个体是否被看做是独立的人，也就是说是否认为个人具有独立人格；实体是否呈现为精神，实体是否是个人已经意识到了的本质存在。例如，在中国人那里就没有这么一种关注和重视个人人格的方式，如果有人问他们关于他们这种制度中的不足之处，他们会认为这个问题很荒谬，就好比在一个家庭里，年长者向年幼者请教问题是愚蠢的一样。中国人还没有意识到自己可以是个自由的主体，具有主体性。他们同样也没有意识到，“伦理”与“正义”的实质和本性也包含在这个自由的主体里，他们还没有把这当做自己的目标、事业和对象。而另一方面，我们却能看到土耳其人的主观意志表达得过于尽情甚至放纵了。比如土耳其的禁卫军（Janissary）具有独立的意志并将其付诸实践[1]，但却是野蛮而残忍的意志。这种意志部分地由宗教决定，但同时却在欲望上无所节制。因此，认为土耳其的禁卫军意志是自由的，这就错了，他们的意志并未曾和理性的意志以及具体意志结合起来，反而对后者一无所知，后者既不是它的对象，它的兴趣也不是它的动机。如果它的确有普遍性作为自己的依据，那将不过是一个抽象的而非有机的普遍性。它对每一种有机组织、伦理实体和正义制度都会有害，甚至会毁灭它们。

在欧洲的各个国家，则又是另外一种情况，因为在这里从整体上来说，都有普遍性的识见（discernment）。系统教育以及对普遍目的和原则的追求，是每个人的共同精神财产。公民会和政府分享这一点，而政府也会和公民分享这一点。在这种情况下，每个特殊个人的认可就再次或多或少地有些多余，因为一般来说，个人对共同事业不会贡献任何特殊的智慧，实际上，他们的见解远远不及那些全神贯注于国家事务的人可靠。他们的特殊利益也不会为国家带来多少好意，因为在这里起决定作用的是共同的精神财产，每个特殊的个人利益在此都要让路退避。

① 19世纪，土耳其禁卫军曾因不满奥斯曼帝国皇室成员加强对禁卫军的管理和控制而多次叛变。

如果自由被界定为一个国家中的所有个人都要认可该国家的话，那么就可以很容易地看到，没有法律能够被制定出来，除非所有的人都一致赞同该法律。于是这又带出了少数必须服从多数的原则，因此多数人可以做决定。但是正如卢梭已经观察到的，这不能被描述为自由，因为少数人的意志不再受到尊重。就像波兰国会一定要得到每个个人的认可后才能决定一项议案，结果却是，正是这样的一种自由导致了其国家的灭亡。除此之外，下述假定是危险的，也是错误的，即以为只有广大人民才拥有智慧和明断，从而能够认识什么是正义（正当）以及合适的正义（正当），因为在人民之中，每一个小团体和小派别都可以宣称自己代表了全体人民。实际上建构国家是那些有教养、有知识之人的事务，而不是广大人民的事务。

（4）国家宪法在世界历史中的演变

各个国家宪法之间的差别，涉及全体政治生活表现出的形式。第一种形式中全体性还没有清晰界定的形式，它的各种特殊方面还没有获得独立性。第二种形式是，它的特殊领域以及个体有着较大程度的自由。第三种也是最后一种形式是，它们获得了独立性，并同时发挥出自己创造和达成普遍的功能。我们可以看到，各个国家和世界历史作为整体是如何经历这些不同阶段的。首先，我们在每个国家中都存在一种家长制式的专制王国，这种统治可能温和也可能残酷。在国家的这第一阶段中，国家是专横而又本能的。但是即使服从和威胁，以及对君主的惧怕，都牵扯到意志的联系。这个意志的联系，指的是王国的君主会不惜采用任何手段去逼迫臣民服从这个全国唯一的意志。在接下来的阶段中，特殊突出出来成为具有统治性的领域，也就是说各个领域都开始有了特殊性和私己性，贵族们、个人、民主人士们都发挥专长、争奇斗艳。在这些个体之间，就会酝酿出意想不到的贵族阶级，而这就为新王国或君主制的建立做好了准备。由此，最后的阶段就是君主制政体了，在这个政体中，那些个体性臣服于一个力量之下，这个力量就是君主制政体的宪法。我们因此就必须区分第一等级和第二等级的君主制政体。这虽然是抽象的，但却是必要的过程，在这个过程中，国家才能最终逐渐向独立发展。在每一种情况下，国家一定会涉足于特定的宪法形式，这是不可以自主选择的，只能受制于它的民族精神。

所有的宪法都取决于该国家之理性状况的内在发展过程，取决于在这个概念之中前后相继的过程之依次解放。国家之内的特殊力量在自身之内就会分化并且发展成熟，但是与此同时，在它们这些个体自由中，存在着一个需要大家共同努力实现的目标，并且需要大家自愿去实现这个目标，这就是要建立一个有机的整体。因此，国家的本性就是理性的自由，它客观地认识了自己，并且为自身而存在。因为仅当自由的环节不仅仅只具理想性，同时自身也具有特别的存在方式时，它的环节才能在现实中呈现出来。这时它们才能完全地具有实在性，因此，整全性、灵魂、个别的统一性也就被创造出来了。

但是，同时我们也需要铭记，尽管一个国家自身是自足的、独立的，但是它与其他国家却存在各种联系。实际上，国家的荣誉就在于它的独立性。但是更精确地界定这些因素，将需要一个更长的篇幅进行解释，我们在这里无法做到这点。然而，下面这一点还是很重要的，就是我们不要将决定国家间关系的原则与决定这些国家在世界历史中的地位之原则混淆起来。因为在世界历史中，唯一的权威是绝对精神的权利，需要考虑的关系也只是精神的更高法则而已。然而这种权利却没有任何一个国家具有，它们也无法胜任这种权利。各个国家承认彼此独立，但每个国家的独立却仅在别的国家的独立得到承认时才会得到承认。这种关系可以通过国际条约来确立，最低限度是能有法律依据来对此做出裁决。但在世界历史中，一个更高的权利开始运转。实际上，这在文明民族与野蛮人接触时，也被认为是有效的。在宗教战争中，其中一方总是宣称自己有一个神圣的法则，而其他民族的权利比该法则低一个层次，因此要服从这个法则。

三、世界历史由东方向西方发展

1. 发展是艰苦的、顽强的斗争过程

（1）发展存在于精神层面

> 精神的发展总是充满了与自己的斗争

长期以来，人们都在抽象而又一般的方式上把历史变化看成是向更美好、更完善的状况前进的过程。自然世界中的变化，无论多么巨大，无论多么丰富，展示出来的都不过是一个永恒的循环。因为在自然界中，太阳底下无新事。在这种意义上，自然界之中虽然会有多种多样的形式，但是其结果只不过带来无聊而已。只有那些发生在精神层面的变化，才带来新东西。精神现象的这种特殊性会让我们在理念层面看到，人的命运与自然万物的命运会有多么的不同。因为在后者那里，我们会看到所有的变化都可以还原到一个而且是同一个本质规定，可以还原到一个持久稳定的品性之中。所有的变化都从这规定和品性之中产生出来，因而处于从属的地位。只有人类才能进一步地展示一个真正的能力去改变某物，正如前述，这就是追求更美好、

更完满的能力，这是追求圆满性的冲动。这种将变化还原到一个有法则可循的原则，会同时遇到来自宗教和国家的阻挠。因为他们会宣称，自己才有权利维系世界秩序。尽管通常人们认为，一方面，世界性的东西——包括国家在内——都是变化的，另一方面他们可以把一切的变化、革命乃至于对合法机构的破坏都归结于偶然性、错误判断，尤其是归咎于人类的轻率、道德沦亡以及罪恶的情欲。实际上，一般来说，“完美性”几乎和变化概念同样难以被规定，到底何者才更美好、更完全，那是一件非常不明确的事情。

我们需要认识到，精神的发展是一种进步。尽管这个观念已经流传甚广，但是它却时常遭到反对。因为这个观念可能与和平稳定的观念不协调，它也可能和那现存的宪法及其治下的各种法律相冲突。诚然，稳定性是一种价值，但它却必须与更高的方面结合起来，所有的活动都应该致力于维护稳定。进步观点也不太容易让人满意，仅仅因为它通常表明，人是可以完美的，这个意思是说，人不断地奔向完美是可能的，甚至是必要的。从这种观点看，稳定性不是最高的价值，恰恰相反，最高的价值是变化自身。这里唯一考虑的是日益增进的完美，这个观念是如此地不确定，因此我们就只剩下一般性的变化观念。我们没有可以批评变化的标准，也没有任何手段和方法可以判断国家现在的状态是对的，而且是和普遍实体符合一致的。我们无法做到这点。我们没有可以帮助我们排除无关因素的原则，我们视野所及的范围之内，并没有可供使用的目标和明确目的。这里唯一可以确定的性能不过是一般意义上的变化而已。

莱辛[①]的人类之教化观念可谓匠心独具，但是它与我们此处讨论的问题却有些不相干，因为这种学说毫无疑问只是呈现出量的变化而已：知识的不断增长、文化的持续改良，以及其他与此类似的东西。一个人当然可以按照这种方式而大幅前进，与此同时却没有得出任何明确结论，或者做出任何质上的改进。现成在手的对象即质的要素，从起初就已经被给定了，但是对于最终要达到的目标却没有任何陈述与说明，目标自身仍然没有被界定。然而，如果我们想要用未经界定的术语去讨论进步问题的话，我们必须意识到，量变的观念是没有思想内容的。我们一定要知道最终希望获得的目标，因为精神活动是这样的一种活动，即它的产物和它自身的变化必须以质变的方式表现、传达出来。

但是，发展的法则还有进一步的含义，因为它包含一个内在的规定，一个潜在的现实条件。这是一种形式规定，但这种形式规定却具有本质意义。精神把世界历史当做自己实现的舞台、王国、场所，它不在外在的偶然世界领域

---

① 莱辛（G.E.Lessing, 1729~1821），德国剧作家、文艺批评家和启蒙思想家，代表作有《汉堡剧评》、《智者纳旦》等。

里行进，而毋宁切实地有自己绝对的规定，它的独特规定完全不会受到偶然世界的影响，它只会按照自己的需要去利用它们、驾驭它们。但是自然世界中的有机体也是可以发展的。它们的实存不仅仅是间接的，并不仅仅接受外界影响才发生变化，而毋宁在自己那里就存在一个内在的不变法则。该法则是一个单纯的本质。在开始阶段，它作为种子的胚胎式的存在，同样是单纯的要素，然后它自我分化，并且为自己带来了具体的载体，从而能够容纳其他的事物，这样才能生活在一个连续的变化过程之中，但是这个连续性却带来了与变化对立的事物，即它保存了有机法则，从而修正了自己的实际存在形式。

因此，个体性的有机体自我生产，它将自身内潜在的东西实现出来，而精神也和有机体一样，也将自身之内实际已经潜在的东西实现出来。但是自然界中的有机物的发展是直接的、无束缚的、无阻碍的，因为没有什么东西可以插到细胞概念及其实现之间，没有什么东西可以插到生物的内在本性与其实现形式之间。但是在精神之中情况却不同了，在精神的规定要实现时，要通过意识与意志做中介。意识与意志自身首先就进入了它那直接的自然生命之中。它们一开始的对象和目标跟着它们自身的自然规定出现，由于精神是这些东西发展出来的动力，因此它天生就会伴有无尽的需求、力量和财富。因此，精神自身就分裂了，为了要实现自己的目的，它就要克服自己的障碍。在自然世界中的发展，是一个平和的生长过程，因为它在自己的表现形式里仍然保持了自己的自身同一性。但是在精神世界中，精神的发展总是充满了与自己的斗争，这种斗争十分艰巨而且永无止境。精神的意志就是要实现自己的概念，但是与此同时，它却掩盖了自己的概念，它在这种自我异化中变得骄傲自满，并得到了充分的满足。

因此，发展不是像有机生命那样无害而和平地发展，而毋宁说是一个与自身艰苦的、顽强的斗争过程。除此之外，它也不仅仅包括发展的纯粹形式性方面，而且更包括一个目的的实现。我们已经外在地弄清楚了这个目的是什么：那就是在其本质中的精神，也就是作为自由概念的精神。这是世界历史的基本对象，因此发展的主导原则也包括其意义和含义的发展，因此，在罗马历史中，罗马是我们研究的对象，人们在这个研究对象的指引下去研究它发生的事情。而反过来说，那些事件在这个对象身上有其源泉，所以它们的意义和含义都是从它那里派生出来的。

精神形式的变化不仅发生在表面上，而且就发生在概念自身之中

在世界历史之中，有几个伟大的发展阶段，它们没有留下任何明显的延续就灭亡了。更准确地说，古代文化的巨大成就都已经湮灭了，于是留下了不幸的后果，即一切都必须从头开始。但是同样也存在没有被破坏的发展进程，文化的结构和体系以它们的特殊方式存留下来，它们在质上十分丰富，同时

向各个方面发展，从而去扩充文化。在一般意义上，发展的形式原则既不能赋予一个产品超越其他产品的优先性，也不能帮助我们理解每一个先前文明的毁灭背后到底有什么目的，相反，它们把这些事情当做外在的偶然事故看待，只能通过不明确的标准来评价事物的优劣。

鉴于精神概念的这种特点，历史发展就只能在时间进程中得到落实。但是时间体现出的是否定性。一个特定的存在者或特定的事件对于我们来说具有积极意义，但是它的反面也同样是可能的。这种与“非存在”的关系就是时间的功能。[①] 时间是一种关系，它不仅在思想中存在，而且也存在于我们直接的知觉之中。因此，时间是感性世界中完全抽象的维度。如果非存在没有侵犯任何东西，那么我们就把这种状态称为永恒。如果我们将精神变化与那些特征做对比，我们就会得出结论认为，在自然世界中，个体事物是变化的，而它们所属的种类自身却持久长存。这就好比行星从一个位置转移到另一个位置上，而整个运行轨迹却始终如旧。动物的种类也是这样变化。

自然界的变化是一个循环过程，是相同事物的重复，所有自然界中的事物都处于循环之中，而发生变化的东西只不过是这些特定种类下的个别事物。在大自然中，从死

① 黑格尔的意思是说，“存在”与“非存在”在时间之中会有一个转化。存在是正面的、积极的、肯定性的力量和状态，而非存在则是负面的、否定的、瓦解性的力量和状态。

亡之中诞生的新生命，不过是另一个个别生命而已，而如果在这些变动之中的“种类”被看成是“实体”的话，那么个别生命的殒灭就可以被看成是该“种类”在某个特殊领域的再次来过，“种类”的保存也只是重复相同的形式而已。但是，精神的形式则是另外一回事儿了，因为在这种情况下，变化不仅仅发生在表面上，而且就发生在概念自身之中。正是概念自身处于变化之中。

（2）进步有序可循

> 世界历史中只有普遍形式才能持续下去，越是具有特殊样式的东西，越是迅速地消失不见

在自然界中，物种并不进步，而在精神世界中，每种变化都是一种进步。诚然，自然形式有一个等级序列，这个等级序列也同样有一个渐进的秩序。这个秩序的一个极端是“光”，另一个极端是人类，这两个极端之间存在着各种等级区分，因此，每一个继起的步骤都是对先前步骤的修改，从对先前步骤的扬弃之中，一个更高的原则升腾而出。但是在自然之中，这个序列是碎片式的，它的所有个别元素自动地并列存在，它们之间的转换和过渡只有对思想来说才是明显的，因为思想自身可以理解所有的关系。自然无法理解自己，因此它创造的形式的否定并不是为了自然才存在。但是在精神现象中，更高的形式通过更早的、

不那么发达的形式的转换产生出来，因此，那先前的、不发达的形式就不存在了。每一种新形式都是它先前形式的新的转换形式，这个事实就说明了为什么精神现象发生在时间领域之中。因此，作为整体的世界历史是在时间之中存在的精神表现，这就好比自然是理念在空间中的表现一样。

但是在某种意义上，历史中的各个民族，虽然有精神性的形式，但也是自然存在者。因此，它们假定的各种形式在空间中似乎就各自存在、彼此互不相干。如果我们环顾一下世界史，我们就可以区分出在旧大陆中的主要原则：远东（蒙古、中国或印度）的原则，它在历史中首先出现；穆罕穆德的世界即阿拉伯世界，抽象精神的原则即一神论（Mone-theism）的精神已经显现出来，尽管它还具有无节制的任意性；基督教世界，也就是西方的欧洲世界，在这个世界之中存在最高的原则，也就是精神对自己和它的深奥已经有所认识。

这里所描述的普遍系列是循环往复、周而复始的。但是在世界历史中，我们看到它们却是彼此连接的。因为尽管那些伟大的精神原则可以长久地并存，但是这并不意味着在时间之中来来去去的所有形式也能持久存在。例如，我们或许可以发现古希腊民族或者古罗马民族不信教，但是这些民族属于过去。同样，我们在世界历史中也会发现这样的情况：每个民族的原初形式都已经成为历史，但该民族的存在却仍然持续下去。它们为什么消失而不会在空间中持久存在，只有根据它们的特殊本性才能得到解释，它们的特殊本性仅仅允许它们在世界历史领域中存在。与此同时，我们看到，只有那些具有普遍形式才能持续下去，越是那些具有特殊样式的东西，一旦在自己焦躁不安的行为中表现完之后，就越是迅速地消失不见了。

所有的进步都在意识的发展过程中以前后相继的形式出现。人从孩提时代开始，起先对外部世界和他自己只有模糊的意识，我们知道在他认识到自己的自在且自为之内容之前，首先要经历好几个经验的意识阶段。孩子从可感的情绪开始，然后长大成人从而进入一般性观念阶段，然后进一步进入理解的阶段，最后就会认识到事物的灵魂，也就是事物的本性。在精神性的事务中，孩子一开始要依靠自己的父母和周围的环境才能生存下来，他看到他们努力地引导他走向正确的道路，这看起来似乎是事先刻意地安排好的。接下来的另一个阶段就是青年期，青年期的特征是人们要在自己的意识中争取自己的独立性。他要以自我为依据，要在自己的意识中认识什么是正义、什么是伦理，要在自己的意识中认识自己要做什么、要实现什么才是重要的。而到成年的时候，他则会进一步地认识到那重要的内容应该包含些什么。由于进步就是意识的发展和完善，因此就不纯然只是量的累积，而毋宁是一个等级序列，在这个等级序列中，它不断地向更重要的本质过渡。

精神发展的各个阶段以实现自由为旨归

因此，世界历史就反映了原则之前后相继的发展，那个原则的实质内容是对自由的意识。这是个逐步发展的过程，不仅仅因为精神在历史中不是以直接的方式而是以间接的方式表现出来的，更是因为精神是内在地进行分化的，因为它在自身之中就已经包含了精神的分化。这些阶段之进一步的抽象规定在它的普遍本性面前是符合逻辑的，但是就它的具体内容而言，是精神哲学的一部分。至于它的抽象品质，在这里仅仅需要提及，在这个发展过程中的第一个也是间接的阶段中，精神仍然沉浸在自然之中，在那里它以不自由的个体性方式存在。但是在第二阶段中，它就认识到自己的自由了。然而，从自然之中的第一次起航是不完美的，也是不完全的，因为只有一部分人是自由的，因为它是间接地来自于自然世界，所以它仍然跟这自然世界有关，从而成为它的一个环节。第三个阶段则涉及要把这些个别的自由提升到纯粹的普遍性层面上，也就是人的自由为什么是自由这个层面，这里就对精神世界的本质有所自觉了。

因此，我们在精神发展的过程中首先需要考虑的阶段就可以比作精神的儿童期。在这个儿童期里，精神与自然的统一仍然存在，这也是我们在东方世界遭遇的情况。这种自然精神仍然沉浸在自然之中，因而不是自足的。因此，它不是自由的，在这个过程中，自由也没能产生。即使在精神进化的这第一阶段，我们发现国家、艺术和学习的模型已经存在，但是它们仍然植根于自然的土壤之中。在这种早期的家长式的世界中，精神仍然只是一个内在的实体，个体在它这里不过是个附加上去的偶然事物，其他的人就像儿童或附属品一样隶属于那实体的意志。

精神的第二个阶段是“分离”，在这个阶段中，精神在自身内进行反省，它脱胎于服从和信赖。这个阶段由两个截然不同的部分组成。第一部分是精神的青年期，在这个过程中，精神有着自为的自由，但是这种自由仍然受制于它背后的实体。自由还没有在精神的深度之中重生，这个青年期就是希腊世界。这个阶段的第二部分是精神的成熟期，在这个阶段中，个体自己就拥有目的。这就是罗马世界，在罗马世界中，个人之人格与为普遍服务彼此矛盾，处于对立情形中。

接下来，第三个部分和阶段就是日耳曼时期，也就是基督教世界的情况。如果人们可以把这里面的精神与个体生命进行一番对比的话，那么我们就可以把这个时期称为精神的老年期。老年期的特色在于仅仅生活在回忆之中，因此与其说他们生活在现在，不如说他们生活在过去。因此，这个类比在这里就有点不恰当了。个人生命的否定方面属于自然世界，因此必然要消逝，但是精神却回复到它的概念之中。在基督教时代，神圣的精神已经进入了世界之中，在个人那里寻得住所，它现在已经彻底地自由了，并且享有实质自由，这就是主观精神与客观精神的调和。精神再度与它的概念调和并统一起来，在这个过程中，它从一种自然状态中发展出来，从而作为主体性而再度出生。所有这些都是历史的先天结构，经验实在必须符合这种先天结构。

这些阶段是普遍发展过程中的基本原则。我们现在只需要指出并记住这一点就可以，即精神在开始时具有无限可能性，它的绝对内容作为自己的内涵、目标和目的，但是这些不过仅仅具有可能性而已，或者说它们还仍然是潜在的。在现实中，发展的过程体现为从不完美向完美的过程发展，尽管前者并不应该仅仅从抽象意义上去理解，毋宁应该被当做某种同时包含自己对立面的东西，作为种子、作为在它自身之中具有的本能，这对立面就是那一般被称为完美的东西。这就好比，可能性自身预示着它本身的特性会得到实现一样，最低限度的反思也可以做到这一点。正如亚里士多德的动力同时也是潜能，即力量和力气一样。因此，不完美就其自身包含自己的对立面而言，显得自相矛盾。尽管它必然会存在，但是它一定会被克服、一定会被扬弃。正是精神生命的这种动力和内在冲力冲破了自然存在和感性存在的外壳，达到了意识的光明，在这里精神终于达到了自己本身所在的地方。

2. 历史发端于自由意识

（1）各种对人类原初状态的描述都是假设

在讨论完美形式的自由与正义概念和自然状态之观念的关系时，我们曾经做过一个一般性的说明，即，对于精神之历史的阐释，应该与它背后实行的概念联系起来进行考虑。但是自然状态的观点就历史存在的现实来说，不过是个假设。但是另外一种完全不同的观点却流传甚广，那是基于另外一个观念在某方面的推行而建立起来的，那不是基于思想而被接受的，毋宁是基于一个历史事实以及在这个事实背后的一个更高的权威保证才被接受的。比如说，神学家们会自己描述人类在最初产生时的状态，犹太人会说上帝创造了亚当，然后按照自己的想法和需要去塑造故事。人们常说，自远古以来就有一个“原始民族”的存在，我们今天所有的知识和艺术都是从它们那个时代流传下来的。比如谢林就曾经这么论述过，施莱格尔的《论印度人的语言和智慧》也曾经这么描述过。这个原始民族被认为在人类产生之前就已存在，并且在古老的传说中以上帝眷顾之名而被宣称是不朽的。

正如在历史中所说的那样，这些先民的状况被描述成由早期的最高成就阶段逐渐衰落下去。所有这一切都被说成是哲学的要求使然，这在现实中多少有些历史依据。人们可以引用来对此加以说明的是《圣经》中的描述，但是这种描述始终是原始状态的说法，因为一方面，它能采取的说法不过是那大家都知晓、都耳熟能详的资料；另一方面，这种描述常常把自己民族的状况说成是人类的一般本性。比如他们就把亚当这一个人、至多两个人的情况说成是人性一般，并且用它们来解释世界。这种说法既不能完全解释一个民族的观念，以及各个民族在原初阶段的历史状况，更不能形成关于上帝及其本性的完美知识。如果按照那些虚构的说法所描述的，自然在人类清澈的眼睛中表现出来的就是上帝创造的一面明镜，这种情况是显而易见的。同样，神圣的真理对于这些虚构的说法来说也同样是显而易见的。

不过，与此同时，虽然他们有着如此的自负，这种远古状态的说法本身却说明，他们有一种很明确的宗教知识，而且这种知识在他们那里也已经得到了发展。所有的宗教都会对人类的原初状态进行描述，同时，他们也会采取一种手段将那原初的真理掩藏起来。但是，在所有神话传说之中——虽然这种神话传说中已经伴有谬误——追溯那种原始状态和早期宗教真理的学说仍然是存在的，而且是可以被识别出来的，因此，研究那些古老民族的历史，可以从其中获得的原初的、被启示的知识片段中进一步提炼出那些更为纯粹的一面。但是，每个有关原始状态的描述都确信，人类不可能从蒙昧的状态开始，虽然人的确经历过一种事实上的蒙昧状态，但是却不可能在这种蒙昧状态中得到发展。不过，人身上体现出来的动物式的人性与动物性不是同一回事儿，因为人类从自己产生之时起就有精神——这是一种自然精神——在自身之内，这在人类特性的各个方面中都有所表现。

儿童没有理性，但是却有获得理性的能力，而动物则无法获得自我意识。即使儿童最简单的活动也体现了人性，他最初级的活动，他哭的行为，都完全是非动物性的本性，因为人一开始就是有理性的存在者。但是那些坚信人在原初状态中生活在上帝的纯意识之中以及上帝的本性之中，进而认为所有事物似乎都以这种原初状态为中心的人，就无法明白什么是理智、什么是思想了。人们不会认识到，精神就是这种无限的活动，不明白这是人的潜能（energeia），这种活动永不停息，它要放弃那原初状态，不断地去追求更进一步的新阶段、新状态。“精神”就是要这样去工作，而它在这样的工作中发现了自己本身。因为只有通过这些工作，精神才开始获得自己的普遍性，才开始获得自己自为的概念。正是通过这种工作，精神将自己的普遍概念外化到现实世界之中，并由此获得了自己真实的存在。

当然，这并不是精神发展的最初阶段，而是它的最后阶段，也就是它的成熟阶段。古代各个民族的风俗习惯、法律法规、制度和象征标志实际上都不过是思辨理念的外在形式，因为它们都是精神的产物。但是理念的这种内在实在性，以及它在理念的形式下对自身的认识却是两回事儿，二者并不一样。作为知识之对象的思辨理念不能最先出现，而毋宁恰恰相反，它是精神最高的、最抽象的努力的成果。

（2）伦理生活的自然形式是孝

唯一有价值并且合适的哲学研究方法，要求从理性开始在世界中显现的那个地方出发去研究历史。这个起点是理性已经以意识、意志和行动的方式将自己表现出来的地方，而不是理性仍然处于潜能状态之处。精神或自由的无机存在——即对于善恶、一般的法律都没有意识，或者说是无知的蒙昧状态——都不是历史的对象。伦理生活的自然形式和宗教形式是家庭之中的孝，在它起作用的社会中，伦理生活起作用的方式在于，它的各个成员相互共处时不以个人的自由意志为中心，正是因为这一点，家庭在它自身发展的过程中，敞开了历史发端的境遇。

但是如果这种精神统一体超出了情绪和自然之爱的层面，并且获得了人格意识的话，我们在面前就遇到了一个灰暗的、无法穿过的间接领域，在这个领域中，无论是自然还是精神都无法轻易打开、轻易穿过。而自然和精神只有通过进一步的努力，在实践过程中得到进一步的发展并获得了自身意识之后，在自我意识中的意愿才能够开放出来。开放性说的是意识的开放性。只有在这种意识下，上帝以及其他所有的事情才能够被揭示出来。自由不过是有关诸如法律、正义以及国家这样的普遍、实质对象的知识，以及实现它们的努力。各个民族在达到自己的目的即国家之前，有很长的发展道路，它们甚至在某些方面可能达到很高的成就。但是，正如我们已经说过的，这个前历史阶段在我们目前的研究范围之外。

在我们的语言中，“历史”同时具有主观意义和客观意义，因为它意味着记述下来的历史与实际发生的事情、事件和事实是一回事。而实际上，这两者在一般的观念中截然不同。但是这两者的结合需要在更高的秩序层面上理解，而不能仅仅在外在的偶然性领域中理解：事实上我们必须假定，书写下来的历史和实际的历史事件与历史事实自动地表现出来或者说自动地呈现出来，它们来自于同一个源泉。家族志、族谱和家长制传统只关注他们自己的家庭或部落，它们之存在的统一形式并不值得记述，尽管它们都有的活动或者它们自身的命运起伏都会激发摩涅莫绪涅去抓住并保存它们的印象或图像。但只有国家才首先提供出一种内容，它不仅自身属于历史之诗篇，而且实际上帮助历史实现出来。一个只靠执政者主观权威的国家可能能满足一时之需，但诉诸这样的权威也只是权宜之计，不可能长久。从长远来看，一个国家必须要提升自己，它要有法律和客观有效的规定，同时它要有一个可以为国民理解的共同利益，这样才能够在历史上长久存在，青史留名。

对于国家来说，它的存在和长远发展，仅仅依靠“爱”这类的情感，以及宗教的沉思及相关的仪式是不够的，因为这些内容不具有普遍性；它更要依靠反映了该国家之理性的法律和伦理。诚然，这些内容自身也是不完满的，也是对当下的一个反映，这还不够，它们还需要与对过去的意识联系起来，从而才能对自身有所理解。

有些民族要在一长段时间过后才开始编撰历史，这时间可能为百年，也可能为千年。而在这百年或千年的时间中，可能会有革命，可能会有剧烈的转变。对于这些民族来说，他们之所以没有客观的历史，是因为他们没有主观的历史，他们没有历史记述活动。当然了，这种历史记述的缺失可能并不是来自于主观原因，而毋宁恰恰来自于客观原因，即这些民族根本不可能有对历史的记录。因为只有那些对法律有清晰意识的国家才能有清楚的历史记载，也只有在这种国家中，这种记载能得到很好的保存。

在我看来，在依靠自然因素来维持社会不自由的国家中，所有的社会关系都处在野蛮状态，其中充满了喧闹，它因此没有规律可言，没有理性可言，同时还存在肆无忌惮的破坏。因此，在这种情况下，国家和社会中不可能有进步的、发展的终极目标。鉴于这种情况，也就没有什么值得被记忆和保留下来的东西。对于这种社会来说，只存在一个凌乱的想象力，这个想象力会推动或驱使该社会和国家向有着可靠目标的实在世界推进。这个想象力需要在这个过程中发展成主观的自由，这样的话，它同时也就属于实质的自由，从而也就属于理性的自由。这个想象力需要在这个过程中发展成主观的自由。当主观的自由实现之后也就实现了实质的自由，亦即理性的自由。当理性的自由实现之后，因为理性有着自己牢固的目标，再加上理性自身的聪明才智，历史就产生了。

因为历史只有在这种情况下才能产生，但是与此同时，我们却可以设想也可以观察到以下这样的事情，它们数不胜数：一个家族随着自己的发展壮大会扩大为部落，当部落随着自己的发展壮大之后会扩展为民族，通过这种方式，它们得到了很大的发展。但是，在这个过程中，同时也可能会出现各种各样纷繁复杂的变化、争斗、战争和灭亡，但却唯独没有产生真实的历史。在这种情况下，历史产生和前进的步伐就会非常缓慢。

3. 世界历史进程要由哲学来掌握

（1）只有哲学才能把握世界历史进程中的原则

世界历史，正如我们早就已经说过的那样，代表着精神对自身之自由的认识发展过程，以及与这种认识发展过程相对应的实现这种自由的过程。这种发展在本性上是一个逐步前进的过程，它是从自由概念中衍生出来的一系列前后相继的规定。这个概念的逻辑本性，是个辩证的发展过程，通过这个过程它获得了一个积极的、更丰富的、更具体的规定。而这个概念的纯粹抽象性规定要通过哲学才能被理解、把握和认识。在这里需要强调的是，在这个发展过程中的每一个步骤，因为和所有的其他步骤都不同，因此有自己的特殊原则。在历史中，这种原则构成了一个民族之精神的主要特征。每一个具体的历史原则，表达了该民族之意识和意志，实际上也就是它的整个实在性的每一个方面。它是该民族的宗教、政治制度、伦理生活、法律体系、风俗习惯、教养、艺术以及技艺和工业的共同基础。这些特有的个性来自于每个民族的普遍特性，前者是一个民族众多的特殊法则。而同时，我们在历史的细节中，也可以发现每个民族的特殊的普遍性。

对于究竟是这一个具体的特殊原则还是那一个具体的特殊原则实际上构成了一个民族的特有原则这个问题，可以通过经验的方法来解决，并且由具体的历史事件展示出来。为了达到这个目标，就不仅需要有熟练的抽象思维能力，而且同时需要对理念有透彻的理解。这也就是说，一个人要先天地对这些法则所属的领域有所认识才行。就像开普勒[①]一样，在他从经验的材料中发现那些亘古不变的

① 开普勒（1571~1630），德国著名的天文学家。

规律之前，他首先要有关于椭圆形、正方形、立方体以及它们之间的相互关系的先天知识，因为对于那些规律的认识，必须要借助于这些先天知识所属的领域。任何人如果在接触一门学问之前没有认识到这些普遍规定，那么，不管他怎么用功、怎么努力地去观察天空及天体的活动，他也不可能发现那些天体运行的规律。

如果对于自由是逐渐发展的这个理念一无所知的话，就会很容易反对以哲学方式来处理经验性事务的做法，他们会反对一种先天方法，会反对试图将理念引入处理历史信息这类事情中。在反对者看来，思想的这些规定似乎是外来的事物，而不是对象自身之内就具有的。对于一个不熟悉理念并且还不习惯运用它们的人来说，它们实际上的确显得很陌生，因此人们会认为这并不存在于自己的观念中，也不存在于自己正在试图理解的对象中。因此，在这种意义上，有人说哲学并不理解这类主题。

的确，哲学必须承认，它没有那种其他学科所具有的知性，即它不是根据知性的范畴来操作的，而毋宁是根据理性的范畴来行动，尽管哲学也十分熟悉知性，以及知性的价值和地位。在科学知性的发展过程中，本质必须和非本质区分开来，并且要被从非本质领域之中抽取出来。但是，除非我们知道什么是本质，否则这种区分是不可能的。至于一般意义上的世界历史，本质恰好是对自由的意识，以及在自由的发展阶段中起决定作用的各个阶段，这些我们在前面都已经论述过了。因此，所有个别事物与那些范畴的关系就是它们和真正本质的关系。

对于哲学想要追求事物的普遍性，并在这种普遍性中去探究该事物的本质规定的想法，有一种直接的反对，其实不过是来自于对“理念”的无知和没有把握理念而已。在自然历史中，如果人们举出一个畸形的、变态的样本来作为例证去反对“种别”和“类别”的划分的话，我们就可以这样正确地回复他们，这些话当然都是经常在不精确的意义上使用的：那些例外恰好证实了这个规则，那例外的情况或者解释了规则可以应用其上的特殊状况，或者证明了从概念中派生出来的那些东西的不足和杂交情况。自然还没有强大到足以阻止一般的物种免受其他低等元素和个体影响的地步。例如，尽管人体组织由它所设定的具体形式得到定义，大脑、心脏等等被认定为是人体的本质成分，但是也很可能有因为不成功地终止妊娠或其他情况所导致的畸形情况，他们也会有一个人的形式，他们也生存在人的身体之中，他们也有人的呼吸，但是却可能或者缺乏大脑，或者缺乏一颗心脏。这些情况当然可能存在。如果引用这种情况来反对本真的人类宪法定义的话，我们最多也只能走到人的抽象名义及其表面定义上，当然了，一个真实的、具体的人就必然与此不同，因为一个真实的、具体的人一定在头颅中有个大脑、在胸腔中有颗心脏。

无疑，在所有的地区、所有的宪法以及所有的政治环境中，都有可能会碰到天才式的人物、有道德正义感的人物及有道德情操的人物，每逢此时，与上文相似的不当定义的情况就又会出现，而且，实际上现实中也不缺乏这样的实例。但是如果只因为这点就认为那从自我意识中产生出来的自由之区分是不重要的或非本质的，那么在这种情况下，“反省”就只存在于“抽象范畴”中，从而放弃了那“明确的内容”，在这种抽象范畴中，当然没有什么法则可以遵循了。采取这种观点形式的思想态度可以为独特的难题、学者式的观点、颇有冲击力的比较以及看似有意义的反思提供无限的范畴。天才式的人物的才华与明智实际上似乎增加了自己为不精确性献身的能力，他们越是遵从在抽象范畴中无法则可循的规律，他们看起来可能就越是光芒四射，但是，当他们越是变得有所创新、有所修正时，他们也就越少有机会取得伟大的成就，于是就越少有机会去做出某些坚实可靠的、合理的言论。

从这种观点看，一个人可能会将众所周知的印度史诗与《荷马史诗》来番对比，并且论证说，既然想象力的伟大是诗歌才华的真正试金石，那么印度史诗就要比《荷马史诗》更高级。同理，人们会认为将古希腊神话中的诸神形象与印度神话中的诸神形象等同起来也没什么不妥。同样，中国哲学把“一”作为自己的基础[1]，就被等同于爱利

① 比如《老子》四十二章中说“道生一，一生二，二生三，三生万物”。

亚学派的哲学[1]或者等同于斯宾诺莎哲学[2]；因为它总是用抽象的数字和线条来表达自己的思想[3]，有的人就声称在中国哲学中可以发现毕达哥拉斯哲学，甚至是基督教教义。

（2）世界历史超越了道德

当心中铭记这些内容时，就有人会怀疑，人类在历史与文化的发展过程中真的变得更好了吗？他们的道德真的改善了吗？在这种疑虑的背后，他们的根据是主观愿望和见解。他们主观地看待善或恶，主观地看待正义或邪恶，而不是从自在且自为的角度或者从一个特殊的、真正有效的宗教角度去判断这些内容。

在这里，我们可以不用去分析这种态度的形式主义以及其中的谬误之处，也不用建立真正的道德原则或者伦理原则来反对那虚假的道德，因为世界历史处在比道德领域更高的一个领域中，因为道德层面中只有私人的信念、个体的良知、个人的意志和个人行为，而它们在自身之内自

---

①爱利亚派是古希腊早期重要的哲学流派，因意大利南部岛屿爱利亚而得名，主要代表人物是巴门尼德。

② 斯宾诺莎（1632 ～ 1677），荷兰哲学家。代表作有《伦理学》和《神学政治论》。斯宾诺莎哲学的出发点是要回应法国哲学家笛卡尔的身心二元论，其主要观点是认为世界的本质是实体，思维和广延只是实体的两个属性，从而建立起了以实体为基础的一元论哲学体系。

③ 黑格尔在这里说的是《周易》。

然有自己的价值、名誉、奖励或惩罚。精神的终极目的所需要、所获得的，那自在且自为的、那神意所做的，都超越了义务、责任和个人声誉，这些东西都因个人的伦理存在而落实在个体性上。那些在伦理的规定下坚持认为精神之理念的进步的人，在道德价值上要比那些有罪的人高，这些罪恶在一个更高秩序的运作下成为了精神的手段，因此是这个更高的秩序之意志在起作用，从而让他们做了罪恶的事情，但是在“神意”的变革方向下，两方面都同样落在变化的领域内。

因此，那伟大的世界历史人物，他们做的事情就表现出了正当性，这不仅在他们自身的意义上获得了正当性，而且在尘世世界中也获得了正当性。但是，从这种观点看，人们千万不能用道德的要求来反对世界历史的行动，以及那些做出这些行动的伟人，因为他们并不属于道德领域。因此，人们不可以用私人品德这种借口来反对他们，诸如谦虚、谦卑、仁爱和仁慈等，世界历史在一般情况下都可以不去考虑。除此之外，世界历史不仅会主动放弃对个人领域的判断，而且它更不会理会个人的问题。因为世界历史要揭示出来的是民族的精神活动，至于那些涉及个人的形式、有关那现实世界的外在领域，就不是世界历史所要研究的内容了，它们实在应该由那些具体的史学研究去发掘。

在道德中实行的那种形式主义，也会利用不明确的概念去扰乱天才、诗以及哲学，同样，在一切事情中也都可以发现它的身影。这些概念是反思性思想的产物，在这种形式的普遍性中，它们虽然有着本质的区分，但却没有触碰、指明它的内容的真正深度，它们只关注技巧知识问题，这就是一般性的文化。这种文化不管普遍性、不管对象的内容，只是把自己分解成各个部分，并试图掌握这些部分。将关于这种思想的意识以及关于这种思想形式的意识与其他专门材料区分开来，这是哲学的工作。对于哲学来说，文化的存在只是一个前提。但是文化的功能仅仅在于将现存的内容都盖上普遍性的印章，从而使形式与内容这两方面就在它之中结合起来。它们被结合得如此紧密，从而难以分割开来，于是就把那内容纯粹当做“经验的内容”，好像那儿完全没有思想的角色和地位。因此，思想活动，尤其是知性的活动就把一个包含有丰富、具体的内容还原为一个对象，并且只用一个单词来指称它。

之所以说这些，就是为了避免对文化进行模糊的、空疏的说明。但是，回到引出上述评论的观点，至少就可以表明，就像引发了有关天才、天赋、才能、知识艺术、科学等等反思，以及同样的有关它们的本性、形式文化以及精神发展的每个阶段的观察和说明，不仅能够而且实际上也将自己呈现出来，使其生长、繁盛，并且开花结果。因为在这个过程中它一定要这样做，它要在这个阶段里自动地建立起来一个国家，并且从这种文明基础出发，前进到反思性思想以及普遍化的形式层面。这种政治生活毫无疑问地带来了形式的文化，因此也带来了学养以及发达的诗歌和艺术。不太需要外在配件和手段的诗歌，精神直接表现出来的工具或手段，都勇敢地表现出来了，并且还同时具有发达的表现形式，即使在还没有达到法治共同体阶段的那些民族中也都表现出来了。因为正如我们已经评论过的那样，语言在文明出现之前，自己就已经达到了一种高度反思的发展阶段。

同样，哲学在政治生活一旦建立起来之后，也会立即出现。正如我们已经说过的，在这样的政治生活中，文化所提供的教化之内容是形式性的思想。但是哲学只不过是对这些形式自身的意识，是关于思想的思想，这一体系所需要的材料，已经在普遍的文化中准备好了。

但是，在一个文化的实质内容的各种差别中，却始终存在着一个领域，这些差别性之间所涉及的同一领域就是思想的理性，即自由，也就是自我意识，它们都以思想作为自己同一的根源，就像动物不会思考而只有人类才会思考一样，只有人类才有自由。

当今世界的精神就是“概念”，它是精神根据自己的本性所形成的。它是世界的维系者和统一者，并且是人类几千年来努力的成果，它是精神通过世界历史的奋斗为自己带来的成果。通过这些成果，才会带来更伟大的成果。我们就要这样去理解世界历史，世界历史自身给我们描绘出了精神的奋斗过程，给我们描绘出精神是怎样一步一步认识到自己是什么的，并且通过分化出来的各种不同的领域作为根据地去认识并塑造自己。

于是，每个个体一定要经历他自己所属的文化的不同领域。一般说来，那些领域都是建立在他的精神概念的基础上的，并且该个体的一举一动都有自己的形式。在以往的日子中，每个个体都是为其自己的，都独立地确立自己的位置和发展；但是，精神却都是当下的，而且它永远是当下化的，只是每一个阶段之中的“现在”都有着比以前更丰富的意识，都会把它本身的概念、本性向前推进一步、向更完善推进一步。在历史之中，精神生活的各个阶段按照一定顺序依次发展，有些以现在的形式出现，有些以过去的形式出现。由于我们要考察的是精神的理念，并且要把所有世界历史发生的事情都看成是精神的表现，所以，当我们回顾过去的时候，我们就全神贯注于现在，不管那过去曾经如何辉煌永恒。哲学要处理的对象是现在和实在，精神在以后要发展出来的内容同样要以现在的情况为基础，精神始终要在属于自己的概念里有所经验、有所经历。

4. 世界历史从东方向西方发展

(1) 世界历史在亚洲起源，在欧洲终结

> 欧洲是世界历史的绝对终点，就像亚洲是世界历史的起点一样

下面列举出来的世界历史分期是一个普遍的描述。它的目标在于，要在理念以及它背后的普遍性的指引下使历史分期容易被大家理解。

太阳从东方升起，太阳是光明，光明是普遍的，并且仅仅与自我相关，也就是说在它自身之中就具有普遍性。虽然光明在自身之中是普遍的，但是也作为一个个体或主体存在于太阳之中。我们想象某个人观看太阳破晓的那一刻，那一刻是光明传播的时刻，那一刻是那么的雄伟庄严。对这个现象的描述倾向于强调破晓那一刻是多么的令人陶醉、多么的令人赞叹，从而让人无限忘我。但是当太阳越升越高的时候，这种震惊就消失了，人们的注意力就从对自然的关注转向对自身的关注了。人们开始在自己身上看到光亮，开始对自身有所意识，并且从那种原始的震惊以及沉思冥想的状态转向具体的行动了，从而开始独立地创造。到傍晚的时候，人们已经建立起来了一座建筑物，这是一个内在的太阳，即他自己之自我意识的太阳，这是由他自己努力而建成的。因此，人类会珍视它更甚于真实的太阳。由于他的行为，他现在与精神的关系就好像他面对

太阳时的那种关系一样，但这种关系却是一种自由的关系，因为第二个对象是他自己的精神。这里，在“果壳”之中的是整个历史进程，是精神之伟大昭著的一天，在这一天中，精神辛劳地在世界历史中完成了自己的工作。

世界历史由东方向西方发展，因为欧洲是世界历史的绝对终点，就像亚洲是世界历史的起点一样。世界历史由一个绝对的东方，尽管东方这个词在它自身之中就包含相对的含义，因为尽管地球是球状的，但是历史并不是围绕它旋转的，而是具有一个明确的东方，这就是亚洲。正是在这里，那外在的、物理世界中的太阳升起，然后落在了西方，但是这个西方却是自我意识之内在的太阳，它放射出更高的光辉，从而使它自己进一步抬升。世界历史要限制自然意志的放任，引导它走向普遍性和主观自由。

通过国家，个体才能获得并保存自己的价值

在世界历史的所有现象中，我们真正的对象是国家。因为国家是个体从出生开始就要对其有所信赖、有所习惯的普遍理念和普遍的精神生活，在国家之中，个体才能获得自己的存在和实在，才能获得他们的知识和意志。通过国家，个体才能获得并保存自己的价值。这里涉及两方面的基本因素。首先，国家的普遍实体即内在地就具有价值的精神，它具有绝对的力量以及每个民族都具有的独立的民族精神。第二，个体性，这是主观自由实现自身的领域。这两者体现了普遍性与个体性之间的关系。不过，问题在于，个体的真实生活究竟是基于毫无反省的习惯和风俗而具有统一性呢，还是那些个体们都是会反省的、有人格的、自为存在的主体呢？在考虑过这些之后，我们就要在实体性的自由与主体性的自由之间做个区分。

实体性的自由是意志的绝对理性，它在国家之中才能得到发展。但是在理性的这种决定因素中，个人的视野和意志还没有呈现出来，换句话说就是，主体性的自由只能在个体之中决定自己的自由，在自己的良心中进行个人反思的自由还没有产生。在那里仅仅有实体性的自由，在这种情况下，那些戒律和法律就会成为一种自为的束缚，主体自己会采取一种彻底服从的态度，这些法律不需要符合主体们特有的意志，于是主体就会像儿童一样，要在没有个人独有的意志和判断的情况下去服从父母。但是当主体性的自由产生时，人类就从外部实在降入他自己的精神之中，反思带来了矛盾，其中就包含有实在的否定方面。因为从现实世界中撤出而进入自己内在之中这件事必然会带来矛盾，其中的一方面是上帝——那神圣的事物，另一方面是个体性的主体。世界历史的唯一目标是创造一个情境，在这个情境中，上帝与个体性可以绝对地统一起来并能够真正地和解。它们以这样的一种方式和解，从而自由的主体没有完全沉浸在精神的客观存在之中，而是与自己独立权利相符。与此同时，绝对精神即纯粹客观的统一性能够获得自己绝对的权利。在东方人的直接意识之中，这两者还没有截然分开，实体世界虽然与个体世界有所区别，但尚未成为精神的反思对象。

（2）东方精神建立在直接意识上

因此，精神的第一种形式是东方的形式。东方世界建立在直接意识上，建立在实体性的精神之中。它的知识不再是个体武断性的了——因为太阳已经升起了——而是一种本质意志，它独立地、自动地自为存在。对于这种知识，个体性的主体一开始就带有一种信念、信任和服从的态度。如果说得具体一点的话，这就是一种家长制关系。在家族中，个体自己就是一个整体，但是他在整体中也是一个环节，他参与到一个共同目的之中，由于家族是大家的，所以那里同时有着每一个人特有的存在样式。他同时也成为个体意识的一个对象。该意识体现在家族的头领身上，他就是全体人民的意志，他出于共同目的的利益而行事，关注个人的利益，引导他们为了共同的目标工作，教育他们，并且要确保他们能与普遍的目标保持一致。他们的知识和欲望不会超出这个目标，也不得违背国家头领的意志。这就是第一种民族意识。

在这个阶段，国家已经出现，但是主体还没有获得自己的权利。伦理生活具有直接性、缺乏法律的特征，因为这还是历史的童年期。这个早期阶段有两个截然不同的方面。第一个方面是国家建立在家族关系的基础上，由父权来监管，通过告诫和惩罚来维持它的整体性，因为它尚没有产生矛盾，尚没有产生出理想性，所以这个国家了无生趣。这是远东尤其是中华帝国的特征。至于第二个方面，这种空间上的连续性和在时间中的连续性是匹配的。我们正在讨论的这种类型的国家，在自身之中没有任何变化，在它们背后的原则中也没有什么变化，因此彼此联系起来看的话，只是具有持续的、无止境的变化而已，因为它们彼此卷入了无尽的冲突之中，这就导致了它们的没落。国家在这种情况下就成为向外发展的，对于个体性原则的意识开始崭露曙光，因为斗争和冲突要求自我团结和自我理解。但是这个正在显现的意识仍然相对脆弱、无意识，因而还植根于自然之中；它是一道曙光，但还不是自我意识的人格之光。因此，历史仍然是非历史的，因为它仅仅是对同样的伟大之没落的重复。

为了要取代昔日的光辉，那用勇气、力量、壮烈的牺牲所换回来的新局面，常常要经历解体和没落的循环。但是这些并不是真正的没落，因为通过这些动荡的转变带不来任何进步，不管取代那已经没落的局面是什么样的新局面，它自己也同样注定要没落下去。在其中没有任何进步，所有这些都不过是非历史的历史。在这种意义上，历史就前进到中亚了，但是这种转变仅仅是外在的转变，因为第二个阶段与第一阶段没有什么关联。如果我们继续拿人的一生来进行比较的话，这个阶段也仍然不过是历史的童年期。它不再有儿童的安静，也不再轻信，而是变得举止粗鲁，好勇斗狠。

（3）东方的精神具有直观、感性的特征

东方的精神在它自身的规定上，更接近直观层面，因为它与自己对象的关联是直接的。但是主体仍然沉浸在实体性的存在之中，还没有将自己从那纯粹性、统一性中脱身出来而获得主体性的自由。因此，主体还没有从自身之内产生普遍的对象，该对象也还没有从主体之内被再生出来。它的精神模式还不是那种表象，相反，它仍然处于一种直接性之中，它的存在模式就是直接的存在模式。因此，它的对象是个体式的主体，以一种直接的方式被决定。这是一个自然中的太阳的方式，像自然中的太阳一样，它是个感性的对象而不是精神性的想象的产物。出于这个原因，它的形式是自然的个人存在。因此，该民族的精神和实体以个人的形式客观地向它的个体成员呈现出来。因为人性总是最高贵、最有价值的表现方式，所以主体一开始就是一个个人，该国的人民把它看成是一个精神统一体，把它看成是主体性的形式，整体性就存在于它们之中。这就是东方世界的原则：个人还没有在自身之内获得主体性的自由，但是却表现为内在实体的偶然属性。然而，实体并不

是完全抽象的，就像斯宾诺莎所说的那样，是以国家元首的方式向自然意识呈现出来，所以一切都被看做只属于它。

实体性的力量包含两个方面：处于统治地位的精神，以及站在它对立面的自然世界。这两个方面在实体性的力量中统一起来。这里存在着一个主人去为实体发布命令，他是为特殊事物世界立法的人。但是这种统治力量还不是我们所谓的世俗政府，因为精神的政府还没有出现。东方世界的政府可以被描述为神权政制。神是世俗的统治者，世俗统治者就是神，统治者同时具有这两面的地位。但是我们现在却必须考虑这个原则所设定的三种形式了。

中华帝国和蒙古帝国是君权神受的专制政制。国家是家长制式的，它由一个家长统治，这位家长同时决断一切，也包括我们看做是良心领域内的事情。在中国，这种家长制原则被运用、组织起来从而建立一个国家，但是在蒙古就没有这么系统的发展形式。在中国，国家首领是专制君主，他领导着一个体系复杂的官僚政府，其中包括很多官僚阶层。即使宗教事务和家族事务也受国家的法律调控，个人没有道德自我意识。

在印度，不同之处在于，国家为森严的等级制度所统治，这是印度必然会发展起来的民族文化。在这种情况下，正是由阶级制度决定每个人的权利和义务。这种政府体制被描述为“神权式贵族政治”。在这种情况下，从等级森严的阶级划分中，会产生出一种想象中的理想性，这种理想性还没有从感性世界中区分出来。精神的确想要超越到“梵”的高度，但是它不能长期停留于这个层次上。这种对特殊性的超越仅仅是粗野的、目标不明确的运动，它常常回到它的出发点。

在波斯，实体统一性获得了一个更纯粹的形式。它的自然显现物是“光”，它的精神是“善”。这种形式可以被看做“神权君主制”。君主的作用在于贯彻并执行善。波斯帝国曾经统治过很多民族，但是那些民族都被允许保留自己的特殊性，因此他们的国家可以真正地被称为帝国。当中国和印度还停留在自己的原则之中时，波斯已经形成了从东方向西方的过渡。就像波斯人是外在的过渡一样，从埃及人到古希腊人的自由经过的过渡是一种内在过渡。在埃及，我们能看到法则的内在对立，怎样去解决这种内在对立，是西方人的任务。

东方的生活方式之光辉就存在于我们面前，它们有对“一”以及对实体的观点和认识，在它们那里，一切事情都是内在的，没有什么东西能从中分离出来。它们的基本观点在于自己内部的团结，由此而去巩固自己的权力，它们的想象力的全部丰富内容和本性都是它们独有的。主观的自由仍然没能争取到自己的权利，它的光荣仍然不是自为的，毋宁是落实在绝对的对象身上。东方国家的煌煌建树都是实体性的形式，在其中包含着理性的现实规定，但是主体却仍然始终处于偶然状况。这些事物围绕着一个中心，围绕着一个统治者，但是这个统治者却不是罗马帝国意义上的独裁者，该中心与该统治者处于国家的统治地位。因为他的任务是去增进道德秩序与国家实体：他不得不维系那些已经建立起来的本质性戒律。而在我们看来属于主观自由的领域，在这里却被放在“全体”与“普遍”的领域中。

但是这种实体的决定因素立即崩裂为两个截然不同的方面，仅仅因为它还没有同化并克服自己的矛盾。这种矛盾在自身之内没能得到发展，因此相应地就落在它的外面。因此，一方面，我们看到了持久性和稳定性，另一方面，却看到了自我毁灭的任意性和武断性。所有的这一切都存在于理念之中，它们在本质上是现在的、实存的，但是一切都取决于它呈现出来的方式，以及它的环节是否以自己真实的形式得到实现。既然主体性是精神之内的本质环节，它因此也就必然要被当前化。但是在东方国家，它还没有得到和解，也还没有得到整合，仍然需要满足。相应的，这个具有统一力量的光辉建筑，伴有无节制的欲望。

一方面，这种可怕的、无节制的欲望存在于政治制度之中，存在于实体性本身的世俗权力方面。另一方面，它同时也在自身之外追求不完整、无建设性的功劳。根据理念，它在政治之伟业中无立足之地，但是它毫无疑问是现存的。于是，我们就会发现东方世界之政治结构附近伴有野蛮的游动民族，它们会从高处冲下进入那平静的国家。

它们会蹂躏、践踏、消灭这些国家，把一切夷为平地，但是与此同时它们自己却也被同化了，从而失去了原先的彪悍，但是由于它们自己本来就不可塑造，因此也没能留下什么可以持久长存的实质成果。

东方世界的确具有我们称作国家的东西，但是在这些国家之中，我们没有发现任何可以被描述成具有政治性的东西。他们的政治生活并不包含实质性的自由。但是尽管它会发展，但它却始终没有获得主体性自由的内在条件。国家在形式上应该是实体性的、自为的思想，在内容上应该具有为所有成员着想与考虑的普遍的、实体性的目的。但是，在东方，国家却是抽象的，自身没有普遍存在。它不是普遍的目的，但却是建构国家的主权。因此，正如我们以前所说的，这个阶段可以大略地被比作儿童期。

（4）古希腊是自由精神的起源处

世界历史的第二个阶段，可以被比喻成青年期，这涉及的是古希腊世界。在古希腊世界中，数不胜数的城邦拔地而起。它是美好的自由之邦，它是伦理存在的直接语境，个体性在其中得以生长、发展。个体性原则、主观自由的原则在这里有其根源，尽管它仍然体现在实体性的统一体之中。正如在亚洲的情况，道德是一个原则，但它也具有个体性，因此它与个人的自由意志保持一致。在东方世界那里出现的两个极端，即主观自由和实体性现在被联合起来了。

自由王国——不是那种没有限制的自然自由，而是伦理自由——现在实现了。它的目标不是主观任意的，也不是特殊的，而是普遍的，因为它将该民族的普遍目的当做自己意志的对象和知识的对象。但是这个美好的自由领域，以及它与实质目的的联合，却仍然是自然的、非反思的。它是伦理意志与主体意志的联合。它不是抽象的自为存在，而是与实在世界整合在一起的，正如一件美丽的艺术品带有感性的烙印和精神的标志一样。它还不是道德，而仅仅是非反思的伦理存在。因为主体的个人意志直觉性地接受了由法律和正义体系设立的风俗习惯。因此，个人与整体的目的无意识地统一在一起。因此，这个王国是真正和谐的，就像可爱、妩媚但却极易凋零的花儿一样。古希腊世界是最开朗活泼的，但却也是内在不稳定的结构，只要人们一旦有所反省，它的纯粹性就会消失。因为在它的两个原则之间的统一仅仅是直接的统一，因此它在自身之中就包含着最大的矛盾。东方世界的那两个原则，即实体性和主体自由，在这里统一起来了。但是它们的统一却是纯粹直接的，因此它们在最高程度上是自我矛盾、自我冲突的。在东方，这个矛盾存在于两个彼此对立、彼此冲突的极端之中，而在古希腊，它们是统一的，但是它们的联合在古希腊世界中所采取的形式却无法存活下来。因为古希腊的感性存在并不等于真正的伦理生活。它不是从主观自由的斗争中产生出来的，主观自由也没有从它那里再生出来。它仍然处于主观自由的初级阶段，因此，它仍然具有自然伦理性的外貌，而不是适用于更高级、更纯粹的普遍伦理生活形式。因此，古希腊的伦理生活仍然是不稳定的，它会在自我发展的过程中走向瓦解，当它对自身之内的极端进行反省时，一定会带来整个领域的瓦解。

(5)罗马精神服务于抽象的普遍目的

以这种方式，一个新的、更高的形式发展出来，同时也就带来了历史的第三个阶段。至于本来的内在世界，反省本来就是存在于希腊世界中的一个环节，接下来要做的就是去唤醒这思想以及思想自身的活动，从而为一个有着普遍目的的国家做好铺垫。因此，第三阶段的原则就是普遍性原则，是一个如此存在的目的阶段，但是它仍然处于抽象普遍性之中。这就是罗马帝国时期。个人所面对的目的以及他们自己的行为所指向的目的就是这样的国家。这个阶段可以被看成是历史的成年期。因为成年期遵循的既不是一个主人的武断意志，也不是他自己的感性意志，他的生活毋宁是艰苦劳作与操劳，而不是自由地、快乐地追求自己的目的。但是尽管人必须将自己献身于普遍目的，但那同时也是个僵硬呆板的目的。国家、法律和宪法都是目的。个人必须服务于这些目的。个人沉浸于这些目的之中，只有通过那普遍目的才能实现自己的目的。这样的一种帝国似乎注定要永存于世，即使在宗教领域中也是如此，它表现为神圣罗马帝国。但是纵是如此，神圣罗马帝国最终也还是消失了。

国家开始要以一种抽象面貌示人，并且想要为自己建立一个目的，从而使它的每个成员都可以参与到实现这个目的的活动中去，尽管这个目的还不是一个连贯的、具体的目的。因为自由的个人献身于它的宗教需要，因此他们必须自己献身于服务抽象普遍的事业中去。罗马帝国已不再像雅典城邦那样是个体的过渡了，它再也不是愉悦和喜乐的世界，毋宁倒是艰难、沉重之劳作的国家了。国家的利益与个体市民的利益被分割开来，尽管后者也在自身中赢得了抽象的形式普遍性。个人自己必须屈从于这种普遍的目的，但作为回报，他们获得了个人的普遍性，即他们个人的人格得到了承认：他们成了可以具有个人权益的法律人格。正如个人被抽象的人格概念所同化一样，个体民族也必须经历相同的命运；它们的具体形式在这种情况下被压碎、挤平，从而成为众多成员的一分子。罗马变成了所有神和精神性存在共同萦绕其中的万神殿，但这些神和精神却从来没能把自己独特的生命力保留下来。

向下一个历史阶段过渡的原则，应该被看成是抽象普遍性与个体性之间的斗争。因为它是抽象的，这个法治国家就必须完全结束于主观性。主体——即无限形式之原则——没有获得一种实体性存在，因此必须呈现出一种专横的统治，因此该矛盾的和解就在世俗世界中得以完成。但只有当个体性的人格被纯化、转换成自在且自为的个人主体性时，这种精神的和解才能够实现，因此也就自在、自为地获得了普遍的存在。这就是神圣的人格，它一定要在世界之中呈现出来，但却是作为某种自在且自为的普遍性表现出来。

如果我们更仔细地去考虑此发展的两个方面，我们就会知道，普遍目的王国——以自身反省和抽象的普遍性为基础——在自身之内包含了明确的、明显的矛盾，因此它就是该矛盾预设的争斗的表现形式。它有着必然的结果，即那恣意而行的个体性，是彻底偶然的，并且会通过世俗权力成为主人，从而取得优势，去战胜那抽象的普遍性。在这个阶段刚开始的时候，在作为抽象普遍性的国家目的与抽象人格性的国家目的之间存在着矛盾，随着抽象普遍性的原则的发展和实现，个体被它吸收进去。在这个过程中，主体作为明确的人格出现。因此，主体就由此产生出来，他们也因获得的普遍性而获得了法律人格的地位，这种法律人格在自身之中具有独立的、本质的实存。另一方面，这同时也带来了一个形式性的抽象权力世界，拥有财产的权利。但是，既然这种碎化成无数个体人格的过程发生在国家之内，那么这个国家就再也不将个人当做抽象的存在者了，毋宁倒把他们当做凌驾于个体性之上的独裁权威来看待了。在一个抽象的政治框架中，当它的最高价值再也不是普遍目标而是个体性人格的权利时，要想维持这个分裂的局面，只能采取专横的权威之力量，而不是采取“理性的国家力量”。与此同时，随着历史进步，当个体人格世界占了上风之后，想要把那些分裂出来的原子个体结合成为一个整体，就只能采取外在的方式来做到这一点。

（6）纯粹的世俗帝国要与主体性的精神帝国相匹配

> 自我认识的主体性之帝国标志着真实精神的升起

抽象的法律性自己不具有具体的实存，它在自身之内也没有被组织起来，因此，当它一旦掌握权力的时候，它的动机和统治权力也就只能是纯粹武断的，这是在偶然的主观性意义上实现的。于是，个体通过开掘自己私人权利的方式去寻求自己丧失的自由。因此，一个武断的力量运作起来，它将矛盾和解并确立了秩序与和平。但是这种和平同时伴有绝对的内部分裂，矛盾的和解不过是纯粹外在的、世俗层面的和解，与此同时却需要一个真正的和解。而真正的和解是更高的、精神层面的和解，它需要在矛盾被消灭之前发生作用，它要创造这样的一种情况，个体的人格性能够被沉思、被认识、被渴望，好像内在就是纯净的，并且能够被抬升到普遍性层面上。

精神被驱回到它最内在的深度之中，放弃了类神的世界，寻求在自身之内的和解，表现出一种内在生命，这是一种已经实现了的具体的内在性，它具有一种实体性，这种实体性不仅仅建立在外部存在中。恰恰相反，上面我们提到的纯粹的世俗帝国现在就与这种主体性的精神帝国相匹配，这种主体精神认识自己，并且知道它自己的本质存在，也就是说它知道精神可以达成现实。于是，精神原则就显现出来，在这种主体性之中，它获得了普遍性。

这个自我认识的主体性之帝国标志着真实精神的升起，这就是历史中第四阶段的开始。这个第四阶段如果与自然世界进行比赋的话，相当于精神的老年阶段。在自然世界中，老年就等于虚弱，但是精神的老年却是它完全成熟的阶段，在这个阶段中，精神在保留自己精神本性的同时，回到一种统一的状况中。精神作为无限的力量，在自身之中就包含有它先前发展的各个阶段，因此也就获得了自己的全体性。

我们现在已经到达了精神性阶段以及精神性的和解阶段。这个精神性的和解阶段就是历史中第四阶段的原则。精神意识到，精神自己就是真理，它现在作为思想对象而存在。这个第四阶段必然地包括两个部分：一方面，作为对内在世界之意识的精神，当精神被看成是本质、是通过思想才被意识到的最高事物时，精神的意愿本身就再度成为抽象的，并且只会执着于这种抽象性。只要意识还停留在这个阶段，世俗存在者就会与自身矛盾，并且遭受到野蛮和粗暴的对待，它同时伴有对世俗生活的彻底漠视，因为后者与精神世界没有任何关系，在意识中也就还没有获得一种理性的组织。这就是穆罕默德的阿拉伯世界的本性，在这个世界中，东方世界达到了它的最高表现形式，并且达到了对“一”的最高知觉。它的起源诚然要比基督教晚些，但是基督教却花了很多很多年才获得自己的世界意义，这个进程最终由查理曼大帝才完成。然而，伊斯兰主义由于其原则的抽象本性，能够在很短的时间内就壮大成为一个世界性的帝国，但是它却要比基督教更为原始。

当精神原则将自己实现成为一个具体世界的时候，这个精神世界就进入了下一个发展阶段。这个世界的原则是，主体性的意识和意志会作为神圣的人格而存在，它在一个单一主体中表现自己。但是它接下来发展成为一个真实的精神帝国，这个阶段就是“日耳曼的世界”。世界精神将自己的法则运用到其身上的那些国家，就可以被称为日耳曼民族。这个真正的精神领域有着绝对的主体性调和法则，它自在且自为地存在，即它在那真正的、实质性的状况中存在，就主体与普遍符合一致并具有本质实存来说，主体是自由的。这个领域是具体自由领域。

世俗帝国和精神帝国要达成和解

从现在起，世俗帝国和精神帝国彼此处于对立之中。一方面，自为的精神的原则是自由和主体性。个体心灵寻求与自己统一起来，因此要对此保持尊重。但另一方面，这独特的心灵并不是偶然的，而是在追求自己的本质、追求自己精神性的真理。在这里，自在且自为的和解才真正实现。但是由于它开始时是在自己之中去完成这种调和的，又鉴于它自身的直接性，所以，日耳曼世界的历史阶段开始时是从一个矛盾开始的。

诚然，它的历史起源在于基督教带来的调和，但是既然它自身才刚刚开始，并且仅仅对于意识来说才是毫无疑问的，因此我们最初就发现那可能是最大的矛盾。这一方面是在精神原则与宗教原则之间的矛盾，另一方面是在精神原则与世俗原则之间的矛盾。然而，世俗领域再也不是它以前的那个样子了，因为它现在已经皈依了基督教，因此就应该与真理保持和谐。但是精神领域必须也要意识到，精神性要在世俗世界中实现出来。但是这两个世界仍然是直接的状态，因此世俗世界还未能取消自己的主观任意性，而精神世界也还没有承认世俗世界。与此相应，这两者处于冲突之中。因此，历史的进程绝非一帆风顺、风平浪静。在历史进程中，两方面都要放弃自己的片面性，放弃自己不真实的形式。一方面，我们发现一个空洞的现实，它本来应该与精神保持一致，但实际上却并未做到这点。出于这种原因，它就必须被摧毁。另一方面，精神世界首先成为了一个教会的王国，教会自己沉浸于外在的世界生活中，当世俗权威被外在影响禁压时，教会权威也同样遭遇厄运。

正如我们已经说过的那样，和解首先是在自身内完成的，但同时它必须显现出来。与此相应，原则必须从可能是最大的矛盾处开始入手，它必须也是最抽象的矛盾，因为和解就是绝对的。正如我们已经看到的，这个矛盾一方面在于以教会形式出现的精神原则，另一方面是野蛮而狂野的世俗性。在这个历史发展中的第一阶段是这两者之间的敌对，尽管它们彼此联合在一起：教会的原则为世俗生活所承认，但它仍然没有与这个原则水乳交融，虽然它实际上应该这样。被精神放弃了的世俗领域如今被教会权威所压制。教会权威的初级形式自己偏离了自身，进入了世俗世界，因此丧失了自己的精神性，随后就丧失了自己的权利。这两个世界的陨落会导致野蛮的逐渐消失，精神于是就发现了一个更高的形式，这个形式具有普遍价值，这就是自由的、理性思想的领域。这种精神由自己所支持、鼓励，因此理解了自身的原则，并在自己的自由中、在自己的思想中以一种知性的方式生产自己。它现在就能与外部实在保持最大程度的和谐，它现在就有能力去把自己注入现实世界中去，并通过世俗世界实现理性的法则了。

只有当它赢得了自身的客观形式，精神原则才能真正地把握外在现实；只有这时，精神目标才能在世俗世界中得到实现。正是思想形式带来了基本的和解：思想的深度是调和的依据。具有这种深度的思想就会在现实世界显现出来，这种主体性是知识的泉源，在这里现象与实存融合在一起。因此，教会与国家之间的和解原则出现了，教会世界因此在世俗世界中发现并占有自己的概念和合理性。以这种方式，教会与国家之间的矛盾消失了，国家再也不会低于教会，也不再屈从于教会了。而教会也不再具有特权，这个精神性的世界对于国家来说再也不陌生了。自由找到了实现自己的概念和真理的手段，因此，通过思想的活动，现实领域或者说具体思想领域就与实体性的真理达成了一致与和谐。自由在现实中得以实现，将世俗世界发展成为一个在自身之内组织起来的有机体制。

这个克服矛盾的过程是历史的趣味所在，同时，和解和自为存在也成为知识的对象：实在被转换了，并被重组了。这就是世界历史的目标：精神必须为自己创造出一个与自己的本性相符的世界和性质，因此主体能在这个第二本性中、在这个精神概念产生的现实中发现精神的概念。在这种客观实在性中，它意识到了自己的主观自由和理性。这就是理念的发展过程，这必须是我们在历史中的终极观点。理念自身实现的更为细节化的进程就是历史，这目前仍然是经验层面上的工作。在研究世界历史的过程中，我们要走过很漫长的道路，上述内容不过是一个大致的勾勒，并简要地指出了世界历史的目的。但是，时间的绵延不过是相对的，而精神则是永恒的。

5. 地理环境对世界历史的发展具有很大影响

民族精神的形成也需要有自然基础，这就是形成各个民族的地理条件和地理基础。这种地理基础看起来似乎是一种外在的、偶然的东西，和道德“全体”的普遍性以及在这种普遍性条件下所表现出来的个人的个体行动没什么必然联系。但是，这些自然条件和地理基础却是一种必要的基础，因为毕竟它们是“精神”能够展现出来的场所。在实际历史中，精神并不是以一种普遍的抽象展现出来的，恰恰相反，它将自身外化出来，具有外在的现实性和具体性。这具体表现在它具有一系列外在的表现形态，就是民族。各个民族具有自己的实际生存状态。这些生存状态不仅体现在“时间”之中，具有时间性，同样也表现在“空间”中，从而区别出地域上的差别。每一个世界历史民族自身内部所具有的原则——精神的原则——也就体现在这种具体的自然地理条件中，因为“精神”就体现在相应的自然地理条件之中。这些自然地理条件的范围也就是容许精神实现出来的界限，在这种界限中，生长出了民族精神。

我们要做的，并不是要把世界上各个民族所居住的土地，看做仅仅是一种自然意义上的土地，而是认为，这种地理环境和自然类型对生长在这片土地上的人民的类型和性格有着重大的影响和联系。这个性格恰恰就是各个民族在世界历史上出现时所具有的形式，并相应地表现出了它们在世界历史上的地位。但是，虽然如此，我们也不能给各个民族所居住的地理环境及其他自然条件以太高的地位，同时也不能把它的作用估计得太低：虽然伊奥尼亚的明媚天空和富有诗意的土地有助于产生《荷马史诗》，但是，荷马的造就却并不仅仅依赖于这些条件。实际上，伊奥尼亚也不过产生了一个荷马，但当伊奥尼亚地区被波斯人占领以后，直到后来被土耳其人统治时，也没能产生出第二个荷马。

（1）历史的真正舞台是温带

同样值得我们注意的是，并不是所有的自然环境都能进入世界历史运动。有一些自然环境始终在世界历史范围之外，比如，在寒带和热带地区，就没有世界历史民族。因为人类觉醒的意识是对自由的意识，这个过程也是“精神”的觉醒和“精神”的反思过程。这是与自然界直接的、未反省的性质相反的。“自然”仅仅是人类在自身之中获得自由意识的一个起点，它的地位和作用绝不能太大。在热带和寒带地区，酷热和极寒无法让人类自由地活动，从而就使精神无法为自己建筑一个世界。在这样的地区，人们为生存所逼迫，必须为满足自己迫切的需要而拼搏。人们时常面对自然的压迫，担心恶劣自然的肆虐：有可能是狂风暴雨，有可能是烈日酷暑，有可能是冰天雪地，有可能是严寒低温。这一过程让人们持久地操心，无法幸免，从而也就不能将意识和精神转到普遍、更高的追求上去。

历史的真正舞台是温带，尤其是北温带。因为南温带上的主要部分是海洋，即使有陆地，也是分散的、破裂的土地。这些土地往往彼此间隔很远，很难形成规模。由于这个特征，南温带上的动物和植物很难具有共同的属性和特征，往往在每一个地点上会展现出来各自的特征，而这些特征之间差别很大。但是在北温带上情况就不同了，在那里有大量的陆地。这些陆地就好比地球的胸膛，人们依赖这些土地繁衍、生息。在自然产物上，北温带有许多种动物和植物，它们都具有共同的属性。

最近，通过航海事业，欧洲人发现了美洲和澳洲。因为它们是新近被人们发现的，所以我们称它们是新世界。同样，因为它们整个的物理结构和心理结构，其实也是很崭新的。虽然我们不否认它们在地质上的古老，但是南美洲和亚洲之间的那些岛屿显然具有物理上的未成熟性。因为这些岛屿显然只是在岩石上覆盖了一层土，而没有深厚的根基。同样，北美大陆在地质上也具有一种未成熟的性质。因为在它们的广阔内陆中，会发现有很多巨大的河流，可是这些河流显然还没有形成河床，不过是一望无际的水草和沼泽。而美洲和美洲的文化，其实只是一种完全自然的文化，水平比较低。一旦和精神遭遇之后，就会消失无形。美洲在物理上和心理上也显得十分孱弱，因为那里的土著人，无法抵挡欧洲人的精神。在美利坚合众国中，全体公民都是欧洲人和欧洲人的后裔。北美大陆的土著人无法融入欧洲人的精神之中，于是也就只好被驱逐进入北美大陆的内地之中了。在南美洲，土著人受到的凌虐更为严重，他们被逼迫做苦工。美洲的土著人，从性格上来说就是柔和的、缺乏激情的。顺从是他们的本性，尤其当面对欧洲人的时候更是如此。要想培养他们的独立精神和自由精神，将会十分困难。这些土著人在各个方面都十分低下，而且这种劣等性表现得还十分明显：身材矮小、性格懦弱、粗暴而野蛮，而且十分懒惰。因此，运送黑人到美洲去劳动就十分必要。黑人对欧洲文化的感受和理解要比印第安人和美洲土著更深刻一些。比如，曾经有一位去新大陆旅行的英国人在他的游记中就列举过很多例子：虽然有当教会人员和医务人员的黑人，而且，这种人似乎并不罕见；但是，在美洲土著之中，他却只遇到过一个非常聪明、甚至可以做学问的人，可是这个人却十分不幸地死于酗酒过度——他喝了过量的白兰地。

（2）美洲文明源自欧洲人的迁徙

美洲土著所生长的地理环境，造就了他们的气质、禀赋和体质，同时也使他们缺乏发展文明的必要工具，因此，他们很容易地就被征服甚至被消灭了。于是，美洲人中的劳动力，大多来自欧洲。正是欧洲人，引发了美洲的变故，使美洲进入了文明之中。到美洲的欧洲人，大多是欧洲的过剩人口。这种过剩人口从母邦之中分化出去的情形十分普遍。比如，从前在日耳曼帝国的都市中，因为许多行业都掌握在同业公会手中，所有的行当都是垄断经营，于是，就有许多人迁移到这些行业公会势力所不及的地方去，因为在那些地方谋生要更容易一些。于是，我们就看到在许多旧城市周边产生出了许多新城市，比如亚尔多纳和汉堡比肩，奥芬巴克和法兰克福并立。美洲和欧洲的关系也是如此。在新大陆被发现之后，许多英国人迁徙至此。这里没有旧大陆的各种沉重负担和繁重课税，而且还有广袤的无主土地，经过自己的开发和耕耘，就可以获得很大的收获。事实上，这些对于移民来说的确具有巨大的吸引力，因为美洲的自然地理条件和未开发的状况为移民们创造了各种有利条件，解脱了他们在国内的发展束缚，从而也就扫清了事业上的障碍。美洲大陆为那些愿意刻苦工作而在旧大陆又苦苦没有工作机会的人们，提供了一个施展拳脚的广阔天地。

从美洲的自然地理条件来看，可以分为南北两个部分。这两个部分并未得到很好的联系，于是就凸显出巨大的差别。北美洲的东海岸是一片广袤的沿海地区，在它后面是一连串的山脉——阿巴拉契亚山脉。有许多河流发轫于这些山脉，灌溉着这些地方，然后流到海滨，注入大海，这给美利坚合众国带来了巨大的利益，北美合众国也就是在这里缔造的。在阿利尼山脉背后，罗伦士河向北流去，加拿大北部的殖民地就缔结在这条河上。向西走的话，就会看到浩瀚的密西西比河、密苏里河和俄亥俄河。后两条河注入密西西比河之中，之后注入墨西哥湾。在这个区域的西方，依然有一连串的巨大山脉，经过墨西哥和巴拿马地峡向南，贯穿南美洲的西海岸，这就是安第斯山脉。这条山脉西边的地区要比北美洲的东海岸地区狭窄得多，因此也没有得到那么多的好处。秘鲁和智利就在这条狭长的地带上。在南美洲的东部，有巨大的奥利诺科河和亚马逊河，它们由西向东流，它们是如此巨大，形成了广阔的大峡谷。但是可惜的是，这些大峡谷往往是广阔而巨大的荒原，并不适合耕种。在南美洲，拉普拉塔河向南流，它主要有两大支流，其中一部分发端于勒拉山脉，一部分发端于亚马逊河流和本流域北部的分水岭，巴西和各个西班牙殖民地就在这里。在南美洲北部濒临大海的地方还有一部分土地，这就是哥伦比亚，在它的西部也有一条大河，这条大河发端于安第斯山脉，注入加勒比海，即玛格达莱纳河。

南美洲和北美洲的地区，除了巴西之外，都成立了共和国。但是，我们却可以在南美洲和北美洲之间看到巨大的差别，这种差别的对照也是十分惊人的。在北美洲，我们看到一派繁荣，一切都欣欣向荣，充满活力，各个产业和人口都在增加，公民秩序良好，公民享受的自由也比较稳固。这些地方联合在一起构成了一个联邦国家，而且还形成了若干个政治中枢。但是，南美洲的情况则全然不同了，各个共和国的基础是武力，它们的历史不过是由持续不断的革命写成的：联合在一起的各个小国家突然分散起来；曾经各自独立的国家突然联合起来等等。可是，这些联合和分裂的反复变迁，都不过是源自军事革命的结果。

南美洲和北美洲的差别，还进一步表现在政治方面和宗教方面。在南美洲进行殖民的是西班牙人，他们同时也操纵政治，他们信奉的是天主教。在北美洲，虽然有各种各样的教派，但是根子里都是新教。此外，南美洲是被武力征服的，但北美洲则是通过移民而被殖民的。西班牙人攻占南美洲是想统治它、驾驭它、剥削它，从而搜刮财富。而且他们的母邦远在天边，因此他们的欲望就能够越发膨胀、缺少约束，于是他们还通过胁迫利诱的方式，统治了印第安人。但是北美洲情况则不同了。在英国，清教徒也就是所谓的新教徒和圣公会教徒以及天主教徒之间存在着相互争斗，他们彼此之间的力量往往不平衡，此消彼长、互有胜负，于是，许多人为了自由就移民海外。这些人以清教徒为主，他们生性勤快、十分勤勉，多从事农业，比如种植烟草和棉花等等。这些人一旦在北美安居下来落地生根之后，马上就会全力以赴地从事种植劳动。由于初期条件十分艰苦，这些人有着基于生存基础上的彼此合作、团体结合，但这种合作是以个人为基础的。他们有着对共同的安宁生活、公民权利、安全和自由的需要。因此，对于他们来说，国家仅仅是某种外在的东西，它的职能仅仅是用来保护人民的财产。而基督新教同时为人们提供了强大的宗教基础和精神基础，它使人们可以彼此信任，相互信赖。可是，这种信赖的基础在天主教内却荡然无存，这是为什么呢？因为在各种世俗事件中，只有暴力和自动服从才是行为的原则，宪法在天主教中只是一种权宜之计，是用来救急的，而不是用来提供信任的。

(3) 美洲与欧洲的不同：它是“明日的国土”

那么，美洲和欧洲有什么不同呢？如果我们将这两个大洲进行比较的话，就会发现，北美洲是实现共和政体的最佳之地，那儿永远是共和体制的范例和榜样。因为在北美洲有一种主观的统一性，总统是国家的元首，他体现了这种主观的统一性。为了防止在国家中出现的任何野心，总统总是四年选举一次。在那里，公民的财产可以得到切实的保护，税赋几乎得到全免，这是为欧洲人羡慕却实现不了的。于是，从这些基本事实中，我们可以看到公众的基本性格，个人都在追求商业利益和利润。私人利益被放在了首位，人们仅仅会为了私人利益而服从公益。虽然在他们那也可以看到法律关系——一部仅仅具有形式意义而没有实际内容的法典，但是，大家都知道，遵守法律也并不意味着德性充沛、人心正直，所以，美国商人常常被人们指责为以法律之名行欺诈之实。

基督新教成为美国人信赖的重要原则，它承认感情因素的合法地位。可是如果一旦这么做就会进一步发展成各种任意妄为，因为人们可以认为，既然每一个人都可以有属于自己的独特的世界观，那么，每个人也就可以拥有一种特殊的宗教，于是，宗教也就分裂成了各种宗派。可是，这却多么荒谬啊。因为这种彻底的信仰自由使许多教堂居然可以全凭自己的主观偏好而选择或辞退牧师，宗教事务仅凭会众们的一时高兴进行处理。于是，最放浪不羁的想象力可以在宗教事件上任意驰骋、信马由缰。欧洲各国保持着的那种宗教统一性在北美洲是不存在的。在欧洲，即使各个国家内部的宗教会有意见分歧和观点之争，从而带来门户之见，但也仅仅只是局限在少数的信条上。

而就北美洲的政治状况来说，美利坚合众国生存的普遍目的还没有固定下来，一种地基稳固、结构稳定、团结一致的需要还没有产生。因为在一个现实的国家和一个现实的政府建立之前，首先需要有阶级区别的发生，要有贫富差距，而且这种差距发展到了两个极端，从而导致大部分的人民已经不能依靠原有的、习惯性的方式来满足自己的需要。可是，这种压迫和极端的贫富两极分化现象在美洲向来就不存在。因为北美地域辽阔、资源充沛，殖民的大门大大敞开，人们可以源源不断地向着密西西比河流域的平原挺进，也可以向北美大陆的纵深腹地推进。于是，资源匮乏的问题也就得到解决了，他们现有的政治状况也就可以得到满足了。所以，美利坚合众国与欧洲之间几乎没有什么可比性。因为在欧洲，无论有多少民众离开，都不具有美洲那样天然的出路。只有直到北美洲所提供的广阔空间已经被开发殆尽，国家和社会中的人们又不得不互相因资源而彼此争斗时，他们才能和欧洲人具有可比性。当农民的直接增加遭到了限制时，他们就不会向外去争夺土地，而是会转而到城市中寻找工作，与本国人进行交易，这时才会形成市民社会，需要一个真正的有组织的国家。美利坚合众国也不像欧洲各个国家一样有自己不信任的邻国，所以它也不需要常规军。加拿大和墨西哥对它并不构成威胁，而且英格兰也知道，一个自由的美利坚对自己更为有利。

综合起来看，美洲是明日的国土，未来的时代将在那里实现，世界历史也将会在美洲实现。对于已经厌倦了古老的欧洲这个似乎是充斥着各种杂物的仓库的人们来说，美国将会是他们的理想之地。据说拿破仑曾经说过，“这个古老的欧罗巴使我无聊”。美洲人应该放弃以往“世界历史”发展所根据的地盘。不过，到现在为止，新世界里所发生的种种故事，不过只是旧世界的一种回声而已。而且，既然它是“明日的国土”，我们在这儿也就不处理它了。因为我们的着眼点是历史哲学，一旦讲到历史问题，我们必须研究以往存在的和现在存在的东西。而对于哲学来说，既然它研究的是现在存在并且永远存在的东西，于是也就无所谓过去，也就无所谓未来了，“理性”就足以成为我们的研究对象了。

（4）地中海是旧世界的中心

和美洲这个“新世界”相比，“旧世界”才是世界历史上演的舞台。在具体地探索世界历史的演进历程之前，我们首先需要注意的是旧世界的各种自然因素和自然环境。如同美洲被巴拿马地峡一分为二一样，旧世界也被地中海一分为三，旧世界的三大洲都围绕在地中海周围。不过，与巴拿马地峡这个南北美洲之间的中介仅仅提供了一种外部的、物质的联系不同，地中海却为三大洲之间提供了一种本质上的联系，从而使它们形成了一个总体。这三大洲共同围绕着地中海，因此就有了一个便利的交通条件，因为河流大海都不是隔离的因素，反倒应该被看做是结合的因素。地中海就是地球上四分之三的面积结合在一起的因素，它也是世界历史的中心。历史上最具光芒的希腊就在这里，作为犹太教和基督教中心点的耶路撒冷所在地的叙利亚也在这里，作为伊斯兰教摇篮的麦加和麦地那也在它的东南面。地中海的北部和西部有特尔斐和雅典，再往西有罗马，亚历山大里亚和迦太基也在地中海周边。所以，地中海毫无疑问是旧世界的心脏。它是旧世界成立的条件，赋予了旧世界以生命。如果没有地中海，“世界历史”恐怕也就是另外一番样子了，至少我们将没有办法想象了，这就好比罗马或雅典没有了“广场”[①]一样。

而广大的东亚地区则被隔离开了，它们和世界历史发展的过程被分割开了，没有参与到世界历史发展的过程之中。北欧也是如此，不过和东亚不同的地方在于，北欧后来加入了世界历史之中。世界历史一开始只是围绕在地中海周围，恺撒后来穿过阿尔卑斯山脉，征服了高卢，在历史上开了一个新纪元，从此日耳曼人也和罗马帝国发生了关系。从此之后，世界历史也就越过了阿尔卑斯山脉。东亚和阿尔卑斯山脉之外的那个区域，是居住在地中海周围的那些人们进行活动的两个极端，那是世界历史的开端与终结，换种说法就是世界历史的兴起和没落之处。

(5)地理环境与文明发展

从地理条件上来看，平原地区、高原地区以及沿海地

① 黑格尔这里说的广场是agora，在雅典和罗马，agora是公民参与政治生活和公共生活的场所，人们在这里参与政治，展开辩论，听取演讲。

平原、高原、沿海地区与人类文明的各种类型

区是主要的三种地理环境，这三种地理环境对文明的形成和历史的发展产生了巨大的影响。平原地区是文明的中心，但却没有发展出独立性，精神和意识尚没有得到开发；高原地区属于不变的区域，这种环境闭关自守，不易达到；而沿海地区则与广阔的世界联系在一起。

平原地区是大江大河所灌溉的地区，那些大江大河促成了平原地区的形成，并且因为它们的灌溉，造就了这些地区土壤肥沃。属于平原流域的国家有不少，比如中国、印度、巴比伦和埃及。在印度有恒河和印度河，在巴比伦有幼发拉底河和底格里斯河。美索布达米亚的本意就是在两条河之间，在这里有着肥沃的土地。埃及有尼罗河，尼罗河为埃及人提供了便利的灌溉条件。在这些区域中曾经建立过许多伟大的王国，并且建构了成立大国的基础。由于这些地区土壤肥沃，于是也就使农业比较发达，居民们大都依靠农业谋生。伴随着四季轮回，农业也因循有序。于是，在这个基础上就形成了有关土地所有权的法律和其他与之相关的法律，而这恰恰是国家形成的根据和基础。

我们通常能看到的高原地区在中亚，这个地区西起自里海，然后向北蔓延，直到黑海。相似的地方还有阿拉伯沙漠、非洲的巴巴瑞沙漠，以及南美洲的奥利诺哥河流域和巴拉圭高原。这种地方有时会有一些降雨，有时会为泛滥的河流所灌溉。居民生活的特色是家长制。一个大家族被分成各个家庭，这些家庭居住的地方，经常是荒凉蛮夷之地，往往寸草不生，即使有生产，时间也比较短，所以，居民的财产不在于土地，这是他们的特色之处。他们从土地上仅仅只能获得一点点收益，他们真正的财产是随他们一起迁徙的牛羊。当地的居民和牛羊一起追随甜美的水草而四处迁徙，这种生活方式让他们无拘无束、无忧无虑，根本不需要为冬天做什么准备。于是，在这些高原居民中，不存在法律关系，于是，他们就会显示出一种两极性格——好客和抢劫。当这些人接近文明或处在文明周边的时候，这种喜好抢劫的性格就表现得十分突出。比如阿拉伯人会骑着马和骆驼进行抢劫，蒙古人也会依靠马匹做同样的事情，马乳是他们的饮料，马匹是他们的作战利器，也为他们提供营养供给。这些人虽然平时爱好和平，但是一旦大队人马集合在一起的时候，却十分容易冲动，于是往往就会演变成对外的活动，就像洪水泛滥一样，冲到文明的国土上，导致一场大乱，结果给文明世界留下的，只是废墟和瓦砾。这种情况在成吉思汗和帖木儿做统治者时产生过，他们像洪水一般，毁灭了一切，但也会消退得无影无踪。这些人没有什么固有的生存原则，总体上来说，不是十分重要。

和一条大河会将某块土地分成几个部分一样，海洋也会把土地和土地、大陆和大陆之间分隔开来。但是反过来也可以说，正是水把这些土地和大陆彼此连接起来，形成了一个整体。比如，波西米亚和萨克森在易北河流域，埃及在尼罗河流域。江河尚且如此，海洋又岂能有例外？只有山脉才是真正的分隔因素。我们可以看到，比利牛斯山脉把西班牙和法兰西分开了。欧洲人虽然从海上和东印度以及美洲建立了联系，但却始终没有办法深入到这些地区的腹地之中去，就是因为陆上交通实在比海上交通困难得多、麻烦得多。所以，恰恰因为地中海是一片海，它就成为了世界历史的中心。

大海浩瀚无垠、漫无边际，当人类在大海上航行的时候，常常会因为大海之无限而引发自身之无限的联想，这便给予了人类超越有限的勇气和力量。大海向人类敞开胸怀，邀请人类去征服，去掠夺，去追求商业、贸易而追求利润。与此不同，平原流域和那些普普通通的土地会把人类束缚在土地上，使这些人依赖于这些土地，无法解脱出来。但是大海却带着人类挣脱了土地的限制和束缚，使人们超脱了思想和行动的有限圈子。从事航海的人大都以盈利为目的，追求利润，但是他们所使用的手段和自己追求的目标却恰好相反，于是，他们的行为就超脱了盈利和职业，成为了勇敢的、高尚的事情。因为在海上从事贸易，必须具有勇气和智慧——大海表面上看来十分平静、柔顺、驯服、和蔼，但是它却是最危险、最激烈的地方。人类只有凭借自己的勇敢、沉着和冷静，才能对付这种欺诈和暴力。船这种工具的发明，是人类胆识和智慧的最大光荣。

这种超越土地限制、征服大海的行动，是亚洲各国所不具备的。就拿中国人来说吧，他们的确有十分发达而壮丽的政治建筑，但是他们自己却以海为限界，因为大海是陆地的尽头，所以他们在大海面前止步，不愿意勇敢地向前迈出关键的一步。因此，他们和海没有什么特殊的感情，不发生积极的关系。正是因为这种原因，许多地方，即使中间仅仅有一条河，也会把两岸的国家分隔开来。比如，荷兰和德意志就彼此分离，西班牙和葡萄牙也没有统一。

地中海是世界文明的中心

我们说，地中海是世界文明的中心，和世界历史有关的三大洲就围绕在它的周围。上述的几种情况恰好可以用来分析这三个大洲：非洲以高原或者高地作为自己的主要特色，亚洲是大江和平原流域，欧洲则是上述几种情况的综合。

非洲的地理环境大致可以分成三个部分。第一部分是非洲的主体，它是撒哈拉沙漠以南的地区。虽然那里有狭窄的沿海地区，但是大部分地区是我们几乎一无所知的高地。第二部分在撒哈拉沙漠的北部沿海地区，具有欧洲特征。尼罗河流域地区是非洲的第三部分，这个地区有着非洲独一无二的平原，因此，此处也是向亚洲过渡的地区。

非洲的主体部分，自从有历史记录以来，始终没有和外界有什么联系，处于封闭状态中。它还没有被历史的光明照耀到。为什么会这样呢？它的孤立特征，不仅是由于处在热带的原因，而且也是由它所处的地理环境决定的。

因为这个地区的海岸地带（非洲西海岸，几内亚湾附近）十分狭小，适合人居住的地方很少，再往里就是沼泽地，树木高大、野兽出没，又有着地势险要的高山，很少有河流通过。即使有河流，也不能作为进入内陆的通道，因为那些高山峻岭把路切断了，不能航行。这个地方很少有人能涉足，几乎没有人居住在那里。非洲的第二部分是尼罗河流域，大部分地区属于埃及。这个地方比较适合成为一个独立文明的伟大中枢。非洲的北部地区是沿海地区，它与地中海和大西洋比邻而居，这个地方十分优美。它和非洲的其他地方都不同，因为这里充满了欧洲人的气息，迦太基一度在这里建立国家，也就是现在的摩洛哥、突尼斯等地。迦太基人、罗马人、拜占庭人、阿拉伯人都曾经统治过这个地方，所以它很明显地具有欧洲气息。

非洲人的性格不是很容易理解，我们必须放弃“普遍性”的范畴才能去研究他们的性格。黑人的意识还没有达到任何稳定的客观性的直观，而在这种客观性之中，本来包含着人类的意志和人类对自己本质的直观。所以，非洲人就是一个个人，他和他的普遍性本质没有区别。所以，他没有对高出自己存在的知识。同样，黑人也不可能建立国家宪法，因为那必须当精神达到了对普遍性的意识时才能实现。由于非洲的这种特征，它还处在历史之外，不属于我们的研究范围。

（6）亚洲和欧洲是世界历史的真正舞台

> 亚洲的多种地形造就了人们不同的生活方式

那么，接下来，我们才真正第一次地站到世界历史的舞台上来。亚洲处于地球的东部，是创始的地方。虽然对于美洲来说，它属于西方，但是对于处于旧世界的中心和终极之处所在地的欧洲来说，亚洲却是绝对的东方，而欧洲是绝对的西方。

对于亚洲来说，我们首先要把西伯利亚地区除外，因为这个地方和阿尔泰山连接在一起，那里有流入北极的大河，但却与我们的关注点毫不相关。因为我们说过，历史的舞台在温带，像北极这种极度寒冷的不毛之地，不在历史范围之内。除去这个地方，亚洲地区可以划分为三大部分。第一部分是与非洲相连的高原区；然后是一个巨大的山脉区——塔格山脉区，南面与喜马拉雅山脉相连，向东就有一连串的高山，切断了黑龙江流域，北部有阿尔泰山脉和松花江山脉，松花江山脉又在西北部与木撒特山脉相连，在西部又有库什山脉重新和塔格山脉相连。在亚洲其他广袤的地区，有若干巨大的平原。比如中国的平原流域就是由长江和黄河冲积而成的。恒河流域在印度冲积成了恒河平原。西亚的幼发拉底河和底格里斯河则冲积成了著名的两河流域。里海和黑海周边也有同样的大河冲积平原，比如东部由乌浒河和西浑河冲积成的平原，和由库尔河与阿拉斯河冲积而成的平原。

亚洲的这些地理差别，形成了人们生活方式的差别：高原区以畜牧业为生，平原流域从事农业、工业和商业，商业和航海在沿海地区流行。由此，第一种社会状态是家长制的独立，第二种社会状态围绕着所有权和地主与农奴之间的关系而组织，第三种社会推崇公民的自由。在高原上，畜牧业虽然值得我们注意，但是那里的游牧民族的生活却表现出了两面性：一面是平时日常生活的悠闲和放松，另一面却是在战争的攻城略地过程中所表现出来的野蛮。这两种生活铸就了他们的两种性格，因此，这些民族还没有进入到真正的历史之中。不过，虽然他们的生活不具有一种历史的内容，但却仍然可以将它回溯到历史的开端。

在平原地区，当人们开始从事农业的时候，生活也就稳定下来了，因为农业要求对将来有先见和远虑，于是就终止了人们的流浪生活。所以，人们的意识就开始觉醒，开始了对普遍的东西的反省。在这里，所有权问题以及其他标志人类意识觉醒的东西都开始显现出来。中国、印度和巴比伦都已经进入了这种状况。但是，占有土地进行耕种，同时也就意味着闭关自守，从而也就无法分享到海洋带给人们的文明。虽然这些地区也会发展航海事业，但是他们的航海却没有影响他们的文明，对他们的文化也没带来什么影响。所以，他们和世界历史其他部分的联系，也就没怎么发展出来。由大河冲积成的大河流域、高原和高原四周的高山，一起组成了亚洲在物质上和精神上的基本特征。但是，这三个部分却不是具体的、真实的历史元素，因为各个极端之间的对峙只是被相互承认，却没能调和起来。因此，游牧民族始终把在平原区的安定生活当做自己的追求目标。因此，在自然界中因地理环境所形成的这两种因素，结合起来和欧洲发生了关系。亚洲也曾经开放过，在那里宗教原则和政治原则开始产生出来，但它们的发扬光大却是在欧洲。

在欧洲，非洲和亚洲所表现出来的各种地形上的差别都消失不见了。欧洲表现出了一种比较柔和的本质，所以，我们在欧洲看不到高原和平原的直接对峙。欧洲的地形也可以分成三个部分。第一部分是南部欧洲，那里直接面对地中海。第二部分是欧洲的心脏，这部分地区是由恺撒征服高卢时开放出来的。第三部分包括欧洲的东部和北部地区的各个国家，比如波兰、俄罗斯和其他斯拉夫国家。这些国家直到十分晚近的年代才进入世界历史国家的行列之中，并且成为连接欧洲和亚洲的桥梁和过渡。如果我们仔细分析一下的话，就会发现这些欧洲国家在地形上的差别和区分并不十分明显，差别基本不大。

四、处于历史儿童期的东方社会

世界历史从东方开始，在东方国家中，语言的传播和流传以及种族的形成，并不在历史范围之中。因为历史是记载叙述，所以神话传说并不算历史。只有当人类首先有抽象鉴别的能力、有表达各种法则和原则能力时，才能对自己面对的对象进行记载和描述。在国家生活之前、在人们有意识的自觉生活之前所发生的事情，都是史前的事情，虽然人们似乎可以对史前时期所发生的事情提出一些假说、进行各种推测，但是我们却不能把这些推测和假说当做事实。

“实体性”是东方社会的道德原则，它表现为具体的各种“法则”，主观意志要受到这些法则的约束。当人们在遵从这些法则行事的时候，仿佛受到某种外界的力量约束，但是这样的话，一切人类内在的东西，比如“良心”和“自由”等主观的东西就没有得到承认。于是，司法也只是按照表面的道德来实行，在这种意义上，它就仅仅是强迫的特权。但是，在我们欧洲人这里，我们的民法也的确会包含一些强迫性的命令，比如我们可以被法律强迫不去占有其他人的财产，我们可以被强迫遵守并不能违背自己曾经签订的契约。但是，我们却并不把“道德”强迫看成是纯粹的强迫。因为，我们把道德当做成自己的心灵对人的同情。或许有人说，这些东西在东方不也有吗？但是，在真正的意义上，东方具有的那些东西不过是徒有其表而已，虽然他们的道德规定十分完善，但是本来应该是人们通过内在的自我约束的东西却被做成了外在的约束和安排，反倒变成了只注重形式意义了。在东方社会，虽然指挥和规范人们的行为要符合道德原则的大有人在，可惜，从人们内心自发产生出来的、符合这些道德行动的意志却一个也没有。

我们把在世界历史舞台上出现的亚洲世界分成四个部分。第一，由黄河和长江所形成的“大江平原”，以及远东地区的高原，包括中国和蒙古。第二，恒河流域和印度河流域。第三，由乌浒河和西浑河冲积成的平原、波斯高原和两河流域。第四，尼罗河冲击而成的大江平原。虽然这第四部分地处非洲，但是它的精神气质比较接近亚洲。

历史从中国人和蒙古人那里开始，因为这两个地方实行的是神权专制政体，他们都把家长制作为原则。在中国，皇帝地位最高，就像一个家族的大家长。国家的法律由民事方面的律法和道德规定组成。道德方面的规定被当成立法的根据，但同时我们都知道，法律自己就具有一种伦理的形态，所以内在性的范围在中国就无法成熟。在我们这里被看做是内在性的东西，在中国都被集中到国家元首身上，也就是皇帝身上。皇帝依靠建立和设定法律，来从整体上考虑、照顾和保护全体臣民的健康、财富和福利。但蒙古人的精神主权则与中国人的世俗帝国不同，中国的国家元首是皇帝，蒙古的国家元首则是喇嘛。喇嘛在蒙古既具有政治上的权威，也具有精神上的权威，所以，在这样一个精神帝国中，任何世俗的国家生活都不太可能实现。

在亚洲的第二种形态——印度中，我们看到，中国具有的那种统一的国家组织并不存在。印度存在几个完全不同的社会阶层，这些阶层相互之间是没有什么来往的，而且地位不可改变。他们之间的这种区别是由宗教的教义规定的，所以这种区分看起来就好像是天然形成的一样。于是，个人正当的人格就被剥夺了。宗教性的统一保证了社会各阶层之间的统一，这就产生了“神权贵族政体”，这种政体也是专制的，所以，在印度也有了精神的意识与世俗的环境的区别。这样我们就看到，在印度有时是普遍的感官的自然权力在起作用，有时是抽象的、唯一的和简单的神的观念在起作用，二者飘忽不定，而且会突然转换，在这种转换之间又没有章法、没有规律，于是，在有智慧、有节制的意识和精神看来，印度人很容易进入精神狂想。

亚洲的第三个重要形态是波斯帝国。在波斯，神权以一种君主政体表现出来。各个社会中的成员都由一个元首来统治，但是这个元首却不是绝对的指导者，也不是独裁的统治者，他只代表一种权力，他自己的意志也要受法律原则的束缚。波斯的统一不是抽象的统一，它的统一可以适合于统治许多不同的民族。根据它的原则，可以把这些民族联合到一种“普遍的”、温和的权力之下，于是，很多不同的民族都可以在这个原则下共同生存。波斯帝国使世界由东方生活转向了希腊生活，实现这种内在转变以及转变所依赖的媒介，就是埃及。

1. 历史在中国发端

（1）中国的修史传统源远流长

历史真正的源头在中国，所以，历史的研究和历史哲学的研究就必须首先从中国说起。中国是最古老的国家，它所依据的原则具有一种实体性，所以，可以说中国是最古老的国家，但它同时也是最新的帝国。为什么这么说呢？因为在很早之前，中国就已经进入了现在的状况，达到了现在的状态。但是，正如我们前文所说的，在中国缺乏客观的存在和主观的运动之间的对立。一旦缺乏主观和客观之间的这种对峙，变化也就无法产生，因为我们在前面已经说过，变化和发展都是一种辩证运动过程，在这个过程中需要有对立的产生。但中国缺乏这个。所以，中国虽然有各个朝代之间的更替和转变，但却始终没有什么变化，不过是一个王权代替了另外一个王权而已。一种亘古不变的东西代替了一种真正历史的东西，因此可以说，中国和印度还处在世界历史的外面，它们自身没有变化。它们只是期待着一些因素，如果这些因素能够纳入这些古老的帝国之中的话，它们才能得到活生生的进步。客观性和主观自由的统一，已经消除了二者之间的对立，所以，主观性就无法得到，于是，中国的“实体的东西”就只能以道德的身份出现。在这种意义上，我们可以看到，中国只能实行君主的专制。

在中国这个古老的帝国中，所谓的撰修——也就是专门写历史的人，源源不断、连绵不绝，这是它的特色，任何其他民族都无法望其项背。虽然其他的亚洲国家也有一些自古流传下来的传说和神话，但是却没有真正意义上的“历史”，历史只有在中国才有。印度的《四吠陀经》和阿拉伯的传说都不是历史，因为它们所记录的与国家的发展无关。中国的传说可以追溯到耶稣基督诞生前的三千多年。中国古代的经典——《尚书》，记录的是尧时代的故事，而这些故事发生的时代，在耶稣基督诞生前的二千三百五十七年前。

在中国，有许多从远古保留下来的经典，通过阅读这些经典，很容易就重新展现出他们的历史、宪法和宗教情况，这就好比印度的《四吠陀经》、犹太人的《摩西记录》和古希腊人的《荷马史诗》。中国人将他们自己远古的典籍称作“经”，并把这些“经”作为他们自己研究学问和阐发自己意见、观点的基础。《尚书》就包含了他们的历史、古代帝王的政府，同时还涵括了各个古代帝王所制定的法律。《易经》大多是一些图像，因此被许多人看做是中国文字的基础和中国思想的根基。《易经》从一元和二元这种抽象观念开始，然后上升到附着在这些抽象观念背后的思想形式。此外，中国古代还有一本《诗经》，它是最古老的诗集，在这部诗歌集中，每一篇所运用的格调大都是独特的。古代中国的官僚制度也特别有意思，在那些官员中，有一种官员的职责是到各个具体的封邑中去搜集每年编订出来的诗歌，并把这些诗歌带到每年的祭祀仪式上去，由天子当场评判这些诗歌，然后会把被选中的诗歌整理收藏起来，从而得到人们的赞赏和传诵。

除了这三部典籍之外，还有另外两部典籍也十分受推崇和尊敬，在古代中国享有十分崇高的地位，这就是《礼记》和《春秋》。《礼记》用来记载帝王们的威武、所享受到的礼仪规范，以及国家官吏们所享有的风俗礼制。其中有一种专门记录音乐的经典，就是《乐经》。《春秋》则是孔子的故乡——鲁国的历史记录。这些经典，成为中国后来的历史、风俗和法律的基础。

（2）中国的“历史”之中没有进步和发展

中华帝国最令人称奇和惊异的地方在于，它的一切都是自力更生的结果，它从自己内部之中就产生出来了，似乎与外界没有什么关系。不过这个帝国很早就已经吸引了欧洲人的视线、注意力和兴趣，但是那些欧洲人所听到的东西，毕竟也不过都是传说，人们听到了这些传说之后都很难相信。

比如，13 世纪的时候，就有一位来自威尼斯的意大利人——马可·波罗，他从中国回来之后写过一篇游记，可是他的描述在当时普遍被人们认为实在是太荒谬了。但是，他的那些记录后来却被一一证实了。据最保守的估计，中国有一亿五千万人口，而据最大胆的估计，则认为中国人口有三亿。而它的领土更是辽阔，北起极北之地，南至印度，东起太平洋，西至波斯和里海。中国本土人口过剩。在黄河和长江上，有相当多的人民居住在竹筏上，而奇异的是，他们在竹筏上就能够完全适应他们的一切需要。这一切都让欧洲人无法理解。

而在所有这些欧洲人无法理解的事情中，最奇特的是他们的历史著作之精细、严密和正确。因为在中国，历史学家的地位已经可以上升到最高级的士大夫阶层。时常会有两位这样的臣子追随天子左右，职务就是记录天子的一言一行，而历史学家们就会根据这样的一些记录来做自己的研究。这样的历史实在过于详细，所以，我们不用对它们深入研究，因为这种历史本身没有表现出任何发展和进步的地方，如果过于纠缠在它们上面，反倒容易阻碍我们历史的进步。这种形式的历史写作，可以在时间上追溯到极其遥远的古代——伏羲时期。

2.“家”的原则是中国的原则

（1）黄河流域是中华文明的发源地

中国历史是从黄河流域发端的，在很长的一段时间内，中华帝国都以黄河流域为中心，这里就成为中国人活动的地带。直到稍后的一个时期，这个文明才向长江流域推进。从这个国家的历史开始有记述的时候算起，人类还生活在野蛮状态中，过着原始的生活，以森林中的果实为食物，用兽皮做衣服，人们之间没有公认的法则，据说是伏羲教给人们建造房子的技术，教给人们四季轮替的规则，教给人们进行物物交换以及贸易活动的规则，据说他还把婚姻传授给人们，并教人们养蚕、造桥和使用牛马等。不过，中国的历史学家们对这些制作活动的起源，并没有达成一致的意见。中国的历史进程，就是这种文化逐步向南推进的过程。在这个过程中，逐渐地建成了一个国家和一个政府。于是，庞大的帝国后来就分裂成许多小国，这些小国之间常年交战、争斗不息，之后又结合成一个整体。就这样，中国的历朝历代分了合，合了分，反反复复。随着各个朝代的兴起、没落、更迭，中国有许多古都，比如南京、北京等。

中国也被迫和许多外族人交战，比如匈奴。秦始皇为了防范北方来犯的外族人的侵略，修建了长城，这被人们认为是举世瞩目的成就。秦始皇将天下划分成了三十六份，这也就成为了三十六个郡。然后为了维持统治统一的需要，他又统一了文字，废除了原先各个国家的文字。同样为了维护自己统治的需要，秦始皇又把全国的历史书籍搜集起来烧掉了，而且还活埋了很多儒士。[①] 许多文人为了保存儒家典籍，都跑到深山老林里隐居了，这样才把中国许多重要的典籍保留了下来。

据说在西元 64 年时，中国人第一次和西方人发生联系。起因是中国皇帝派了一位大臣去西方，访问西方的圣人。二十年后，又有一位将军到过犹太地区。在西元 8 世纪初，据说第一批基督徒到了中国。在西元 1100 年，据说中国人打败了辽东的一个外族部落，可是却让另外的一支外族人入侵本土。后来，又在相似的情形下，满洲人入主中原。于是，就到了现在的这个朝代。[②] 但是，这些朝

① 也就是"焚书坑儒"事件。

② 黑格尔生活的时代也就是中国的清朝时期。

代变更并不能给中国带来什么样的实质变化，不过是一个朝代取代另外一个朝代而已。和当年统治中国的蒙古人一样，满洲人也必须遵守中国的法律、研究中国的学术。

（2）“家”的精神和原则对中国人特别重要

那么，在这些历史变更背后蕴含有什么精神吗？如果有的话，是什么样的精神呢？我们认为，这种原则和精神就是“家庭的精神”，这种精神在中国这个世界上人口最多的国家普及开来。可是，在这种发展阶段上，我们丝毫看不到任何“主观性”因素，也就是说，我们看不到任何个人意志的反省，以及这种反省和那强大的“实体”（所谓的实体就是一种权力，这种权力倾向于消灭个人）因素的对抗。人们从来也没能意识到自己是否应该以及如何同这种“实体”结合成一体，从而知道自己在这种“实体”内部是自由的。中国人从来没能做到这点。其实，这种代表权力的普遍意志要从个人的行动中才能体现出自己的行动。在中国，那种普遍意志直接命令个人应该做什么、不应该做什么，个人所能做的，只是谨小慎微地服从。个人不能反抗、不能违背，从而也就放弃了自己的反省和独立。因为假使一个人不服从于这种普遍意志的要求，甚至他反抗了，那么他就要遭到惩罚，最坏的结果是被剥夺生命。可是，既然他不追求自己独立的人格，他所遭受的刑罚也就不至于影响他的内在性，因而只影响他外在的生存，也就是他的生命，结果还是一样。因此我们说，这个国家从总体上来说，缺乏主观性的因素。

我们上面提到的“实体”，其实就是一个人——皇帝，他所制定的法律，就决定了一切。而这种关系如果表达得更直白一些的话，就体现在家庭的关系上。中国纯粹建筑在家庭这种道德结合体上，国家的特性，其实也是衍生于此的“家庭孝敬”，家国一体是中国的典型特征。这种家国同构的特征使得中国人一方面把自己看成是某个特殊的、具体的家庭中的成员，另一方面也把自己看成是国家的儿女。但是在家庭范围内，由于个人生活于其中的那个能把他们团结在一起的东西，是血缘关系和天然形成的自然义务，因此，个人在家庭内是不可能具有人格的。而在国家范围内，个人同样缺少独立的人格，因为国家范围内的关系和家庭中的关系一样，皇帝就是大家长，他就好比家庭中的父亲，是政府的基础，国家所有的部门都归他统治和管理，因此在这种情况下，个人同样不可能获得独立的人格。

《尚书》中曾经列举出中国人五种最基本的伦理纲常，这在他们看来是不可违背的，是自然而然的，这些关系都不会变化，具有恒常性。这五种基本关系是：君臣、父子、兄弟、夫妇、朋友。“五”这个数字以及这“五”种关系并不是中国人随便说说的东西，因为就像我们西方人会把

“三”看做最基本的关系一样，[1] 中国人更看重“五”，在他们那里有五种元素构成世界的观念，即五行说，这五种元素分别是金、木、水、火、土。

对于中国人来说，个人对家庭的义务是绝对的，它具有绝对的约束力。而且这种约束力被写进了法律，受到法律的规定和强制执行。对于中国人来说，当父亲走进房内时，儿子必须站在门边侍候，不得跟入，没有允许也不能擅自离开。当父亲或者母亲逝世后，儿子必须守丧三年。在守丧时期，他不得近酒肉、不得近女色、要中断自己的事业，即使有官方职位也要暂时辞去。即使是天子，也要遵守这个规则。而且在一个家庭守丧期间，对于整个家庭的婚嫁迎娶来说都是不适宜的，都必须停止。不过，这些礼节对于上了年纪的人来说，是可以放宽限制的。比如，过了五十岁的人，守丧期间可以适度从宽，从而使他不至于过度哀伤。过了六十岁的人，可以更加放宽限制，过了七十岁的人则可以仅仅用丧服的颜色来表达哀悼之情了。这些在父子之间实行的礼仪，也普遍地适用于兄弟之间，做弟弟的要对兄长尊敬有加。

这些规则和要求，对于皇帝来说也是如此。据说，当年有一位英国使臣去中国拜见清朝皇帝，当时的那位皇帝

① 黑格尔自己的辩证法就分成有、无、变三个环节，或者说是肯定、否定、否定之否定三个环节。在基督教传统中，圣父、圣子、圣灵三位一体的学说也影响深远，而古希腊的柏拉图也会把人的灵魂区分为理性、激情和欲望三个部分，所以黑格尔会说西方人注重“三”。

已经有六十八岁了。即使他已经如此高龄了，他还必须每天步行去向他的母亲请安，行侍奉孝敬之礼。在新年的时候，即使是皇帝本人，也必须首先向皇太后行朝贺之礼后才能接受百官祝福。在中国，做儿子的，如果有什么德行的话，并不能归结于他本人，而要被归结到他的父亲身上，这与我们的风俗恰好相反。在中国，祖宗会依靠他们的后代而获得荣誉的封号，但是与之相匹配的情况就是，如果子孙犯错误的话，家长也必须负相应的责任。

中国人特别注重传宗接代问题。因为一个人只有拥有后代，他死后才能够获得符合礼仪的葬礼，从而赢得人们的称道赞颂。同时，也可以得到子孙后代的祭祀，可以在各个时节，比如清明、春节、元宵等各个重要节日盼到亲人来到他们坟前为其扫墓。一个中国男人可以娶多个妻子，但是这些妻子之中却只有一位具有正堂的名分，其他妻子的子女必须把父亲的正室当做生母对待。如果各房妻子都无法生下儿子的话，他就可以过继儿子以延续香火。在一年一度的清明节，中国人必须到祖上的坟前扫墓，以寄托哀思。

在中国，每一个大家族都会有一个祠堂。全族人每年都会在这个祠堂聚会一次。这个地方在中国人的生活中具有重要的地位和意义。祠堂中会把曾经官职显赫的祖先的遗像挂起来，也会把族中地位次要的人的名字记录在灵位上。这种设置，会在族人之间形成一种休戚与共的裙带关系。另外，族中的富人会接济穷人。

3. 皇帝是中国古代各个朝代的灵魂

（1）皇帝没有行使自己个人意志的余地与空间

上文所说的家庭的基础也是“宪法”的基础，因为，虽然皇帝具有最高的政治权力，具有君主的权限，站在政治机构的顶尖上，但是与此同时他也具有一个家庭中父亲那样的权限。于是，就像在一个家庭中，子女必须尊敬自己的父亲一样，在国家中，臣民们也必须尊敬作为天子的皇帝。同样的道理，皇帝在宗教上和学术上都具有至高无上的权威。于是，他的臣民们便像孩子不敢越出自己家族的伦理原则一样，在国家中他们也不能具有自己的独立地位和公民自由。中华帝国的行政管理和社会立法的依据是道德，而不是理智，从而也就没有自由的“理性”和“想象”，因此就是完全没有诗意的。

天子也就是皇帝，在这个古老的帝国具有崇高的地位，人们对他饱含敬意。因为他的这个地位，他就必须亲自处理国家大事，甚至事无巨细地都要自己亲自过问。虽然他也有各个衙门的辅佐，但他也必须知道并且亲自指导全国的一些立法方面的事情。虽然中国的皇帝具有天大的职权，但是，他们却没有行使自己个人意志的余地与空间，因为虽然他的圣训很重要，但是在全国范围内，自古流传下来的圣言圣训却是更重要的准则，甚至皇帝本人也要遵守这些准则。

因此，各个皇子从小就要接受严格的教育，他们要遵守严格的规约和程序，也要遵守严格的纪律。身体上他们要相当强健，学问上也要学有所成。皇子们的学业往往都是由皇帝本人亲自监督的，于是，皇子们从小时候就已经知道，天子是一国之君，所以自己的言行举止都要成为百姓的榜样，因此日常起居都要合乎礼仪。各个皇子在整个接受教育的过程中，还要接受比较严厉的考核，而且这些考核的结果往往还会昭告天下。因此，通过这种选拔方式，中国往往会得到最伟大、最优秀的执政者。

（2）古代中国没有宪法，只有行政

中国人之所以如此重视皇帝的德行，而皇帝本身又之所以那么重视皇子们的教育，也并非毫无理由，因为全国百姓的福利、安宁，以及社会和国家的公正都有赖于整个帝国的政治清明。天子的言谈吞吐、行为举止都是十分简单、凝练、自然、高贵而又近于人情的。在天子的气质和品性中，不应该出现骄傲、自大。他在日常生活中，也应该时刻注意到自己的尊严，谨守自己的皇帝义务。他每时每刻都要准备执行自己的义务。除去皇帝之外，中国的臣

民和百姓之中，几乎可以说没有特殊阶级存在，没有贵族存在。因为只有王室子孙才有特权，而这种特权其实是来自他们的地位。除了他们之外，其余的人都一律平等，只有才能卓越的人、能够胜任职责的人才能去做官，所以国家公职都是通过科举考试选拔出来的人去担当的。因此，很多国家会把中国当做一种理想的标准，会以它作为模范。

古代中国没有宪法，只有行政。虽然中古时代中国没有宪法，但实际上人与人却是绝对平等的。所有的一切差别，其实都是由于行政所带来的。因为按照中国的制度设计，如果一个人有才能，他就可以通过科举选拔考试，在政府中获得比较高的职位。但是，政府的形式只能是专制主义，因为中国人一律平等，同时却没有任何自由。在中华帝国，所有的政策、法律制度都是由皇帝本人来颁布的，所以，他要任命一批官员来执行自己的法令、管理政事。这样的官员有文官和武官两种，文官的级别高于武官。对于中国人来说，如果想要取得高级官职，通常需要经过三轮考试。只有通过最后一轮的考试并取得优胜，才会被派给职位。据说他们考试的科目主要有国史、法学、民俗和政府的治理。此外，这些官员往往还很博学，具有很好的文采。

中国的文官，往往要比武官的地位更高。在中国，每当有大庆典的时候，天子就会在两千名学士和两千名武官的陪同下从紫禁城中走出。遇到春秋重大节日时，天子会亲自领导耕种和收割，这个时候，那些官员们就必须出席。皇帝治理朝政，他下面的行政机关中，当官的基本都是满人。[1] 在所有的行政机关中，“国务院”级别最高，因此能在里面工作的人也往往都是最有学识、最有智慧、也最聪颖的人。其他各部的部长也都从国务院中选拔和任命，因此政府行事是很公开的。他们的各种行政情况都要上报国务院，然后再上报皇帝。皇帝之后会就这些情况进行审查和批示，有的时候他还会在朝廷上引咎自责。

皇帝会在政府各个部门以及地方都派驻御史。御史的职责就是把各地的事情禀报给皇帝，因此，他们可以把有关政府和各个官员的所有行为禀告给天子，同时他们也有提出建议的权力，以此来监督政府的运作。御史向皇帝提出建议，这被叫做“劝谏”。但是，皇帝毕竟是国家的元首，大权在握，所以在御史之中就会有很多人以正直、勇敢而著称，即使明明知道当给暴君提出意见之后，自己会遭到不测，也依然义无反顾地提出自己的建议。据说中国历史上就有很多这样的御史，他们预知自己会被杀掉，于是就带着棺材向皇帝提建议，还有的御史用自己的鲜血写谏词，等等。于是，这些御史就成为了执法机关，隶属于监察部。同时，这些御史也有相当的权力去处理一些紧急发生的事情。中国的全部行政事务都是由一个巨大的行政

①黑格尔生活的时代是中国的清王朝时期，因此黑格尔此处讲的是清朝的政治情况。

网络来完成的，各级官员往往被派出去监督道路、河流和海岸，所有的事情都能够得到很好的安排和处理。

由此可知，皇帝就是古代中国的中心和灵魂。一切事务都由他来决断，国家和人民的福利都紧系于他一人，全国的行政机构只要按照规则来做事就行了。这种情形从古至今几乎就没有什么变化。但是，与这些行政机构相比，皇帝所处的那个位置却要求十分严格，他要去担任那个不断行动、永远保持警醒同时又自由清新的“帝国灵魂”。所以，如果皇帝的德性没有达到要求，一切就将堕落下去，纲政不举，政府败坏。因为除了皇帝的监督和审查之外，就没有其他合法的权力机关可以统领全局。明朝最后的那个皇帝，性格温和、柔顺，于是，政府的纲纪就败坏了，国内发生了骚乱和农民起义事件，清朝也就乘虚而入，这位皇帝也就只好自杀了。结果，他的臣子、妃子、宫女们也就都自杀了。

4. 中国人的刑罚以体罚为主

（1）中国古代没有发达的荣誉观，刑罚均为体罚

我们看到，中国的政治是家长式的政治，皇帝是历朝历代的灵魂与核心。基于这种原则，帝国中的臣民被认为还处于幼稚状态。中国和印度不同，没有要维护自己特定

阶层的利益的阶层划分，所以，中华帝国中的一切都按照自上而下的原则来安排，并以同样的原则来监督这种安排的实行。所以，一切合法的关系都应该按照道德律令来规定，正如在家族中，长幼尊卑之间要实行和安排应有的礼节，而且这些礼节都已经进入了法律条文之中，受到法律的约束。一旦做出了违背这些礼节的事情，也就违法了，需要受到法律的制裁，接受严厉的刑罚。不过，在中国还需要我们特别注意的一点就是，家庭关系实质上相当于某种意义上的奴隶制度。每个中国男子都可以出卖自己和自己的孩子，每个中国男人也可以买卖自己的妻妾，只有他的正房是自由的人。所以，中国男人的孩子和妻妾都被看做是他财产的一部分，如果一名男子违背了法律，当政府要将他的财产查抄没收时，他的妻妾子女都要被充公。

中国的各种刑罚，普遍都是对肉体的处罚。对于我们欧洲人来说，这简直是种莫大的侮辱，是对我们荣誉的莫大侮辱。但是在中国，情况就不同了。因为在中国还没有建立起发达的荣誉观，他们根本不太把这当做一回事。对于一个人来说，一顿鞭打和笞刑绝对会是印象深刻、难以忘怀的，特别是对将荣誉看得比较高贵的人来说，这将会是最严厉的刑罚，他们绝对不会愿意自己的身体被他人肆意侵犯。但是中国人就不同了，他们会认为自己所受的刑罚其实不过是种教训而已，就像儿童会被人教训一样。在他们看来，教训的目的是为了使受罚的人能够改过自新，而刑罚则会进一步包含对罪恶的正当处罚。但是，实际上刑罚的原则和起作用的模式仅仅在于受罚人在接受刑罚时的恐惧心理。他们在接受刑罚的时候虽然会内心惊恐，但却丝毫不会有对犯罪行为的后悔啊、反省啊之类的心理。

在中国人那里，对所有的罪过进行惩罚，都是对身体施加刑罚。比如子女忤逆父母、弟弟不敬哥哥等，都要受到鞭打。如果儿子向官府告发自己的父亲有虐待行为，或者弟弟向政府告发自己的哥哥欺负自己，这种情况一旦发生，即使这种告发行为理由充分、证据确凿，告发者也要被鞭打一百大杖、流放三年。如果他是诬告的话，那后果就更严重了，这个人甚至可能被处死。夫妻之间的关系也受到人们的高度重视，如果妇女不检点，那她一定会受到严厉的谴责，如果丈夫偏爱旁室而冷落正室，也要受到严厉的谴责。对于这种笞刑，在中国十分普遍，就是位高权重的王公大臣、大内总管都可能会遭受到这种可怕的刑罚。但是，这些人不会因为受到这些刑罚而被疏远，受刑者本人也往往不把刑罚当做一回事儿。

（2）古代中国人的欺诈行为

对于刑罚问题，一般情况下人们会试图去区分不同种类的责任，然后根据不同的责任类型去追究当事人的责任。

但是，中国人却往往不区分这些责任，他们更愿意从一个行为的后果角度出发去追究责任。比如，一桩蓄意的活动所造成的结果和一个偶然事件所造成的结果，虽然可能相同，但是毕竟当事人的责任是不同的，从而应该接受的惩罚就是不同的。但是中国人却并不对这两者进行区分。因为他们从结果出发认为，既然两种行为导致了同样的结果，所以偶然的事件和蓄意的活动性质相当，同样都要被判处同样的刑罚。比如对于一桩蓄意杀人的凶犯和一个偶然失手致人死于非命的凶犯同样都要被判处死刑。中国人这种漠视蓄意和无意之区别的看法，就造成了中英两国之间的许多冲突。

对于那些犯上作乱、特别是想要谋杀皇帝的刺客，按照中国的法律，通常会把和罪犯有些联系的人——无论他是谁——都判处为有罪，至于该罪犯的近亲，统统都要被严刑拷打，乃至被判处死刑。凡是那些写禁书和读禁书的人，都要被刑法判罪。在这种情况下，个人所采取的复仇方法就会非常奇特。中国人对伤害十分敏感，有仇必报的观念深深地植根在他们的本性之中。为了实现复仇的目的，受害人往往可能不会去暗杀或刺死他的仇人，因为杀人凶手的家人往往可能也要受到连坐。于是，他一方面为了要报仇，而另一方面又不想自己的家人受到牵连，于是他就想到了一个奇妙的方法——自残，从而嫁祸于人。因此，在中国有许多城市为了避免投井自杀的事情发生，就认为必须把井口缩小。因为按照法律，无论一个人是自杀还是他杀，只要他死了，就必须调查相应的原因。自杀的人生前的仇人因为会被怀疑犯了谋杀罪，也会被抓到监牢里严刑拷打。如果查出了因为某个人凌虐他人而导致该人自杀的话，那么这个人和他的全家人就都要被处以极刑。所以，如果某个中国人遭受别人的虐待而无法忍辱负重、苟且偷生，继而自杀的，他往往宁愿自杀而不愿意去杀死他的敌人，因为无论怎样，他都无法避免一死。但是，如果他采取的是自杀的方式，不但他死后依然可以按礼法被厚葬，他的家人还有可能依照法律为他复仇。

所以，在中国，对责任的不加区分是如此可怕，从而对于每一个具体的行动来说，它主观的自由和道德的关系常常是被一概而论的。在中国人的法律里，我们还需要注意到所有权的改变和奴隶制度的推行。土地是中国人的主要财产，以前一直被认为是私人财产，直到很晚近的时候才被看做是国家的产业。从那时候开始，天子就从田租之中抽取出一部分收归己有。后来，随着时间的演进，就建立了农奴制度。

农奴制度的创始人是秦始皇。秦始皇消灭了六国，统一了中国，统一了度量衡，为了自己的统治而焚书坑儒。在他统一中国的过程中，把侵略得到的土地都变成了私有财产，土地上的农民相应地也就被变成了农奴。不过，既然广大的人民在皇帝面前平等地卑微，所以，自由民和奴隶的区别也就不是很大。大家同样没有荣誉心，人们彼此之间也没有个人权利，于是，自己贬低自己的意识就极其盛行。而这种意识又容易变成极度的自暴自弃，结果则是中国人极大的不道德。他们喜欢撒谎，而且常常撒谎，就连朋友之间也会彼此欺诈。即使这种欺诈被对方发现了，当事双方都不会觉得有什么不妥，也都不觉得这种行为有什么可耻之处。所以，欧洲人如果和中国人打交道的话，一定要小心翼翼才行。

5. 中国哲学处于哲学的初级阶段

（1）东方哲学实质是一种宗教哲学

> 东方人的宗教思想方式属于宗教式的世界观

当讲到东方哲学时，我们需要注意到，被我们称为东方哲学的，更适当地说，是一种东方人的宗教思想方式，这种思想方式属于宗教式的世界观。我们大略地是可以把这种世界观称为哲学的。我们认为真理有两种存在方式：一种是保持在宗教形式里的真理，另外一种则保持在哲学里。东方哲学实质上是一种宗教哲学，那么，我们为什么要把东方的宗教观念也看做是哲学呢？

我们并不把希腊的宗教、罗马的宗教和基督教看做哲学，它们也没有与哲学相似的地方。希腊的神、罗马的神以及犹太人的基督和上帝，都具有明显的人格化的形象，都具有人格化的特征，因此，我们说它们仍然是宗教，而不把它们看做是哲学。要把它们解释成哲学原则，本身就十分特别了。不过东方宗教的情况却与此不同，东方的宗教与哲学很接近。东西方宗教之间的区别主要在于，在希腊人那里，尤其是在基督教徒的心目中，个体自由的原则占据了重要地位，从而希腊诸神都个体化了，并表现出人格的特征。反过来，主观性精神的因素在东方却没有得到充分发挥，宗教的观念并没有个体化和人格化，而是具有普遍观念的品性。这种普遍观念就表现出了哲学的特征，从而体现为哲学的观念和哲学的思想。

所以，东方思维的基本特性是“普遍”。此外，东方宗教中具有比较详细的内容。上帝、无限者在东方人那里大体上都以普遍的面貌出现。东方宗教中的基本情形是，唯有那自在的本体是真实的，个体不能与自在自为对立，否则，它本身就会没有任何价值，同时也就没有得到价值的方法和途径。只有当个体与这个本体合而为一，它才具有真正的价值。不过，一旦这种结合实现了，个体就不再是主体了，因为它已经丧失了自己的意识。与东方宗教的情况不同，在希腊的宗教和基督教中，主体对自己的自由有所认识，并且能够保持自身的自由。在这种情况下，因为个体独立自主，所以思想如果想从个体性中解脱出来，建立自己的普遍性，就要比在东方困难得多。

希腊人这种尊重个体自由的观念和在这种观念引导下能获得更快乐更优美的生活的实际情况，使思想工作变得尤为困难，因为思想工作在于追求真实有效的普遍性。在东方，情况却恰恰相反，在宗教中实体本身就是最主要的和最本质的内容；这个实体是一个哲学理念。但是在这种情形下，只有个体与实体结合起来时才能获得自己的自由。在东方精神中，当人们在思想的作用下通过反省，从而能够获得比较清晰的观念和原则性的规定时，它们就要与实体分离了。在这种情况下，要么是取消一切特殊性而得到一个东方的崇高境界，要么是在自我意识的基础上得到一个枯燥的、形式的、没有灵性的理解。这种理解无法获得思辨的概念。如果这种有限事物要想达到真实的本体层面，只有一种方法和途径，那就是进入本体之中。如果这种有限的事物要和本体分离，就会僵死而干枯。在东方人那里我们只看到枯燥的理智。在他们那里，对神的敬仰和礼拜，只是完全的虔敬，此外就是空灵飘缈的崇高境界，在这种所谓的崇高境界中，一切事物都烟消云散了。

中国文化形式丰富，但内容却十分有限

中国人和印度人一样，具有很高的文化声誉。但是，无论中国人的文化名声有多大，典籍数量有多多，如果我们进一步地查看的话就不会显得那么重要了。这两个民族的丰富文化，主要都是有关宗教、科学、国家的统治、国家的制度、诗歌、技艺以及商业方面的。不过，如果把这两个国家的政治制度拿来和欧洲的政治制度相比较的话，那么这种比较无法取得实质意义，因为二者的内容很不相同。如果我们将印度诗歌与欧洲诗歌做一番对比的话，也会发现同样的情形。印度诗歌的确和任何民族的诗歌一样，都那么的光辉、丰富和意蕴丰富。至于古代东方诗歌的内容，却仅仅是单纯幻想的游戏，他们在这方面的确功勋卓著。不过，在诗歌中比较重要的是它的内容，诗歌的内容一定要足够严肃。东方的诗人中也并不是没有天才，天才在伟大的程度上是同样的，无论东方还是西方；但是东方诗歌的内容却与我们的诗歌的内容不同，所以印度的诗歌以及东方的诗歌，在形式上可能已经发展十分成熟了，但是它们的内容却十分有限，这就令我们无法满足。同时，我们也可以感觉到无论他们的法律机构、国家制度等在形式方面发挥得如何有条理，但是这种情况在我们这里却不会发生，而且我们对这种情况也并不甚满意，因为它们不是法律，反倒包含有压制法律的东西。当人们自己迷惑于形式，把东方的形式与我们的形式放到同样的高度上去理解、审视的时候，或者还表现出更喜欢东方的形式时，我们就要提请大家注意二者在内容方面的不同。

（2）孔子的哲学是常识性的道德

就中国哲学而言，我们首先需要注意的是孔子。孔子比耶稣早出生五百年，他的学说在莱布尼兹的时代曾经在我们这里引起轰动。他的思想是一种道德哲学。在中国，他的学说最受人们敬重。孔子本人曾经注释过中国古代的特别是历史方面的典籍，他的其他作品是哲学方面的作品，也是对传统典籍的注释。他的主要声望来自于他的道德说教，这些说教在中国人那里很有权威。法国传教士曾经将孔子的传记翻译成西方文字，从这传记看来，孔子似乎差不多和泰勒斯是同时代人，他曾经做过一段时期的大臣，但是不受君主的信任，因此丢掉官职。在失去官职之后，孔子过着在朋友圈中讨论哲学的生活。不过他依旧愿意别人向他咨询问题、寻求他的看法和意见。我们可以看到依据孔子和他的弟子们的谈话而整理出来的谈话录，即《论语》，在其中所讲的是一种普通的常识性的道德，这种常识性的道德我们在任何地方都可以找到，在哪一个民族里也都能找到，甚至可能找到更好的，它是毫无特别之处的东西。孔子实际上只是一个世间智者，在他那里存在的只有一些善良的、世故的、道德的训诫，具有思辨色彩的哲学是一点也没有的，从他的学说里面我们得不到什么特别的东西。西塞罗留给我们的《政治义务论》就是一本道德训诫的书，它比孔子所有的书的内容都要丰富，都要更好。我们根据孔子的原著可以断言：如果孔子的书从来没有被翻译成西方文字的话，对于保持孔子的名声，反倒是更好的事情。

(3)《易经》哲学充满中国人的智慧

《易经》提出了抽象的思想和纯粹的范畴

除了孔子和他的学说之外，人们还需要注意的事情是，中国人也曾经提出过抽象的思想和纯粹的范畴，中国古代的《易经》就是这类抽象思想的基础。《易经》中充满了中国人的智慧，在中国具有绝对的权威。据说，《易经》起源于伏羲。关于伏羲的传说当然来自于神话传说，它本身是虚构的，意义不大。伏羲演绎的传说的要点是，伏羲发现了一个有符号和图形的图表，人们把它称为河图，河图是伏羲从一条河中跃起的龙马背上看到的。龙马是种奇异的兽，有龙的身子、马的头。此外还有一些从龟背上得来的图形，即洛书，洛书常常被人们与河图并列在一起。河图中有一些上下排列的平行直线，这些直线是一种符号，每个符号具有各自的意义。中国人把那些直线当做自己文字的基础和哲学的基础。那些图形的意义是极抽象的范畴，自身是最纯粹的理智规定。由此，我们可以得知，中国人并不仅仅停留在感性的或象征的阶段，他们也达到了对于纯粹思想的认识，但只是停留在最浅薄的思想里面，并没有深入下去。这些规定诚然也是具体的，不过这种具体并没有概念化，没有被思辨地思考，而只是从通常的观念中抽取出来，按照直观的形式和人们一般的感觉形式表现出来。因此在这一套具体的原则中，我们无法看到对自然力量或精神力量有什么特别有意义的认识。为了满足好奇心，我将详细阐述这些原则。

那两个基本的形象，即两仪，是一条直线（阳）和一条被平分成两段的直线（阴）：前者表示完善、父、男和一元，这表示肯定。而后者的意思是不完善、母、女、二元和否定。人们高度尊敬这些符号，认为它们是一切事物的原则。如果把它们依照不同的顺序组合起来，就可以得到四个意象，即太阳、少阳、少阴和太阴。这四个图像的意义是完善的和不完善的物质。太阳和少阳代表完善的物质，第一个“阳”代表着青年和健壮，而第二个“阳”虽然是同样的物质，但是却代表着老年和衰老。少阴和太阴都以“阴”为基础，都是不完善的物质，它们也有老年和少年、健壮和衰弱的区分。

人们曾经从多个方面和多个角度对这些图形进行说明和注释，于是就产生了《易经》，《易经》就是对这些基本符号进行发挥、阐释得到的结果。《易经》有很多的注释者，文王是其中很重要的一位，他出生于公元前 12 世纪。文王和他的儿子周公对《易经》进行了解读，并对它做了专门的注释，孔子后来读到的《易经》就是文王和周公注释的本子。后来孔子本人也对这些注释做了综合和扩充工作。当秦始皇在公元前 213 年焚毁前朝书籍时，《易经》却得以幸免。秦始皇仅仅保留了有利于自己统治的书以及有关农、医等科学方面的书。《易经》之所以能逃脱厄运，主要是因为它被看做是中国人所有智慧的基础，由于这种地位而侥幸逃脱。秦始皇专门想要消灭书经，但是吊诡的是，这些书却都保存下来了。

在中国，人们也运用这些基本图形做占卜之用，因此《易经》也被叫做“定数之书”、“命运之书”。那么，既然《易经》是中国人的圣书，但同时却被拿来做占卜之用，于是我们就可以看到这样的一个特点，即在中国人那里，在最深邃的、最普遍的东西与外在的、完全偶然的东西之间存在着对照与张力，所以那最外在的、最偶然的东西与最内在的东西在这种意义上便有了直接的结合。

把那些直线[1]组合起来，三条直线放在一起，就得到了八个形象，这就是八卦。再将每两个卦叠放在一起，组合起来就形成了六十四卦。中国人把这些形象当做他们一切文字的来源，因为人们在这些横线上加上了一些直线和各种方向的曲线。我下面将对八卦进行一下解释，以显示它们的深度。第一个卦包含着太阳与阳本身，这就是天（乾）或是弥漫一切的气。天在中国人那里指的是至高无上者，具有道德含义。第二卦为兑，代表水。第三卦是离卦，代表火。第四卦是震卦，代表雷。第五卦是巽卦，代表风。第六卦是坎卦，代表水。第七卦是艮卦，代表山。第八卦是坤卦，代表地。于是，从这些绝对一元和二元的

① 即爻。

抽象思维中，人们就可以将哲学意义赋予一切事物的起源。所有这些符号都可以代表思想和意义。所以，我们可以看到，他们虽然从思想开始，但最后却遁入空虚之中，哲学也未能幸免。

从八卦的第一个符号的意义里，我们就可以看出，从抽象过渡到物质是多么的迅速。这充分表现在那些卦里，这时就已经完全进入到了感性的东西之中。没有一个欧洲人会想到把抽象的东西放进这样的一个对象之中，在这个对象那里，它是如此地接近感性。这些图形被放到一个圆形之中，①需要注意观察的是，哪些图形与哪些别的图形相对立。比如，三条不断的直线可以与三条中断的直线相对立，这就表示纯气，天与地对立，气在上，地在下，而它们彼此并不相互妨碍。同样，山与泽也是相对立的，这是认为水、湿气蒸腾向上，漫过山顶，然后又从山上流出来成为泉水与河流。没有人会有兴趣把这些东西当做思想来观察和看待，因此，这些最抽象的范畴一下子就过渡到了最感性的范畴。

除了八卦之外，中国人的智慧中还有一种学说叫做五行。五行说认为，一切东西都是由五种元素组成，这五种元素就是火、水、木、金、土，它们都是混合存在的。《洪范篇》的第一条列出了五行的名字，第二条是对前者的说明。我们不能把这些东西当成原则。在中国人那里，普遍

① 即太极八卦图，圆形就是阴阳鱼。

的抽象于是继续变成为具体的东西，虽然这只是符合一种外在的秩序，却没有包含任何有意义的东西。这就是所有中国人的智慧的根据，也是一切中国学问的基础。

> 古中国人的自然宗教将道德义务本身当做法律

中国哲学中有一个十分奇特的宗派，这个宗派把思辨作为自己的特性，我们也可以把它叫做一种特殊的宗教。中国人有一个国家宗教，这就是皇帝的宗教，士大夫的宗教。这个宗教认为天是最高的力量，人们会特别地将它与庆祝一年之中四季变化的典礼联系起来，并举行盛大的庆祝仪式。这种自然宗教的基本特征是这样的：皇帝居于最高地位，是自然的主宰，所有一切与自然力量相关联的事物，都来自于皇帝。与这种自然宗教相契合，就是从孔子那里发展出来的道德训诫。孔子的道德训诫中所包含的内容实际上在古代都已经被道说过了，他不过是将这些内容进行综合而已。道德在中国人看来，是一种很高的修养。但在我们西方这里，法律的制定以及公民法律的体系，本身就已经将道德的本质规定包容进自身之中了，所以，道德即表现并发挥在法律领域里，这时道德就并不是单纯地独立存在的东西。不过在中国人那里，道德义务本身却就是法律、规律和命令的规定。所以，中国人那里既没有我们所称的法律，也没有我们所称的道德，他们那里存在的不过是一个国家的道德。当我们说中国哲学、说孔子的哲学，并且对它们加以赞叹和夸奖时，我们就必须了解所说的和所夸羡的不过是这种道德。这种道德之中包含有臣子对君主的义务，儿子对父亲、父亲对儿子以及兄弟姐妹们之间的义务。在这里面存在有很多优秀的东西，但是，当中国人如此重视的义务被实践的时侯，这种实践却仅仅是形式上的，而不是自由的内心的情感，不是主观的自由，所以知识分子们也受皇帝的命令的支配。凡是想当士大夫、做国家官员的人，都必须研读孔子的著作并依此参加各种各样的考试。从而，孔子的哲学就上升到国家哲学的高度，构成了中国人教育、文化和实际活动的基础。不过，中国人还有一种十分奇特的宗派，这就是道家。

（4）道家哲学处于哲学初级阶段

《道德经》逃过焚书坑儒，据传是因为秦始皇信奉道家

道家哲学的信奉者既不是朝廷中的官员，与国家宗教没有什么关系，也不是佛教徒或者喇嘛教徒。道家哲学的创始者是老子。老子的《道德经》并没有被中国人正式列入经书的范围之内，也不具有经书所具有的权威，不过，在道士的范围内，这本书却占有极其重要的地位。道士们献身于“道”的研究，并且肯定人如果掌握了道的本原，就掌握了全部的科学和良药，也就具有了道德，与此同时就也获得了一种超自然的能力，从而能够长生不死。

道家哲学的主要概念是“道”，老子的《道德经》也是很受中国人尊敬的，不过他的书与孔子的著作相比却很不切实际。老子和孔子一样曾经做过一段时间的大臣，不过他的书却没有被称为“经”，没有上文提到的那些儒家经典所具有的权威。《道德经》包含《道经》和《德经》两个部分，是一部关于理性和道德的书。对于这本书在秦始皇焚书坑儒的时候究竟是否得到特赦而逃过一劫，大家争论不休。不过根据猜测，秦始皇本人可能信奉道家，而《道德经》是这一派的主要著作，所以才能在焚书坑儒的时候幸存下来。

根据记载，“道”在中文中的本意是“道”和“道路”的意思，因此就有了“理性”、“本体”、“本原”的含义。综合一下，“道”就是指一般的道路，就是指引着方向、事物的进程，以及一切事物之所以存在其背后的理性根据和基础。“道”的成立是由于两个原则的结合，就像《易经》指出的那样。天之道就是宇宙的两个创造性的原则[①]相互关联、发生关系的结果；地之道也是两个对立的原则[②]相互关联、发生关系的结果；而人之道就在于人性之中同样包含有两个对立的原则[③]。因此，“道”就是原始的理性，就是“努斯”(nous)。也有人认为，比较切合地对

① 即“阴”和“阳”。
② 即“柔”与“刚”。
③ 即“仁”与“义”。

应这个道的应该是 logos（逻各斯）。不过，即使这么说，问题仍然没有得到很好的解释和说明。

曾经有老子的信徒们说，老子本人曾成佛。他的主要著作保留了下来，曾经流传到维也纳，我曾经在那里看到过老子的著作。在老子的书中有这样一段十分特别的话，常常为人们所引用："道没有名字就是天与地的根源，道有名字便是宇宙的母亲，人们带着情欲只从道的不完全的状况去考察它；而如果谁想要认识道的话，应该不带情欲地去考察它。"①

《道德经》中"三"的原则

此外，还有常常被古人引用的一段话是："理性之中产生了一，从一产生了二，二产生了三，三产生了整个世界。"②这段话很有意思，曾经有基督教传教士从这段话中找到一个与基督教中"三位一体"的思想相契合的地方。③而接下来的原文是，"宇宙背靠着黑暗的原则"，黑暗的原则如果依照法译本的解释应当是物质的。但仅凭此，无法判断老子的信徒究竟是否是唯物论者。如果联系前文对八卦做出的解释，黑暗的原则是地，地是阴性的。"宇宙拥抱着光明的原则"，不过

---

① 这段话出自《老子》第一章中。其原文应为"道可道，非常道；名可名，非常名。无，名天地之始；有，名万物之母。故常无欲，以观其妙；常有欲，以观其徼。此两者，同出而异名，同谓之玄。玄之又玄，众妙之门"。

② 这段话出自《老子》第四十二章中，原文为"道生一，一生二，二生三，三生万物"。

③ 这种三一式结构在人类历史上许多思想家那里都曾经有所体现，这是很值得我们玩味和思考的。

鉴于中国的语言是那般的不确定，没有连接词，词也没有格和位的变化，所以我们也可以把这句话反过来解释，即“宇宙为光明的原则所拥抱”。因为中文的变化如此复杂，所以，中文里面的规定或概念停留在无规定或无确定性之中。“温暖之气是由于和谐造成的”，或者“温暖之气使得它们和谐”，或者“温暖之气使它们结合起来，保持它们之间的和谐”，[1] 这里就提出了一个第三者，即结合者。另外，“你看了看不见的名叫夷，你听了听不见的名叫希，你握了握不住的名叫微，你迎着走上去看不见它的头，你跟着它走上去看不见它的背。”[2]“夷”、“希”和“微”，还被用来表示一种绝对的空虚和“无”，恍惚不定。当希腊人说绝对是一，或者当近代人说绝对是最高的本质的时候，一切的规定就都被取消了。在纯粹抽象的本质中，除了只在一个肯定的形式下表示那同一的否定之外，就没有什么表示了。如果哲学不能超出上面所描述的那样的表现，哲学就仍然停留在初级阶段。

接下来我们看，“这三个东西我们不能把捉住；它们合拢起来只构成了一个东西。在它们上面的较高者并不比它们更优美，在它们下面的东西并不比它们更低下。那是一条没有折断的锁链，这个锁链是人们不能述说的，而这

① 《老子》第四十二章，“道生一，一生二，二生三，三生万物。万物负阴而抱阳，冲气以为和。”

② 《老子》第十四章，“视之不见，名曰夷；听之不闻，名曰希；搏之不得，名曰微。”

条锁链的根源在那不存在者里面。”关于这三个东西，老子还言说了很多：“那是没有形式的形式，没有形象的形象”，这个绝对的形式、绝对的形象就是不可描述的本质。如果我们从它那里出发，那么我们认识不到什么原则；没有什么东西存在于它的外面。或者也可以这样说，“当你面对着它时，你看不见它的头；当你走在它后面，你看不见它的背。一个人能够把捉原始的理性，并且能够把握现在存在的东西，那么我们就可以说，他具有理性的锁链”。[①]所以，他就用一条锁链来比喻这个观念，从而用来表达理性的联系。

老子对“三”十分重视，不过三的原则的来源是“无”。这就意味着，在道家与中国佛教徒看来，绝对的原则、万事万物的起源和最后的根据是“无”，并且这个“无”更具有真实性。这种“无”并不是人们日常所说的没有什么东西，而是远离了一切观念、一切对象，在这种“无”之中，存在着单纯的、自身同一的、无规定的、抽象的统一，所以，“无”在否定的同时也有所肯定。

如果人们要停留在对否定的规定之中，或者停留在对否定进行界定之中，那么，这种“无”也具有意义。但是“无”如果不扬弃一切规定，就没有意义。同样的道理，

①《老子》第十四章，“此三者不可致诘，故混而为一。其上不皦，其下不昧，绳绳不可名，复归于无物。是谓无状之状，无物之相，是谓惚恍。迎之不见其首，随之不见其后。”

当希腊人说绝对、上帝是“一”或者近代人说上帝是最高的本质时，那里也排除了一切规定。这几种方式其实都是在否定，不过是以肯定的方式表达出来的而已。这种用肯定方式表达出来的说法与“无”相比，就言说的内容而言是一致的，都没有说出什么丰富的内容。如果哲学思想不超出这种抽象的开端，那么，它就和中国人的哲学处在同样的阶段。

儒家哲学的另外一个代表人物是孟子。孟子出生比孔子晚，他的著作也都是道德性的内容。如果将孟子和孔子做比较，孔子是中国更重要的哲学家。不过，他们的哲学都是抽象的。中国的哲学停留在抽象层次上，当它们过渡到具体者时，中国哲学家所谓的具体者在理论方面是感性对象的外在联接，而这就不存在逻辑秩序，也没有根本的直观包含在内。

中国哲学从开端发展到进一步的具体，其表现就是道德、治国安邦之术和历史等内容，但是这些内容自身却不是哲学性的。所以，在中国的宗教和哲学里，人们遇见的是一种十分特别的散文式的理智。对于中国人的诗歌来说，个人的情感构成了诗歌的主要内容。中国的国家宗教体现了中国人的想象力，但是因为他们的宗教的内容本身就是枯燥的，所以这些内容没有能力为思想创造一个范畴王国。

6. 印度人的精神狂想

（1）印度盛行想象而缺乏清晰的概念

印度和中国一样，很古老，但同时也很现代。那里的一切都是静止并固定了的。它一直是想象盛行的地方，也是想象所神往的地方。和中国各个方面充满了没有诗意的“理智”相反，印度是精神狂想之地。那儿充满了想象的“理想主义”，其主要特征就是缺乏各种清楚的概念。于是，印度人的思想就是把一切都看成了纯粹想象的东西，虽然纯粹想象的东西似乎和概念保持一致、交织为一个整体，但是这只是一个意外的结合。印度的一般原则，是所谓的“梦寐”状态中的“精神”。个人并不知道自己之为自己、从而与其他各种客观的事物区分开来的依据，而一旦当他们从梦中苏醒过来，个人也就不过是个人而已，他之外的宇宙只是一个外界的、固定的客观存在。于是，外间的宇宙便会自己扩大为一个理性地连接的全体，它是一个多种关系组成的系统，一个个人的存在就是这个系统中的一分子。这是“理智”的范围。而相反，在梦寐状态中，这种分离是不存在的。“精神”不再与外界存在有所区分，所以，外界与个人的区分也就消失不见了。处于梦寐状态之中的印度人，因此也就是我们称作有限的、个别的那些东西，同时，他们本身是一种神圣的东西。印度对于事物的看法主要是一种“泛神论”，不过这种泛神论并不是“思想”的泛神论，而是一种“想象”的泛神论。

印度主要可以分成两大部分：一部分是德坎，一部分是印度斯坦。印度斯坦在恒河流域，一直绵延到波斯。它的东北疆界是喜马拉雅山，它是世界上最高的山，山的另一面是中国的领土。英国人曾经想转道去西藏拜见达赖喇嘛，但是却没得到中国人的同意。印度的西面有印度河，亚历山大大帝曾经到过这里。在印度河流域，住着许多真正的印度部落，这些部落中的人属于武士阶层。在广袤的印度平坦地带，除了印度河之外还有一条大河，即恒河，在印度河和恒河之间有一片辽阔的平原。在恒河周围，存在许多大的王国，这些国家十分强盛，科学也十分发达，所以，恒河周边的这些国家要比印度河周边的那些国家更为著名，其中的佼佼者就是孟加拉国。

至于德坎半岛上的情况，就要比印度斯坦的情况复杂得多。德坎半岛上的河流，在当地人看来也都十分神圣，这和印度河与恒河在印度半岛上的地位相似。不过，对于德坎半岛和印度半岛上的居民们来说，其实并没有统一成一个帝国，这些民族也并没有组成一个统一的民族，“印度人”这个名称也不过是来自于印度河而已。但是，这并不妨碍我们把他们看成一个统一的帝国。

(2)印度与欧洲的关系是外在的历史关系

印度和世界历史有密切的联系。梵文被认为是欧洲语言的基础，希腊文、拉丁文和日耳曼文都是从梵文中发展出来的。印度也有许多人曾移民到西方世界。但是这种关系是一种外在的历史关系。虽然印度文化的散播是在史前时期，因为“历史”必须是“精神”发展上的一个主要时期。但是，可以毫不夸张地说，印度文化的散播是一种无声无息的扩张。这种扩张没有假借政治行动，因为印度人从来没有向外去征服别人，反过来，他们自己倒常常被别人征服，于是，印度成为了“全部历史”上的一个主要因素。自从远古开始，印度就是人们心目中所向往的地方，在那里似乎可以看得到各种奇珍异宝，比如珍珠、钻石、香料、狮子等等，此外还有许多智慧所在。这些物质性的宝藏和精神性的宝藏曾经传播到西方，于是便具有了世界历史含义，被看成是世界历史性的事件，将各个国家、民族的命运牵入其中。于是，他们便向这个国家挺进，挤入这个国家，分有一些宝藏。比如亚历山大大帝就曾经到过这里，不过他是从陆地达到的，而现代世界中的欧洲人则会从海上到达这里，从而与这个神奇的国土发生了直接的联系。

印度人的政治生活和中国人的政治生活比起来，有了进步。我们说，在中国，天下的所有居民都处于平等地位，一切政治权力都由处于朝廷中心的皇帝具有，各个臣民没有独立地位，也不具有主观的自由。这是一种“统一”，但是当精神继续向前发展的时候，就要进入到“区分”这一阶段了。中国缺少这种分立的自由，它的主要缺点就是，那个统一体中的各个部分没有取得独立性。而印度在这方面就表现出了很大的进步。在他们那里出现了分化。独立的各分子从统一的专制权力里区分了出来，但是这里的区分又回落到“自然”之中和“自然”状态。这些区分并没有使灵魂被激发起来，从而当做他们团结的中心，同时使灵魂得到实现；相反，它们硬化、固定、呆板。于是，印度人其实就生活在最退化的、被奴役的精神生活中。

不过，区分到底指的是什么呢？它主要指的是社会阶层。在每一个合理的国家中，都会存在各种各样的区分，这些区分必然会展现自己、表达自己，各个人都必须达到主观的自由，从而使各种区分能够从自身中出现。但是，印度文化还没有认识到自由以及内在的道德，它所有的区分不过是职业上的区分，不过是对公民条件的外在形式的区分而已。在一个自由的国家里，这种区分会造成各种特殊的圈子，但是它们如果结合起来就会使社会中的各个分子都能够维持自己的个性。但是在印度却只有一种民众方面的区分，而这种区分却影响了整个政治生活和宗教意识，因此，这种区分并不是个人自由的发展成果。

（3）印度社会由四个阶层组成

在印度社会阶层的划分之中，最高的阶层是将“神圣的东西”展现给大众的阶层，这就是僧侣或婆罗门阶层。第二个阶层是代表主观权力和勇气的阶层。对于这种阶层来说，这种权力必须振作自己，从而维护国家的土地和完整。这是武士和统治者阶层，在印度，也就是刹帝利阶层。第三阶层或者说第三阶级是满足人们生活需要的阶层，这包括从事农业、工艺和贸易的阶层，这个生产者阶层也叫吠舍阶层。最后一个阶层也就是第四阶层是服役的阶层，阶层中的人只是他人享乐的工具，他们只能为他人工作，得到的报酬十分少。这就是首陀罗阶层。首陀罗阶层只为社会中的其他阶层服务，所以不能成为国家之中特殊的、有机的阶层。这些阶层源自一个神话，据说婆罗门阶层出自梵天的口，武士阶层出自梵天的两臂，手工业生产阶层出自梵天的臀部，劳役阶层则出自梵天的脚。

每一阶层都有自己的特殊义务和权利，所以，这种义务和权利不被认为属于一般人类，而是属于一个特殊阶层。我们西方人会说“勇敢”是一种德性，但是印度人却会说，勇敢是刹帝利的德性。一般的人道观念、人生义务和人生感情并不能自己表现出来，我们只能看到特殊阶层的义务。一切事物都会被僵硬地做出这些区分，而这些区分往往反复无常，根本不可能有什么道德和人生尊严。恰恰相反，邪恶的热情却会高涨横流，“精神”浪荡徘徊于“梦的世界”之中，最高的状态就是“绝灭”。

我们看到，在中国存在的是一种毫无特色、毫无想象力的“理智”，以其为主要特征的生活是在现实中没有诗意的生活。在印度世界里，没有一个对象能够被看做是现实的和确定不变的，因为所有的一切东西都会在一开始就被想象扭曲，从而成为和理智的意识相左的东西。在中国，伦理和道德构成了法律实体，并被包含在外界的绝对有序的关系之中，此外在臣民和百姓的头上还有皇帝，他就像一个大家长、一个父亲、一个大督查一样，大公无私地照顾着、留意着臣民的利益。但是在印度人那里，一切就都不同了，在他们那里存在的是各种各样的区分，而不是中国人那里的统一。在印度人那里，宗教、战争、手艺、贸易以及其他各种细小的业务都被严格地区分开来了。这种区分十分严格，十分普遍，将它们所包含的个别意志也涵括其中。当他们这么做的时候，就会使这个意志的种种需要面临枯竭的危险。与此同时，还会存在一种荒诞不经、毫无道理的想象，它会将人类的价值和性格归属于无限的外在行动。这些行动就精神和心灵来说，都是空虚的，它一点也不珍视、看重人类的福利，甚至会把残忍看做是一种必尽的义务。“国家”这唯一的普遍意志被人们抛弃、推远，只剩下纯粹的任意、放纵，最终受到保护的只是那些阶层之间的永恒区分。

在中国人那里，他们具有的是不含诗意的理智，所以把那位抽象的、最高的主宰看成是最高级的存在者，给予他无上的尊重。同时他们对于固定不变的东西，表示出一种迷信般的敬重，这种敬重甚至让人觉得有些可笑。在印度人那里，没有和“理智”对立的迷信，相反，他们的全部生活和全部观念就是连续的迷信链条。在他们那里，一切都是狂想以及随之而来的奴役化。人们放弃了一切理性、道德和主观性，只有放纵在一种无限狂妄的想象中，才能实现一种积极的情感，并实现自己的意识。在这种想象中，它找不到安定的宁静，同时又没有其他的出路，仿佛一个身心俱疲的人，觉得自己的生存完全没有意义、不可忍受，从而从鸦片之中创造出一个梦的世界和一种癫狂的、假想的幸福一样。印度人最终就陷入了这种精神狂想之中。

7. 波斯是东方过渡到西方的中介

亚洲分成两大部分，即以中国和印度为代表的远亚细亚和以波斯为代表的近亚细亚。远亚细亚的民族属于蒙古利亚种，因此具有特殊的民族性，和我们欧洲人的性格有很大的差异。而近亚细亚则属于高加索种，也就是欧罗巴种，他们和西方关系很密切。当欧罗巴人来到波斯的时候，他们多少还有一些亲切感，有一种在故乡居留的感觉，因为他们接触的人仍然具有欧洲人的心性。但是一旦他们进入印度境内时，就会遭遇到一种完全陌生的东西，这些陌生的东西浸透在社会上的每一个形态之中。

我们曾经在前面说过，中国和印度处于历史的开端，严格来说他们并未进入到具体的世界历史进程之中，还没进入到真正的历史联系之中。但是波斯就不同了。波斯是第一个历史的民族。中国和印度始终是一个静止的王国，保持了一种自然的状态，直到今天。波斯帝国是第一个逝去了的帝国，它经历了历史发展进程。中国和印度之所以能进入历史，只是因为我们的研究。但是在波斯这里，第一次升起了历史的光明，这种光明不仅照亮了自己，而且同时也照亮了周围的一切。因为这种光明是精神的光明，属于意识世界，这种光明来自于“精神”与其他东西发生关系时所散发出来的东西。在波斯，我们看到了一个纯粹的统一，这种统一已经脱离了附着在它身上的各种特殊的东西。这种光明是一种统一，它统治着每一个个人，激励着他们，使他们自己变得强大而有力，可以发挥和展开他们的个性。“光明”不分地域，不分彼此。因为太阳普照着良善之人和极恶之人，太阳也普照着高尚之人和粗鄙低下之人，它把同样的福利和恩泽赐予人类。但是，“光明”的发扬光大也是有范围的，它要和其他的一些东西发生关系，它要借助于这些东西才能展现出来。“光明”之于“黑暗”，是站在一种对立的地位上的，这种对立的关系给我们启示了活动和生命的原则。发展的原则伴随着波斯的历史一道从历史的地平线上升起，因为波斯历史的开始，也就是世界历史真正的开始。

在历史里真正起作用的是精神，它的兴趣和利益在于获得无限的主观性。所以，我们必须在“概念”之中，做出一番改变，从而发掘出一种过渡的原则，这种原则就是能被意识所察觉到的“普遍的东西”。当它能成为人类的一个对象，并且获得一种积极的意义时，也就成为了一种过渡的原则。这种“普遍的东西”可以在种姓婆罗门那里获得，但是印度人却并不崇拜这种东西。他们认为，它不过是一种“个人”的 状况、一种宗教的感情、一种非客观的存在。当它取得一种积极的性质时，人就成为自由的了。面对“最高的存在”，它是一种客观的东西，我们在波斯就可以发现这种“普遍性”。在这种普遍性中，人类和“普遍的东西”分离开来，同时又包含个人，而这种个人也具有和普遍的东西同样的特征。在中国和印度的原则内，并不存在这种区别，在他们那里，“精神的东西”和“自然的东西”依旧是统一的。但是，当“精神”依然停留在自然之中的时候，它也就无法把自己解放出来。在印度，权利和义务都关联于特殊的阶层。在中国，这种统一以父权制的形式体现出来，因此，人是不自由的，也就不具有道德的因素。而在波斯的原则里，统一的原则首先抬高自己的地位，从而与自然的东西区别开来，它在波斯人这里就表现为“光明”。这种光明是在一种同时具有物质含义和精神含义的基础上才实现的，它具有客观含义。

（1）亚述和巴比伦

波斯帝国包含有很多民族、种族和元素。如果说赞达民族（Zend Race）代表的是它们的精神元素的话，那么亚述和巴比伦就代表着它们的物质元素。关于亚述和巴比伦，曾经存在过很多传说和故事，它们历史悠久、源远流长。但是，这些传说却往往神秘隐晦、难觅踪迹，甚至有些传说之间还存在矛盾。关于它们，希罗多德[1]和《圣经》都曾经有过说明和记载。

亚述，是一个不很确定的名称。亚述本土属于美索不达米亚[2]平原的一部分，地理位置在巴比伦的背面。据说亚述王国位于底格里斯河上的一个城市——亚都，曾经建立过农业文明，建造过各种城堡，城堡里面住着很多人。据说巴比伦和亚述的人口差不多，它们的城市都是以城堡

① 希罗多德，古希腊人，著有《历史》一书，通常被认为是“史学之父”。

② 美索不达米亚（Mesopotamia）这个词来自古希腊文，字面意思是“在两条河中间的地方”，这两条河指的是底格里斯河和幼发拉底河。事实上，美索不达米亚平原恰好是由幼发拉底河和底格里斯河定期泛滥冲积而成的平原，土壤肥沃，历史上在这个地区产生并存在过很多伟大的文明。

的形式存在。这种形式的城堡一方面可以从事农业、手工业和贸易，从而可以放弃游牧生活；另一方面可以抵挡流浪民族的侵袭。自从这里的人们从游牧生活转向定居的农业生活之后，游牧的生活方式就被放弃了。据说正是由于这个原因，亚伯拉罕和他的家族才从美索不达米亚离开，向西流浪。即使在今天，在巴格达周围也仍然存在很多流浪的游牧民族聚居点。

巴比伦在幼发拉底河的南部或者说下游，这里土地肥沃，非常有利于农耕。而且巴比伦水路交通很方便，行驶在幼发拉底河和底格里斯河上的船只都可以到达巴比伦，从而带来了频繁而繁荣的贸易，因此也就带来了巴比伦的经济繁荣。在巴比伦周围，存在大量的运河，它们的目的多数是为了灌溉农田和预防洪水之用。幼发拉底河从巴比伦城中穿过，河的右边是他们的宗教庙宇——培尔庙，左边则是他们的皇宫。据说巴比伦的城墙高大雄伟，非常壮观，军事设施也十分健全、严密。不过，巴比伦人的王朝已经覆灭很久了，今日我们再想了解他们的话，一方面可能要借助于考古学的发现，另一方面也需要借助于古代人的记述。

希腊人希罗多德曾经在他的巨著《历史》中对巴比伦人的日常生活和风俗习惯进行描述。在巴比伦城中，那些患有疾病的人都会被送往公共场所，大家都可以就他们的病情发表一些意见和建议，提供一些解决方法。每个到了出嫁年龄的妇女，都会被公开拍卖，拍卖所得的钱要拿出一部分来资助她的一些其貌不扬甚至是丑陋的女邻居，用来做她们的嫁妆钱。每一个妇女在她的一生之中，都必须到迈利陀庙中去供人们娱乐一次。除此之外，巴比伦人的生活十分和睦，没有什么不道德的、混乱的事情发生，直到巴比伦王国开始堕落为止。

对于波斯帝国来说，他们的精神顶峰要到波斯民族中去寻找。波斯当然包括了太多的民族和种族，它包括了全部前亚细亚地区。这个民族曾经和希腊发生过接触，而且还打了几次希波战争。当居鲁士当上了波斯王之后，他就亲自率领波斯人去攻打吕底亚并占领了这个王国。吕底亚王国在没被占领之前，具有高度的文化，希腊人的艺术和诗歌在他们那儿得到了广泛的接受和传播。这些地区的各个城邦之间，相互嫉妒，相互猜疑，无法形成一个团结的整体；而又由于这些地区的各个城邦都比较富有，所以也常常处在纸醉金迷的腐败生活之中，不可能有决心争取独立。因此，最终他们被波斯人攻克了。根据希罗多德的记载，吕底亚王国是如此富有，所以波斯人战胜吕底亚之后第一次领略到了文明和奢华的滋味。而正是因为首先征服了吕底亚王国，获得了大量的财富，所以居鲁士才能进一步地打败了巴比伦，然后征服了叙利亚和巴勒斯坦，解放了犹太人，然后又领兵东进。虽然他最后战死沙场，不过仍然是一个斗士和胜利者。凡是在世界历史上能开辟一个新纪元的英雄们，他们的死往往都是实践他们使命的结果。所以，居鲁士也是在实现这个使命的过程中完成了自己的命运，那就是把前亚细亚的各个地区统一在一个主权之下。

(2)波斯帝国：波斯、叙利亚、埃及

> 波斯民族一只脚踩踏在自己的民族故土之中，另一只脚踩踏在自己攻取的国土之上

波斯帝国和日耳曼以前的帝国以及拿破仑所建立起来的帝国所统辖的辽阔疆域十分相似，具有十足的现代性，它也是由许多邦国组成的，各个城邦在这个帝国中虽然没有取得独立的地位，但是却依然保留下了自己的特性、风俗和法律。各种行政命令、法律法规，对于他们来说都具有约束力。不过，这种意义上的强制性和约束力却并不会破坏和损害他们自己的政治特性和社会特性，毋宁会保护它们、维持它们，因而构成全体的各国都有它们自己的宪法形式。因为光明会给它的每一个对象物都赋予特别的生机和活力，所以波斯王国的每一个成员国都具有自己的特殊性，甚至有些国家还拥有自己的国王。每一个成员国都具有自己的语言、文字、军备、生活方式和风俗习惯，这些差别都在“光明”的照耀下各就其位、有序合作。

波斯帝国涵括了如下三个地域：波斯高原，两河流域

与尼罗河流域这两个农业文明比较发达的地区，以及某些沿海文明比如叙利亚人、腓尼基人、各个希腊殖民地和小亚细亚的希腊沿海各地的居民所居住的地区。所以，与这三个地域的特征相应，波斯帝国也就包含了三个自然的原则，这是中国和印度所不具备的。波斯既没有中国那种密不透风的整体，也没有印度那种放荡不羁的无政府状态。在波斯，虽然帝国将各个成员国聚集在一个中央下面，但是各个成员国之中的民族仍然是自由的，所以，各个民族一向所具有的野蛮和凶暴得以结束。

波斯民族虽然统治着诸如两河流域以及尼罗河流域这样肥沃的土地，但是它们依然保留了自己古老的生活方式。它们一只脚踩踏在自己的民族故土之中，另一只脚踩踏在自己攻取的国土之上。波斯国王在自己的国家中和其他人都保持一种平等状态，但是一旦他走出自己的国家，就成为了最高的主宰，大家都是他的臣民。波斯人并不崇拜什么偶像，事实上，他们也嘲笑、鄙视那种人形神，但是他们做得比较好的地方在于实行宗教宽容，就是说他们容忍任何宗教，虽然有的时候也会对偶像崇拜表现出他们的愤怒，比如他们就摧毁了希腊的庙宇和希腊的神像。

沿海地区对于波斯帝国来说特别重要，叙利亚是其中的一个代表。每当以陆地作为自己根据地的波斯要进行远征的时候，腓尼基人和希腊海军都会随同前进。腓尼基人的海岸十分狭小，在这一带有几个很富有的城市，还会进行盛大的商务贸易。虽然如此，但由于它们在整个波斯帝国中的地位并不太重要，所以也无法影响整个波斯帝国。叙利亚和许多国家民族都具有商务往来和贸易关系，很快就发展出了高度的文化。在这儿制造出了很美丽的饰品和宝贵的宝石，还制造了玻璃和紫布等新东西。由于民族交流和贸易的需要，文字在这里得到了发展。腓尼基人还首先发现了大西洋，并且第一批在大西洋上扬帆远航。他们还在塞浦路斯岛上开辟有殖民地，在西班牙的南部和西南部开发了银矿，并在非洲建立了迦太基等殖民地。他们还在海洋上辛勤地劳作，据说甚至从普鲁士那里运来了琥珀，从英格兰运来了锡。于是，他们冲破了懒惰的束缚，废止了野蛮，变得更加有谋略和勇敢，从而既可以投身航海事业而不畏惧，同时又可以理智地想到安全的保障方法。因此，在腓尼基人这里，人类的意志和活动冲破了自然的束缚。人们开始从事实业时，就在理智和机谋方面得到锻炼和发展，从而也就不再做自然的奴隶，因为他们已经从畏惧自然和做自然的奴隶的束缚中得到了解放。

因为腓尼基人已经成为了勇敢的航海民族，所以他们的信仰和中国人、印度人的信仰都不同，比如，推罗城中的人们会信奉勇敢而又辛勤的赫丘利，而其他一些沿海城市中的人们则会崇拜阿多尼斯。有一位父亲哀恸自己的儿子阿多尼斯早逝，于是就为他绘制了一幅画像，并把他当做神，然后命令手下以各种形式来纪念他。在祭奠阿多尼斯这一天，妇女们对于那位已逝的神明会悲恸地呼喊和痛苦，以示纪念。在印度，这种悲恸就会被压抑，从而显得十分麻木无情。妇女们不会哀恸，她们会直接跳进恒河，男人们则会想出各种苦行的方式，意图以此灭绝意识，进入冥想之中。但是在这里，人类的痛苦却会变成一种被崇拜的因素、被尊敬的因素，人类在自己的痛苦之中感受到自己的主观性。或者换句话说，人们应该并且可以获得、占有自我意识和现实感。在这种感觉之中，生命重新获得了自己的价值，一种普遍的痛苦于是就建立了。在波斯人那里，光明和黑暗相互争斗；但是在腓尼基人这里，光明和黑暗却结合成为一个绝对的东西。阿多尼斯是一个早逝的少年，但是在他这里，死变成了一种矛盾。在这个概念中，还展现着一个深刻的含义，即对于这个早逝的神明的崇拜含有两个成分：一方面是对他的死亡所感受到的痛苦，但同时却又因为重新发现了神而感到快乐。

如果我们今天再来看波斯帝国的话，毫无疑问，这个帝国已经是一个逝去了的帝国，它旧日的光荣早已变成了残垣断壁。波斯帝国中许多最美、最富饶的城市，早已经埋入风沙或泥土之中了。它的其他一些城市也变成了一片废墟。波斯帝国没能像罗马帝国一样，从自身之中孕育出一个新生命，所以，它也基本无法存活在其他国家的记忆之中。但是，有一个国家却是例外，这就是埃及。

埃及这个地方从远古以来就一直是个神奇的地方。波

> 波斯帝国中的埃及，是东方世界过渡到西方世界的中介

斯帝国政体下表现出来的那些个别因素，在埃及就是团结的因素。波斯人崇拜光明原则，这个原则又具体可以划分为几个部分，第一部分是巴比伦人和叙利亚人沉没在感官中的那种元素；第二部分是体现在双重形式之中的精神元素，比如体现在阿多尼斯崇拜那里的具体精神；最后一部分是犹太人中的那种纯粹而抽象的思想。前两部分缺乏统一性，第三部分缺乏具体性，而能使这些矛盾协调统一起来的，就是埃及。

一提到埃及，大家十分熟悉的意象大概就是狮身人面像。它展现出了巨大的暧昧形式：半人半兽。我们可以把它当做埃及精神的象征。从兽身之中长出了人头，这就好比说，精神从单纯的、自然的东西之中提升了自己，使自己摆脱了自然的束缚，获得了四处观望的自由，但是他最终却无法完全从枷锁之中解放出来。在埃及人那里，同样存在许多建筑物，这些建筑物大都一半埋在土地中，一半出现在地上，然后向天空伸展，生命的王国和死亡的王国在这里有机地统一起来。从埃及的这些名胜古迹之中，我们可以发现十分庞大的形式和形象，它们代表和表达了埃及人的性格。我们从它们身上可以看到一个受到了压迫的“精神”，它以一种压抑的、感官形式表现了自己。

在埃及人看来，灵魂和精神是一种肯定的东西，灵魂轮回一次需要的时间大概是三千年。如果某人能忠实于奥

赛烈司的话，他就可以免于遭受灵魂轮回之苦。在埃及人看来，灵魂轮回自身是一种沉沦。大家都知道埃及人用香料保存尸体，所以尸体一直可以从古代保存到当代，甚至还可以一直保存到数千年之后。他们这种保存尸体的做法和他们的不朽观念貌似冲突，但是，换种角度来看，倒也说得通。因为人们认为灵魂不朽，所以应该尊敬他们以往的身体。波斯人喜欢将死尸抛在荒野上喂鸟，但是他们是认为灵魂已经蜕化到普遍的存在之中了。当然，我们西方人也会有灵魂不朽的观念，但是我们的观念则要更高一层，就是说，“精神”自身是永恒的，它的使命是永恒的幸福。

对于埃及人尤其是他们的帝王来说，生平的一大事业就是建筑死后的坟墓来放置自己的遗体。凡是他们生前会用到的东西，在死后都会一起埋入坟墓之中。比如工匠死后就会把自己的工具埋了，棺木上会刻上标明死者身份和职业的图画。埃及人死的时候，别人还要对他的善恶、功过进行评定，这些内容也都会在棺木上有所体现。由此可见，死亡的观念常常会在埃及人心头盘桓、游荡，因此，埃及人的心情一定时常忧郁、苦闷，所以，死亡恰好可以被用来劝导人们享受生命。

在埃及人这里，我们可以看到自然和精神的矛盾，它们不是直接的统一，也不是具体的统一，自然仅仅是精神表现的一种基础。埃及人的精神封闭在各种特殊性之中，但同时，精神本身虽然没有上升到普遍和崇高的层次，可是也没有蜕化进自身之内。它自由而勇敢地象征着特殊的东西，并且也支配了这些特殊的东西。那么，接下来需要做的，就是要把这个特殊性表现为理想的形式，并要去理解那种本身已经解放了的“普遍的东西”。

埃及人的精神，我们可以从奈丝女神圣庙中的铭文来获得进一步的理解：“我便是现在、过去和将来：自古以来就没有人揭开过我的面目。”这句话就代表了埃及人的精神。虽然可能有人会认为，埃及的这种精神具有普适性，适合一切人类时代，但是，这位女神还有一位子嗣，那就是“精神”。在埃及人的观念中，“真理”还是一个问题，但是在希腊人那里，亚普罗会说“人类啊，认识你自己吧”，这句话的意思是要敦促人们去认识自己的特性，去认识自己。在希腊“精神”里，人们明白地表现出了自己的认知状态，这就表现在希腊的那个著名的传说中。作为埃及象征的狮身人面兽来到了底比斯，他出了如下的一个谜语：“早晨用四只脚走路，白天用两只脚走路，夜里用三只脚走路，这是什么东西？”俄狄浦斯回答了谜底是人之后，狮身人面兽就逃跑了。中国、印度和巴比伦等东方国家所具有的“东方精神”，在埃及就进展到成为问题的解答和解放，于是就有了这样的表述：“自然”之中“内在的东西”就是思想，思想只存在于人类意识之中。

于是，埃及就体现为东方世界到西方世界的过渡，它是一个中介，是波斯帝国的一个部分。当波斯帝国与希腊接触的时候，历史的过渡就开始了；同时，当这种过渡完成的时候，波斯帝国也就覆灭了。和中国、印度不同，波斯过渡到希腊，是一种内在的过渡，这种内在的过渡也会有外在的表现形式，那就是主权的转让。而这种主权的转让我们以后还会在世界历史的实际发展进程中看到，诸如希腊让位于罗马，罗马又被日耳曼征服。在这背后所发生的一切，作为内在原则的是精神自身的辩证发展运动，而历史发展的目标和指向则是自由。

五、处于历史青年期的古希腊城邦

一提到希腊，对于每个有教养的欧洲人来说，尤其是对于我们德国人来说，就会升起一股神圣的、熟悉的家园之感，因为到了希腊之后，我们才真正地进入了“精神”的园地。虽然希腊人从来源上和语言上可以追溯到其他民族，但是，“精神”真正的“再生”却只有在希腊才能发生，必须到希腊才能寻求。我们曾经把希腊城邦比作历史的青年时代，这种观点的主要目的是想说，希腊的精神十分鲜活、具体，体现着精神具体、新鲜的生命，表示着精神生命的青春、新鲜和欢欣愉悦。这种青春会出现在感官的现实世界中，表现为“具有躯体的精神”和“精神化了的感官性”。只有到了希腊，精神才第一次把精神之内容表现为自己的意志，表现为知识的内容。不过它采取的形式是：个性把国家、家庭、法律和宗教当做自己的目的，同时，个性之为个性也都依赖于那些目的。

在希腊人的想象中，阿喀琉斯是最高的形式，他是诗人荷马在《荷马史诗》中着力刻画的人物，他在特洛伊战争中大放异彩。希腊世界的人们生活在《荷马史诗》所表现出来的元素中，那种诗意、青春和生命气息是希腊世界的生息。荷马所体现出的元素之于希腊世界，就好比空气之于人类一样。希腊的生活是一种青春的行为，它起始于《荷马史诗》中诗性的理想青年阿喀琉斯，结束于亚历山大大帝——希腊世界中现实的青年。这两位青年，都曾经活跃于希腊和外邦的战争中。在特洛伊战争中，阿喀琉斯尽管要臣服于阿特柔斯之子阿伽门农，不是军队的最高指挥官，但是他却的确是整个战争的主角，是阿开亚人的英雄。而亚历山大大帝，具有现实世界从古至今所有人物最自由、最美妙的个性，最终成长为希腊城邦的领袖，带领着希腊人远征亚洲，最远到达了印度，完成了对亚细亚人的报复，建立了亚历山大帝国。

希腊历史大体上可以区分出三个时期：个性成长的第一时期；通过对外战争的胜利所实现的独立和繁荣时期，在这个时期中，希腊人广泛地与外部世界的各个民族和国家接触、碰撞、交流；以及它的衰落时期，这个时期也是希腊民族和下一个世界历史民族接触、碰撞的必然结果。从希腊发展的这三个时期来看，首先是希腊民族内部自身成长、发展的结果，然后通过与其他民族的接触和交流加进国外的文化要素，于是就有了原有的文化和外来的文化这两重文化。它们会有机地结合起来，从而产生出自己的现实的和政党的活力，这种活力反过来又会去反对原来的基础，进而进入胜利和繁荣的时期。但是，当希腊民族全力去对付外来民族的时候，就忽略了自己内部的建设和力量的培养，于是当消灭了外部力量之后，国内也就产生了分裂。这种分裂表现在各个方面，如果落实到艺术和科学方面，就体现为理想和现实相互分离了。一旦此种分裂出现，那么这个民族也就开始衰落了。而衰落的最终结局，就是灭亡，当它和新的世界历史民族——罗马接触时，最终也就被后者取而代之了。当这一切发生的时候，世界历史也就由青年期进入了壮年期。

1. 古希腊文明是一个海洋文明

（1）古希腊文明诞生于文化的交流与碰撞

在希腊，“精神”从自然之中解脱出来，不再沉浸在自然之中；所以，当人类面对自然环境时，种种不可应付的状况也就消失了。希腊是一片坐落于海上的土地，它主要由一群岛屿和一个具有海岛特征的陆地组成，因此，希腊文明是一个海洋文明。伯罗奔尼撒半岛和欧洲大陆联系很少，中间只有一个甚至可以忽略不计的地峡。希腊的地理条件使它可以划分成各个小岛屿，每个小岛屿各成一体，彼此之间通过海洋勾连起来。在希腊，我们不会碰到像黄河、尼罗河、幼发拉底河及底格里斯河那样的大江大河，只会看到山岭、狭窄的平原、小山谷和小河流。因此，希腊到处都呈现出分裂的性质，而这种分裂的性质恰好符合希腊各民族多方面的生活特征和希腊精神那善于变化的特征。这就使得希腊的每一个个人都会保持自己的地位，从一开始就不会像中国人那样自我束缚在家长制下，他们毋宁是通过“法律和习俗”结合在一起的，这种结合的依据也是为精神所认可的，这就是希腊民族的性格。希腊民族与中国、印度这些民族不同，它的民族性是自身生长出来的。独立成为了他们民族性的主要特征。各个个体都是独立的，当克服这些独立之后，就进入了希腊文化的第一个时期，只有对这些独立和对立的冲突，才会产生美丽、自由的希腊精神。

希腊历史在它开端的时候，就是本土土著与外来民族的混合和交融。每一个世界历史民族事实上都是由许多差异明显的不同民族汇聚、交融之后发展起来的，这种情况在希腊和罗马都有发生。对于希腊文化最初的起源，我们认为应该在色雷斯和帖撒利，这两个地方随着希腊的发展最终退出了历史舞台。希腊民族这个名称，在最开始的时候，比如在荷马时期所具有的含义并不是十分宽广，因为当时还有很多蛮族存在，这些蛮族时常迁徙无定，彼此互相抢夺、争斗。按照修昔底德的说法，雅典人是在和平时期第一个放下武器的人。那时，农耕并不是人们的主要营生，居民要过防御的生活：不仅要防御前来侵袭的敌人，而且还要防止野兽的攻击。因此，最开始的时候，希腊处于一种不安宁的状态中，它的许多部落还处在迁徙游荡之中。

海洋在希腊民族的生活中，扮演了重要的角色，是一个重要的元素，正如我们前面说的，希腊文明就是一个海洋文明。希腊的国土类型，决定了希腊人要过一种在海洋中和陆地上的两栖类生活，因此，一旦他们奔向大海之后，生活就不会像游牧民族那样随水迁徙、漂泊不定，也不会像平原流域的人们那样固守本土，相反，他们会随心所欲地在大海和陆地上行走。当然，对于最开始的海上生活来说，贸易并不是主要形式，海盗却是主要职业。据说，首先对海盗进行讨伐、平定海盗的希腊人是迈诺斯，首先获得安居乐业的城邦是克里特。

保持差异性和多元性是希腊精神的要素。对于希腊民族来说，和外来民族以及外来文化的交流和接触占有重要地位。这也表现在希腊神话中，比如盗用神火送给人类的普罗米修斯来自高加索地区，他的后人也曾经和许多希腊部落发生过关系；据说雅典城是由一位埃及人建立的；皮罗普斯带了大量的财富来到伯罗奔尼撒半岛；还有来自腓尼基的卡德马斯，据说他把文字带给了希腊人，又建立了底比斯。据传这些外国人来到希腊之后，还建立了堡垒和宫殿，替希腊人建立了许多固定的中心，比如克里特文明和迈锡尼文明。

住在皇宫中的王侯和臣民的关系，以及王侯之间的关系，并不像中国人那样，他们之间的关系并不根据法律所规定的社会情形，而是根据财富、土地的肥沃、军事力量的强大、个人的胆识、智慧和出身。王侯和英雄往往具有同样的地位，因为他们的臣民们之所以服从他们，只是由于大家认为有必要团结一致，要服从一位有才能的领导人。君王个人具有什么样的权威，取决于他到底有多大能力，因此，这种权威仰仗个人的英勇和成绩，无法持久。于是，我们在《荷马史诗》中能够读到，皮涅罗皮的求婚者纷纷抢占尤利西斯的家产，只因为尤利西斯远出征战，尚未回家。而在《伊利亚特》之中我们也可以看到，军队统帅阿伽门农虽然受到人们的拥戴，但是遇到事情的时候却不得不与大家一起商讨，而且时常要讨好众人。开篇伊始，因为对普里阿摩斯的特洛伊城的祭司之女有不同的处理意见，阿伽门农对阿喀琉斯大发雷霆，可是当阿喀琉斯一怒之下退出战争，阿伽门农也无可奈何。

各个君王和民众的关系，也是十分随便的，民众里常常有要求得到注意和尊敬的人。民众并非雇佣兵，也并非蠢笨的农奴，他们从事征战都有自己的理由和主见，虽然还没有达到为自己利益而投身战争的程度，但也称得上是他们所拥戴的领袖们的随从。同这些关系相似的是希腊奥林波斯山上的各个神之间的关系。宙斯是希腊各神的父亲，但是各神都会根据自己的主见和意志做事，宙斯会尊重他们，他们也尊重宙斯，虽然有的时候宙斯也会责骂他们、威胁他们，他们有时会顺从他，但有的时候也会发发牢骚，满腹怨言。但是无论如何，宙斯和诸神们最终不会走向决裂，他会找到一种使各方都满意的解决问题的办法。因此，在这里只存在王权政体，还没出现君主政体。

（2）希腊通过特洛伊战争与亚洲深入交流

但是，历史性的事件终归是发生了，那就是特洛伊战争。特洛伊战争使希腊的各个城邦团结起来，共同应对民族危机。正是这场战争的爆发，使希腊与亚细亚有了深入的交流和联系，这对希腊产生了重要的影响。据说，这场战争爆发的原因是特洛伊的一位王子拐走了阿伽门农的弟媳——希腊最美貌的海伦。于是阿伽门农就召集了希腊各城邦的国王，去攻打特洛伊城邦。阿伽门农之所以能把各希腊城邦召集起来，并非借助蛮力或者类似主权之类的那种东西，这些城邦之所以前来全都基于自愿。于是，希腊人就团结起来，共同行动，结果就是摧毁了特洛伊城邦。尽管从世界历史的发展进程来看，这次战争并没有什么特别大的整合意义，但是诗人荷马却将整个战争中希腊人所表现出来的青春活力和民族精神描述得淋漓尽致。于是，《荷马史诗》所描绘的英雄图像在希腊民族的文化和发展过程中，呈现为一个理想，它具有教化人民的作用。

那些王室最终都湮没在历史的风尘之中了，部分原因是厮杀搏斗，另一部分原因则是断了香火。在统治者和被统治者之间，没有严格意义上的道德约束。同样的情况也出现在希腊悲剧之中。对希腊悲剧中所展现的人民和王者来说，人民只具有消极、被动的地位和角色，能够建功立业、担当责任的是英雄。在英雄和人民之间没有什么共同之处，人民没有指挥的权力，只能向各位神明祈祷、申诉、指控。而英雄们则会独立地决断行事，丝毫不顾忌每一个公民所应当遵守的普遍法则。他们的行为和毁灭都是个人性的。人民和王室是分离的。王室完全为自己的命运而作战，同时也会受到自己命运的捉弄。王室的尊严在履行完自己的任务之后就变得多余了，于是它们就自己毁灭了，所以它们的毁灭并非来自人民的敌视或者人民的抗争。

在特洛伊战争之后，王室逐渐地走向没落，于是就带来了许多变化。赫拉克勒斯征服了伯罗奔尼撒半岛，从而引领了一个安稳的和平时代。不过可惜的是，在那之后很多东西我们就并不清楚了。当时希腊的各个城邦孤立地发展并且获得了繁荣，一些比较大的城邦就可以向外殖民，比如雅典殖民了爱奥尼亚地区和一些岛屿，伯罗奔尼撒半岛上的希腊城邦也殖民了意大利的沿海地区和西西里岛。同时，那些殖民地又成为了一些其他城市的母邦。这个过程同时也是希腊精神的形成过程。

正如我们所观察到的，希腊在地理上表现出的是一种分裂的状态，并没有表现出特殊的统一性，因此，就没有像中国人那样的家庭或者民族的统一性。在自然面前，人们的注意力很快就转回到对自身的关注之上，并从中伸展自己的力量。于是我们就可以看到希腊人互相分离，回归到内在精神、个人的德行之上，同时又受到许多方面的鼓励，十分周详谨慎。一方面他们服膺于自然的力量，但是另一方面又能够辨认、反抗、支配外在世界。希腊人会对自然界形成各种猜测和推测，并在自己的内心深处探讨它们的意义。正如亚里士多德所说的，哲学产生自“惊奇”，希腊的自然观同样地也产生自这种“惊奇”。而激发希腊人“精神”的这种惊奇的，是“自然”中的东西。自然的东西只有通过精神才有价值，这种“通过”是说要以精神作为中介和手段。

（3）古希腊人的精神自由

刺激希腊人精神的，不只有外在的激动和内在的激动，同时也会有从外国流传进来的东西。如果这些东西和传统的东西以及原有的文化、诸神发生了冲突和碰撞，也会刺激希腊人的精神。那么，究竟希腊人的艺术和宗教是独立地发展出来的，还是由于外在的刺激所导致的呢？这里一直存在争论。因为希腊神话中有很多神的名字是从埃及来的，因此，有人说希腊的宗教肯定受到了外族的影响，就好比希腊人在艺术方面从埃及借鉴了技术一样，他们从外族人那里借鉴了东西，但是同时他们又改造了艺术，改造了宗教。

如果我们对希腊的精神元素进行概括和总结的话，我想应该是这样的，自然的刺激限制了精神的自由。希腊的思想自由来自于外来的东西的刺激，但是因为它从自身之中产生了变化，产生了这种刺激，所以它也是自由的。希腊精神似乎处在人类方面个性的丧失与获得完全的主观性之间，是这两者的中间物。因为希腊的精神依然要从自然出发，把它变成自己生存的一种单纯客观的形式，所以精神还不是绝对的自由，还不是自己产生自己。希腊精神会从惊奇出发，进展到对自然进行探究、获得关于自然的确定的意义。在主观者自身之中也会产生同样的统一。希腊的个性是靠精神产生的，它把自然的东西变成自己的表现，所以希腊的性格是"感受性"的个性。精神的活动依然要受到外物的刺激，依然要借助于自然所提供的材料，所以它不是自由的，因为它不能决定自己的"精神性"，而是"精神的个性"。当这种精神的个性具体体现出来的时候，就会从希腊的艺术作品中展现出来，这包括主观的艺术作品（即人类自己的文化）以及客观的艺术作品，就是神灵世界的结果以及政治的艺术作品，也就是"宪法"和在"宪法"中表现出来的个人的方式。

2. 民主政体符合古希腊文明的特征

（1）希腊艺术与神话中的“自然”元素和“精神”元素

人和外界自然之间存在着一种满足自己物质需求的实用关系，但另一方面人也会用自然当做自己的装饰。荷马就曾经说过，野蛮人和文明人固然都要装饰自己，但是野蛮人会把装饰自己当做满足，但装饰的本性却是要用于美化另外一种东西。这也就是说，人要通过装饰活动在自己身上直接发现自己，要把自己的身体改造得同他改造“自然的东西”一样，而这就是希腊艺术的主观的开始，人们在这种艺术作品中装饰自己的身体，在自由美丽的动作中、在力量之中铸造一种艺术作品。这就是主观的艺术作品。

在希腊的“精神”概念中，我们会发现存在着“自然”和“精神”这两方面的元素，自然是出发点。在希腊神话中，自然的地位有所下降，这就表现为诸神之争，结果，提坦族被神族打败。这个过程就代表着精神从东方精神向西方精神的过渡和转变。另外，神族在自身之中也保持着各种自然的因素，因此在他们身上就保持并体现出一种对“自然”力量的肯定。但是精神中的元素一方面产生它自己，另一方面精神是自由的，自由是它的本性和理想。不过，希腊人还没有达到对智慧的理解，也没有获得相关的概念，所以还没有能够认识到精神的普遍性。只有那种自立的、真正内在的精神才能够放弃现象方面，才能够把神的本性赋予精神。但是希腊精神还不能全面地理解主观性的全部高深内容，所以在精神之中也就无法获得真实的调和，人的“精神”也就没能达到自己真实的地位。这是一个缺点，它表现在如下的两个方面：首先，“命运”变成了纯粹的主观性，要比诸神地位还高；其次，人们并不根据自己，而是根据神谕来决定各种判断。

主观的艺术作品和客观的艺术作品，这两方面都在“国家”之中结合起来。精神在国家之中的作用，是一个有生命的、普遍的精神，这就将以诸神为对象的客观的艺术作品包含在自身之中，同时它又是个别的、个人性的、自觉的精神，这也就将以主观性的美的作品纳入自身之中。符合这种精神和这种国家的政治制度的只有民主的宪法。希腊的民主制就是古希腊文明的特征，它的这种民主制度切合于时代精神的要求，是精神在历史中发展到该阶段的必然产物，适合于它在世界历史中肩负的任务。专制政体虽然在东方有着灿烂辉煌的历史、并取得了相当卓越的成就，但是它却仅仅是一种历史破晓时期的形态，因此这种专制制度也是切合于精神对它们的要求的。

在希腊社会中，个人获得并拥有了自己的自由，但是这种自由却依然停留在个体性的阶段，没有进化到抽象的程度，因此，个人也就没有意识到自己直接依赖于实体、依赖于国家。在这个阶段中，个人的意志在自己活生生展现出来的生命力之中没有什么约束，而且还将那个实体的活动包含在自身之内，这就与罗马的情况完全不同。我们在罗马可以看到，那里的国家主权高于个人，并且在严厉的国家主权之中将全部个别分子都纳入麾下。日耳曼帝国出现的也是同样的君主政体，个人要服从于君主和帝国，并且必须履行特定的义务，对君主和帝国的义务对于他们来说是首要的。

希腊这种民主国家和中国、印度那样实行大家长制的专制国家不同，后者不是建立在一种比较发达的信赖上面。希腊这种民主国家具有各种法律，并且具有在一种公平的和道德的基础上建立法律的意识，他们知道这些法律具有积极意义，对于他们的生活来说是积极的。希腊在黑暗时期及之前的王宫文明中，还没有出现真正的政治生活，因此只有一点点立法的迹象。但是，从特洛伊战争开始直到居鲁士期间，对于整个国家来说，产生了立法的需要。最初的立法者就是“七贤”。这些人是有思想的人，但是他们有的思想并非我们今天意义上的那种科学性思想，而是一种政治思想。这七位贤者都是实际的政治家，他们会为各个城邦提供比较好的政治建议和军事建议。梭伦的例子是其中比较著名的，他为雅典人制定了法律，进行了政治改革。雅典人曾经因为法律不够健全，跟不上当时社会和时代的形势了，而邀请梭伦为他们立法。梭伦于是就为雅典人制定了一部宪法，根据这部宪法，雅典人人平等，享受平等的权利，同时又保持了一种民主政体，从而使雅典不至于变得很抽象。

（2）德性是民主政体的基础

在民主政体之中，道德起到了很重要的作用，人们的意见往往是要合乎道德的。因此，孟德斯鸠才说，德行是民主政体的基础。当然，这种说法对于我们一般人心目中的民主政体观念是十分重要的，因为对于民主政体来说，个人的、正义的、实体的、国家的、大众的利益才是首要的。但是这还仅仅是停留于风俗（ethos）阶段。在客观意志之中，真正的道德还不具有现实性，换句话说还不存在。于是法律就存在了，因为它是合理的，具有直接性。又因为它是法律，所以就具有了合法性。在希腊人的法律中，依然具有自然的需要方式。在他们的道德之中，判断和执行公理的形式是风俗，而且对于这种形式来说，它还比较稳定，因为它还没有遭受到意志和主观性的挑战。所以，对于希腊人来说，团体的利益还要依靠公民的意志和决议来维持，这就是希腊宪法的基础。民主宪法是唯一可能的宪法，公民还没有特殊的意识，客观的意志在他们那儿依然是统一的。

但是希腊人的这种民主对于现代人来说则是陌生的和不可能的，因为现代的民主观念需要将有关大众的利益、公开的事务都交付给人民来讨论和决定，团体中的每个分子都应该深思熟虑、发表自己的意见，并就这些事务进行投票，因为国家的利益和公开的事务同时就是个人自己的利益和事务。但是这些东西都不能在希腊出现，希腊的精神是内在性的。因此当我们说到希腊人第一次取得自由的形态时，他们并没有良心，因为他们受到自己国家的传统、习俗和生活习惯所支配，自己尚未具有独立的反省，他们还没有认识到国家的抽象性和普遍性，而只关注于活生生的、生动的祖国。这种生动性就体现在：具体的雅典城邦、具体的斯巴达城邦、某一个或某些具体的神庙、某些祭坛、具体的社会生活方式、城邦的公共生活、礼节和风俗习惯等。对于希腊人来说，祖国是为了生存之需而必须存在的东西。

这样，每一个希腊人都要有自己的判断，他们对“伟人”的信仰不合时宜。当雅典人请梭伦为他们立法的时候，人们显然并没有认识到他们自己最懂得政治。后来，人们更喜欢的也是比较懂得变通的政治人物，比如克里斯提尼执政期间就进一步地改进了梭伦的立法，使雅典的制度进一步民主化。雅典人在具体的政治生活中推举出了英雄一般的执政者，其中的佼佼者就是伯里克利，人们把雅典的荣耀都聚焦在他身上。但是一旦这些伟大的历史人物们完成了自己的任务、恪尽了自己的职守之后，人们就开始妒忌他们了，于是，这些历史人物们不是被监禁就是被流放。

总体上来说，希腊各城邦之中有几种情形需要我们特别留意：

首先，对于古希腊各个城邦的民主政体来说，神谕是一个特别重要的因素。对于一个国家来说，如果要确定一种独立的决议，就一定要以某种固定的“意志的主观性”作为基础，但是这在希腊人那里尚不具备。每当希腊人要去建立和占领一个殖民地的时候，每当有人建议引进新神的时候，每当一位将军将要厮杀战场、攻城略地的时候，他们都会占上一卦，请神谕来帮忙。同样，在希腊人的私人生活中，他们也很少听从个人的主观决定，大多还是要请示神谕这种外在的暗示。当民主政体向前推进并有所发展的时候，我们可以看到，公民们对于一切最重要的事情的决定就不再去请教神谕了，这个时候他们更愿意听从那些知名的演说家的观点，人们更愿意涌向城邦的广场听从演说家的演讲，从而决定国家的大政方针。

其次，在古希腊还存在奴隶制度，这也是需要我们特别注意和重视的。奴隶制度对于希腊这种具有美的特征的政体来说是十分重要的，在他们那里，每一个国家成员即公民都有权利并且也有义务在公民大会上发表和聆听各种演说，也有权利和义务去参加国家的各种运动和各种节日庆祝活动。但是，要履行这些义务，就必须保证他们能够具有充分的闲暇，也就是说要从劳动的束缚中解放出来。于是，奴隶的出现就成为必须了，因为他们需要承担自由公民的日常生活得以维系所必需的工作，直到他们也成为自由人的那一天。自由人是指人类在他的本性内是具有理性的，虽然希腊人的这种奴隶制可能会和我们的道德立场相左，但是那也只是因为他们的风俗习惯所致罢了。

第三，希腊式的民主只有在小的城邦之中才能够实行。这种城邦基本就是一个城市国家，比如雅典的全部公民就都生活在雅典城内。根据传说，忒修斯是最早将生活在阿提卡地区的人们聚集在一个团结的整体之内的人。在伯里克利时代，当斯巴达人在伯罗奔尼撒战争一开始大举进攻雅典的时候，雅典周围的人们都跑到城市之中避难。在这种意义上，一个城市中的人们的利益紧密相关、休戚与共。若不是这样，在一个巨大的国家之中，利益的冲突就必然是不可避免的。而在希腊那种小城邦之中，人们在日常生活中共享相似的价值观和理念，每天都有见面的机会，就必然会形成一种共同的文化和共同体，从而形成一种民主政体。在这种政体中，公民因为共享相似的价值观、善观念和生活理想，因此会有一致的利益，因而都会热心公共事务，会积极参加重大决议并敏于行动。

3. 希波战争与古希腊的自由精神

接下来，我们就要进入希腊发展的第二个阶段之中了。

在第一个阶段中，希腊的精神走向成熟，将自己的本质实现了出来；而在第二个阶段之中，希腊的精神就要在行动中出现并表现自己了，这体现在希腊民族和之前的世界历史民族的接触、碰撞及交流之中。

希腊人和世界历史的接触体现在他们和先前的世界历史民族波斯人的接触上。在这整个过程中，希腊人赢得了自己的荣耀和尊严。希腊人和波斯人的接触是从波斯人入侵希腊人的殖民地——伊奥尼亚地区开始的，当地的各城市奋起抵抗，他们曾经向斯巴达求援，但是斯巴达却无动于衷，反倒是雅典城邦和埃维厄城邦出兵帮助这些伊奥尼亚城市反抗波斯人的入侵。希罗多德对这几次战争做出了非常出色的描绘，但是对于我们讨论的主题无需多加描述，我们可以直接进入对希腊第二个历史阶段的考察中。

当这场战争爆发的时候，斯巴达人掌握着希腊的霸权，他们把莫塞尼亚人变成了自己的奴隶，从而掠夺了大量的财富，与此同时他们又扶植了许多希腊国家反对暴君专制。但是，希腊人对伊奥尼亚人的帮助却激怒了波斯王，他派使节到希腊去，要求那些希腊城邦臣服于波斯。在激愤之下，斯巴达人把使者直接扔到了井里，虽然他们事后后悔了，并派了使臣去给波斯人赔罪，但依然无济于事。强大的波斯派了一支军队攻打希腊，雅典人和埃维厄人没有能够获得其他希腊城邦的帮助，只能孤军奋战，双方在马拉松展开了激战。雅典人在向斯巴达人求援无果的情况下，在他们卓越的领袖米提阿德斯的指挥下获得了胜利。[①]

但波斯王薛西斯不甘于失败，他率领了很多陆上部队和声势浩大的海军向希腊挺进，希腊的很多城邦，比如色雷斯、马其顿、帖撒利很快都被薛西斯大军拿下。但是希腊却派了三百名斯巴达人和七百名忒斯比利人守护希腊的门户德莫比例海峡，也就是温泉关。这些人浴血奋战、彪炳青史，但最终还没有阻拦住薛西斯的大军，斯巴达三百勇士在保证来自伯罗奔尼撒半岛上的士兵撤退之后英勇厮杀，全部罹难。雅典人也不得不放弃自己的城邦，全部军民都撤到了船上。雅典被波斯军队占领，波斯人在雅典城中破坏了许多希腊人的神像，同时，更有海上军事优势的雅典人在萨拉米海湾打败了波斯军队。这场希波战争如此惨烈而光荣，后来常常成为希腊诗人们创作悲剧的题材，而希腊最为著名的三大悲剧家更是与这场战争有着千丝万缕的联系：埃斯库罗斯是当时的一名战士，索福克勒斯在庆功大会上登场，欧里庇德斯就在双方交战的那一天出生。经过了这场希波战争，波斯元气大伤。于是，希腊获得了胜利，将波斯笼罩在自己头上的恐怖压力消解了。

当然了，这还仅仅是开始，年轻的希腊人接下来还要

---

① 这就是著名的马拉松战役。此次战役取得胜利之后，一位雅典士兵跑了约四十公里回到雅典报告这一胜利消息，但是却因为路途遥远，当他回到雅典宣布完胜利消息后就离开了人世。后来人们为了纪念这位士兵，就创立了马拉松长跑比赛项目。

面对更可怕的战争。这些战争不仅在各个民族的历史里长存，更在科学和艺术的历史中不朽，因为这些战争都是世界历史民族之间的战争。希腊人取得的胜利是世界历史性的胜利，具有世界历史意义。这些胜利挽救了文化和精神的权力，因为希腊人战胜的是亚细亚的原则和力量。在古往今来的历史中，人们已经不知道为了一个伟大的目的曾经牺牲过多少次、牺牲过多少人，英勇的战士们为了自己的义务和国家而征战沙场、献出生命。但是，我们在这里要赞扬的、要羡慕的，却不只是战士们的英勇、指挥官的策略和他们的精神，而更要赞颂战争的内容、战争的影响和结果。希腊人通过希波战争，赢得了自己不朽的名声，挽回了世界历史的崇高事业。在世界历史上，决定一件事情所具有的价值，要看那个事业本身的重要性，而不是去看形式上的英勇和交战国的是非功过。由这场胜利所开启的希腊各城邦的大发展，是希腊最光辉的时期。希腊原则所包含的一切内容，从此都发展到了几乎完美的状态，这整个过程中，都体现出了希腊人对自由的追求。而正是这种自由精神，使得哲学首先在古希腊产生出来，而不是首先在东方国家中产生出来。

4. 自由促使哲学在古希腊发端

（1）希腊人的政治自由带来了思想自由

哲学和哲学史在什么地方发端或起始？这个问题的答案已经包含在已经发生并正在进行的过程之中了。哲学以思想和普遍的东西为自己的内容，而它自己的内容就是存在。我们必须对这个内容进行规定。这些规定一开始比较直接，后来人们就会认为这个普遍的东西是自己对自己的存在的无限规定。当存在者在普遍的方式下被把握或被思想所思想的时候，哲学就开始了。因此，哲学和哲学史在思想自由发生的地方开始。在这里，哲学与哲学史将自己从与自然的统一关系中解脱出来，为了它自身而建构自身；在这里，思想必须独立，必须达到自由存在的程度，必须从自然事物里摆脱出来，并且从感性直观里超脱出来。思想在这里进入了自身之中并且与自身保持同一，也就是说思想在深入自身的过程中达到了自由的意识。哲学真正的起始就是这里。思想认识思想这样的存在是事物的本质，是绝对的全体，是一切事物的内在本质。这一本质一方面好像是一个外在的存在，但另一方面却被认作是思想。

这种普遍的规定是抽象的，但它却是哲学的开端，这开端同时具有历史性、民族性，是具体的思想形态，这个思想形态的原则构成了我们所说的哲学的开端。一个有了这种自由意识的民族，就会以这种自由原则作为它存在的根据。一个民族的法律的制定和这民族的整体状况，以它的精神制定的概念和拥有的范畴作为根据。如果说哲学的出现有赖于自由的意识，那么在哲学已经开端了的民族里，必然要以这种自由原则作为它的根据。从实践方面来看，则现实的自由和政治的自由仅仅达到如下的状况时才能开始，即当个人知道他成为了一个独立的人、具有普遍性的本质，也就是有无限价值的时候，或者当主体具有了人格意识，因而要求本身得到尊重的时候。只有这时，关于对象的自由思维才包含了对绝对的、普遍的、本质的对象的思维。

所谓思维就是把一个对象提高到具有普遍性的形式，所谓自由思维就是自己知道自己具有普遍性、自己与自己相关联。自由思维里也同时包含有实践的自由的成分。哲学的思想因此就是两方面的结合：一方面，就哲学思想是思维能力而言，它在自身之中具有普遍的对象，或者把对象规定为一个具有普遍性的概念。第二，在哲学思想里，“我”认识、规定、知道这个普遍者。只有当“我”保持或保存我自己的自为性或独立性的时候，“我”才会与普遍者有认识关系。一个对象尽管保持其为对象，并与“我”相对待，但只要“我”在思维它，那么它就成为“我”的了：虽然说它是“我”的思维，但它对于“我”仍然是一个绝对的普遍者；“我”在它里面发现“我”自己，“我”

在这客观的无限的对象中保持了“我”自身，“我”对它有了意识。

从这种历史性的观点来看，这种精神的出现从其源头上就与政治自由的繁荣有关。政治自由在一个个体认识到自己是一个个体的时候产生，在自身之内具有有限价值的人格意识产生的时候开始产生，因为我为了我自己而突出我自己，并且仅仅为了我自己而具有价值。因此，自己思想就意味着将普遍性的决定因素给予自己，把自己看成一个与自身相关的自由存在。这就是实践的政治自由到来的时刻。

哲学思想也马上与这种事情发生关系，因为它也表现为似乎是对于普遍对象的思想。思想把普遍筹划成自己的对象或者赋予客观的东西以普遍内容，它把个体的自然物确定为具有客观内涵的思想。第二种决定性因素是，思想能够知道这种普遍性的发生。这种在知识和普遍之间的更精确的关系，仅仅在我持续地把握到它的情况下才产生。因为是我在思考这种客观性，因此它是我的；但是即使它是我的思想，它对我来说也是作为绝对普遍有效的东西才有价值的。这样，我保持住了客观性的立场并且同时保持住了这种认知的立场。大体说来，这就是政治自由与思想自由之间的关系。

当自由的政治制度产生的时候，哲学就在历史之中显现了。在这种意义上，我们首先会想到东方。在东方世界，准确地说那儿并没有哲学问题。虽然思想的确在东方升起，但是在那里个体性并不是一个人，而是被吞进客观之中的存在。在那里，实体部分地被表象为超感性的，部分被表象成物质。个体所能获得的最高形式是外在的福佑，它放弃了意识，因此作为主体就被消灭了，这样的后果就是毁灭了在实体和主体之间的差别。于是，最高的关系就是无意识。现在，既然个人并没有获得这种福祐并且仍然以一种世间的方式存在，他们被从实体和个体的统一体中排除出去，他们具有的关系就被确定为没有精神、没有实体的存在，既没有权利，也没有政治自由。这种情况下的意志仅仅是一个由自然的任意性和偶然性决定的意志，它是一个没有自我意识的存在。

（2）东方世界缺乏哲学的根源

这就是东方品质的基本状况。政治自由、权利、道德自由、纯粹意识、思想——所有的这一切都不在场。如果这些能够产生，主体也必然能产生，并将它自己看做是与实体相应的意识，同时因为它所是的东西而被承认。但是，在东方的品性之中，主体并没有如此地认知他自己。主体并不是自己在那里的，并且在自己的自我意识之中并没有给予自己价值。东方的主体的确可以很伟大、高贵、神圣，这也是真的；但是主要界定他的东西是，作为一个个体，他没有权利，并且他确定他自己的不过是自然或者任意性而已。权利和道德标准缺失了，它们需要所有人的尊敬，并且对所有人都有效。当东方人做事情的时候，他具有完全独立的优势，因为对于他们来说没有什么是确定的和被决定的东西。他的本性越自由，并且越未被决定，他就越具有任意性并且越独立。这样的自由的实在并不具有客观性的角色。我们叫做权利、道德标准、国家的东西在东方没有主体性的自由，它以一种自然的、实质的、家长式的方式表现出来。我们叫做良知的道德在他们那里也是不存在的，在那里存在的是麻木的自然秩序，这种秩序允许最糟糕的东西和最高级的高贵性同时存在。

关于上面这种东方意识的形态，还需要做进一步的解释。精神是有意识的、有意志的、有欲求的，如果自我意识停留在这个第一阶段，那么，它的表象和意志的范围是有限的。由于在这里理智是有限的，那么那种精神与自然的合一也不是完美的，它的目的也还不是一个具有普遍性的东西。如果我意图追求正义、追求道德，那么我的意志是以普遍性作为自己的对象，并且必须以普遍性作为自己的根据。如果一个民族有了一个合乎正义的法律，那么它的对象便具有普遍性。这又需要精神上十分坚强。当精神以普遍性作为意志的对象时，它便开始有自由了。普遍的意志包含着思维与思维的关系，亦即主体的思维与普遍性的关系，这都是发生在思维自身之中的事情。民族的意志要求自由，它调整自己的欲望，使自己的欲望遵从法律；在未遵守法律之前，它所欲求的对象只是一个特殊的东西。意志的有限性是东方人的性格，因为他们的意志活动是有限的，尚没有认识到意志的普遍性。在东方只有主人与奴隶的关系，这是专制的阶段。在这个阶段里，恐惧一般来说是主要的范畴。意志还没有从这种有限性里解放出来，因为思维本身也仍然不是自由的；因此意志可以被看做是有限的，而有限的就可以被假定是否定的；这种否定之感就是恐惧。不过自由却不是有限的，而是独立自在的。独立自在的东西是不能被打倒的。人或者是处在恐惧之中，或者利用这种恐惧去统治人。二者之间的差别只在于一方有了比较牵强且比较有力量的意志，它能够去奴役一切有限的意志，从而使其可以为了一个特殊的目的而牺牲。

宗教也具有同样的特征。宗教的主要环节是对于上帝的畏惧。“对上帝的畏惧是智慧的开始”，所以人必须从畏惧上帝开始，但又必须扬弃有限的目的从而克服这种恐惧。如果宗教所给予我们的是满足，并且这种满足局限在有限的事物里，那么它所寻求的主要的与神发生融通的方式就是对自然的人格化和敬畏。东方人的意识诚然超出了自然的内容，将自身提高到了一种无限的对象上，但是它的主要特性就是对于一个强力的畏惧，个人在这强力面前只是弱小无力的存在。这种人对于强力的依赖可以以两种不同的方式出现，并且在这两种方式之间会出现从一个极端过渡到另外一个极端的情况。其中第一个极端为，意识的有限对象只能采取有限的形式，这样就与无限隔绝开来。第二个极端是，意识的对象成为无限的，但是这种无限只是一个抽象的东西，由意志力的极端被动过渡到意志力的极端主动，不过这种情况只是武断任性。同样，在宗教里我们也发现有人沉陷在最深的感性本身里，也有人逃避到最空虚的抽象里却以为自己达到了无限。这就是出现在东方人特别是印度人那里的摒弃一切的崇高境界。他们苦行，并且通过这种苦行的方式走入了最深的抽象之中。

在东方，精神虽然是处在上升阶段，不过在这个阶段之中，主体还不是人格，而只是作为消极的毁灭的东西。这些东西沉浸于客观的实体里，这实体一部分被表象为超感官的，而其他部分则被表象为物质的。一个人所能达到的最高境界是永恒的福祉，在这种境界中，个人沉浸在实体之中，从而实体与个体之间也就几无差别了。既然最高的境界是没有意识的，于是两个没有精神意味的境界就出现了，作为个体存在的人就与这实体相互对立：实体是普遍的，个人是个别的。因此只要人没有达到永恒福祉的境界，那么他就是与实体分离的，他就在天人合一的境界之外，从而就只是一个偶然的、无权利的、有限的存在，就是没有价值的。他认为自己是为自然所决定的，他的意志并不是实体的意志，而只是任性任意，受制于外在的和内在的偶然性。

所以，我们在东方精神这里找不到哲学知识。属于哲学的应该是关于实体、普遍的东西，是客观的东西的知识。这种对象一旦被人们所思考、发展，就保持自身的客观性，所以，在实体中我同时仍然保有我自己的特性，人们仍然肯定地保持着自己。所以人对实体的知识不只是人主观的规定、思想或意见，而且即使由于它是我的思想，但同样是关于客观对象的思想，是关于实体的思想。因而，东方思想必须被排除在哲学史之外。

（3）自我意识的发展使哲学在古希腊世界中产生

真正的哲学是从西方开始的。只有在西方，自我意识的自由才首先得到发展，因而自然的意识以及潜在的精神就被贬斥为处在低级地位上。在东方的黎明中，个体消失了。光明在西方才首先达到灿烂的思想，思想在自身之内发光，从思想出发开创它自己的世界。西方的福祉有了这样的特性：主体在对象中仍然保持其为主体，并坚持认为自己自身存在于实体之中。个体的精神意识到自己的存在具有普遍性，并且这种普遍性就是自己与自己相关联。自我的自在性、人格性和无限性构成了精神的存在。精神的本质就是如此，它不能是别的样子。一个民族之所以存在就在于它自己知道自己是自由的，是具有普遍性的，自由和普遍性就是一个民族整个伦理生活和其余生活的原则。

比如，只有自由是人存在的根本条件时，人们才知道我们本质的存在。这时候如果有一个国王想要把自己独断的和武断的意志作为法律，并且想要推行奴隶制的时候，我们就会意识到这是根本行不通的，因为每个人都不愿意自己成为奴隶。睡觉、生活和做官都不是我们本质的存在，就更不用说做奴隶了，只有作为自然的存在物才具有这些东西并且意味着这些东西。所以在西方，因为这些东西已经不存在了，或者说西方已经超越了这些东西，所以在西方已经进入到真正哲学的基地上了。

当我有所欲求的时候，我依赖于另一个人或物，我的存在是具有特殊性的，我就是我存在着的这个样子。因为我就是我，这完全是普遍性的，不过却被欲望所束缚。欲望是任性或形式的自由，以冲动作为自己的内容。而真实意志的目的是善与公正，在这里面，我是自由的、普遍的，而别的人也是自由的，别人与我同等，我也与普遍的我一致；这就是自由人与自由人的关系。因而我们也就建立了基本的法则，普遍意志的规定以及合乎正义的政治制度——我们在希腊人那里第一次发现了这种自由，所以哲学应当从希腊开始。

一提到希腊这个名字，在有教养的欧洲人心中，尤其在我们德国人心中，自然会引起一种家园之感。欧洲人远从希腊之外、从东方获得他们的宗教、来世与超世间的生活。但是在今生、现世、科学与艺术上，凡是满足我们的精神生活，使精神生活有价值、有光辉的东西，我们知道都是从希腊直接或间接传来的。

在希腊，我们看见了真正的自由与繁荣，但是同时自由依然局限在一定的形式之下，因为在希腊存在奴隶制，整个国家也受到奴隶制的支配。自由在东方、希腊以及日耳曼世界的不同，可以这样粗浅地表示：在东方只是一个人的自由，即专制君主的自由；在希腊只有少数人的自由，即贵族的自由；在日耳曼人的生活里，所有的人都是自由的，这意味着每个人作为人是自由的。实际上，在东方，即使专制君主也不能自由，因为自由同时将别人的自由也涵盖其中。在东方，只能看到私欲、任性和形式的自由。在希腊，自由也仅仅属于少数人，雅典人、斯巴达人是自由的，但是其他人则不是自由的，于是就要去为这些少数人的自由寻找根据。这就包含着希腊人世界观的特殊形态。

5. 雅典和斯巴达的霸权之争

在第一次希波战争之后，雅典继续攻城略地。这样持续了一段时间之后，雅典获得了高度的繁荣，结成了提洛同盟。雅典逐渐走向帝国的形式。与之对照，斯巴达人在海上的力量很薄弱，没有雅典强大，因此保持着沉默。但是在伯罗奔尼撒半岛，以斯巴达人为中心也形成了一个伯罗奔尼撒同盟。在以雅典为首的提洛同盟和以斯巴达为首的伯罗奔尼撒同盟之间存在着紧张的对立关系，竞争就不可避免了。不过，对于雅典和斯巴达这两个城邦，究竟谁更强大，这种对比其实很无聊，我们倒不如进一步去追问和研究这两个城邦之中究竟包含了什么样的希腊精神。比如说，根据斯巴达人的生活方式，我们可以看到在他们那里体现出了品行严格、服从纪律的特点。斯巴达和雅典都重视“政治德性”，但是，在雅典，“政治德性”演变成或者说发展成了一种艺术作品，就是对公民们自由的个性的追求；而在斯巴达则保留了它的实体性。在以这两个国家为首的提洛同盟和伯罗奔尼撒同盟之间，由于后者对前者的嫉妒，导致了旷日持久的伯罗奔尼撒战争。但是在具体考察这场战争之前，我们可以先考察一下这两个城邦的基本性格。

（1）自由的雅典

雅典城邦是一个伟大的城邦，希腊其他地区的许多居民都到这里寻求庇护，因此在雅典就可以看到很多外邦人。从事各种行业的人都可以在这里找到自己的立足之地，比如从事农业、手工业、商业贸易的人都会在雅典相聚。但是，恰恰是这种情况往往会带来纠纷。这种纠纷不仅仅体现在雅典人和外邦人之间，而且也会体现在古老富庶的家族与积贫积弱的家族之间。根据这种情况，雅典各个阶层之间的分立可以很明显地区分出三个群体：比较富裕的平原居民、以种植和放牧为主的山地居民及以海上贸易为主的沿海居民。与这三个群体相应，雅典的政权也就常常在贵族政体和民主政体之间轮换。到梭伦改革之前，雅典城邦的各种矛盾已经很突出了；梭伦的改革将雅典的公民划分为四个部分，从而缓和了各个群体之间的对立，然后由这四个部分推举出议员组成国民议会，负责城邦中的各项事务。

不过，在梭伦还在世的时候，雅典就有僭主执政的危险。虽然梭伦极力反对和阻止这种情况的发生，但是无奈宪法还没有深入到公众的骨髓与血管之中，还没有成为人们的生活习惯。然而，很奇特的是，当大僭主庇斯特拉陀斯取得政权之后，他并没有改变雅典的法律，反而沿袭了它。当他被别人控告时，他也亲自出庭进行抗辩。他和他的儿子们的统治对于压制大户人家的权力、使他们遵守秩序和城邦和平，以及推进一般人民遵守并习惯于梭伦法律，起到了很大的作用。他们即使取得了政权，也没有像中国和印度的统治者那样成为专制君王。当庇斯特拉陀斯和他的儿子们的任务完成后，自然而然地就要退出历史舞台，这时，一个自由的雅典的各项原则就与他们的统治发生了冲突，于是僭主们有的被放逐，有的被处死。

但是，在这之后，雅典人的观念和意见发生了分化，有的人支持民主政体，有的人支持贵族政体。支持贵族政体的观念和斯巴达人比较接近，因此得到了他们的帮助和支持。但是，在雅典占据优势的却仍然是主张民主制度的克利斯提尼。他上台之后继续推进改革，将雅典的政治制度在梭伦改革的基础上更向前推进一步。在此基础上，当伯里克利执政的时候，又对这个民主制度进行了进一步的改革，使得雅典的民主制度走向了比较成熟和完善的阶段。伯里克利是一位专心一致的、具有生机和活力的政治家。当他专心致志于国家生活的时候，他便放弃了自己的私人生活，谢绝了一切宴会和应酬，恪尽职守，为自己的国家谋福利。亚里士多德甚至将他看做是希腊的薛乌斯。我们不得不钦佩伯里克利这样的人，他在一个轻浮的但有教养的人民队列前面，用自己的德行和人格去影响他们和治理他们，从而使他的国民都相信他，都崇敬他。伯里克利在天赋和知识方面，也远远超过了他的同胞们，所以，如果单独从个人的人格方面来看，伯里克利是古往今来最伟大的政治家。

和君主制、贵族制比起来，民主制的宪法给了伟大的政治人物更大的机会去发展自己的心性。因为这种制度不但容许个人展现自己的才能，而且还会以此来促使他们为公众谋利益。而社会中的个人，只有当他们具有了和这种伟大的政治人物一样的才能、精神和本领的时候，才可以取而代之。

民主的雅典具有活泼的、生动的自由，雅典人在礼节、风俗方面，在精神和文化方面都有一种很明显的平等气质。虽然这种平等无法完全地在财产方面展现出来，但是在雅典，贫富差距问题并未走向极端。在这种自由和平等的氛围中，公民的性格、才能、智力上的不同得到了最充分的发展机会，它们都可以获得发扬光大。雅典的公共生活恰恰会保证公民发展自己的独立性和个体性。伯里克利就曾经推动建筑伟大的雕塑，并且推动戏剧的发展，在自由而颇具个性的雅典人民面前，先后上演了埃斯库罗斯、索福克勒斯、欧里庇得斯的戏剧。也正是在这群人面前，伯里克利发表了名垂青史的演讲，它们流传后世，名垂千古。在这样的雅典城邦，涌现了一批天才式的人物，比如写作了《伯罗奔尼撒战争史》的伟大历史学家修昔底德、伟大的哲学家苏格拉底、写作了著名的《理想国》的柏拉图和著有《云》等名篇的喜剧作家阿里斯托芬。在雅典人中间，我们可以看到一种勤勉、活泼的精神，还有在道德精神范围内个性的充分发展。

当然，这些精神后来也走向堕落。苏格拉底就看到了雅典城邦的堕落，所以他以牛虻自诩，想要用自己的言行来刺痛步履沉重的雅典城邦。而在色诺芬和柏拉图的著作中，我们也可以看到对雅典人不端言行的各种描述和指责。那时，不幸的灾难和腐化的政治就已经悄悄地登上雅典的广场了。但是，如果要对雅典城邦的政治生活进行了解的话，我们却不可以从阿里斯托芬、色诺芬以及柏拉图的著作中入手，而倒应该从曾经掌握雅典权柄、赢得亿万人民尊敬的政治家们那里去寻找。

在这些伟大的政治人物中，雅典的执政官伯里克利是其中的佼佼者。在伯罗奔尼撒战争开始的第二年，伯里克利在阵亡将士的葬礼上发表了著名的演讲。在演讲中，他对雅典生活做了最精湛的描写。他赞扬那些阵亡将士们是为了伟大的目标而牺牲的，即他们是为了城邦的保全这等重大的利益而离开人世的。以此为契机，伯里克利赞扬了雅典社会的方方面面，并将雅典人民的性格进行了一番描述。他指出，雅典人民热爱美好的事物，但是却不流于奢华和挥霍。雅典人民喜爱哲学思想，但是却并不流于软弱和懦弱，也不会远离城邦生活而陷入空洞的思辨之中。雅典人民拥有非凡的勇气，活泼而充满生机和活力。但是，其他民族就没有这么幸运了，他们推崇武力，同时就会废弃文化。他还继续说到，雅典人懂得什么是舒适，什么是艰难，他们在困难和危险面前从不逃避，勇敢面对。所以，雅典人的生活是出于追求美的目的，他们对各种公共事务、对人类精神和生命的各种兴趣，都有清醒的认识，他们具有坚忍不拔的勇气，同时也会具有卓尔不群的实践能力，从而将这一切整合起来。

（2）死板严苛的斯巴达

但是，在斯巴达那里，我们看到的东西就和雅典完全不同了。雅典呈现出来的是活泼的、自由的、个体性的精神，但斯巴达表现出来的就是严格的抽象的德性：没有个体性，人民的生活和人民的生命全都依附于国家，个性和自由在这里没有立足之地。斯巴达的政治制度十分重视和强调国家与整体的利益。各种制度的设计，会追求一种平等，这种平等没有精神含义。斯巴达的历史从一开始就走上了与雅典迥然不同的道路，雅典人的祖先是爱奥尼亚人，而斯巴达人的祖先是多利亚人。这种民族性上的差别，对雅典和斯巴达的宪法也产生了很大的影响。

多利亚人和赫拉克勒族人一起，到了伯罗奔尼撒半岛，他们征服了当地的土著人，将其变成了自己的奴隶。后来他们又征服了美塞尼亚人，同样也把他们变成了自己的奴隶。斯巴达人在本性上就具有一种无人性的残酷。他们对待奴隶十分残酷，比土耳其人对待希腊人更为严酷。但是在雅典则不同，雅典人十分善待他们的奴隶，他们过的是家庭生活，奴隶是家庭的一分子，具有家庭成员的地位。在伯罗奔尼撒境内，人们始终处在战时状态中，领导们在就职时，都要发誓对希洛人[①]作战。按照传统，斯巴达的

① 伯罗奔尼撒半岛上的土著。

年轻人们也会用希洛人来练习搏斗技术。有的时候，斯巴达人可能也会因为战争的需要解放一部分希洛人，让他们去抵抗敌人，这些希洛人在战争中也和斯巴达人一样骁勇善战，但是当队伍获胜班师回朝时，他们却往往会遭受灭顶之灾——被残酷的斯巴达人全部杀掉。

斯巴达人在军事上十分发达，他们的陆地军事力量十分强大，但是在海军上却力量薄弱。不过，海军对于海上贸易意义深远。当斯巴达人需要海军的时候，他们往往会求助于波斯。斯巴达人的生活习惯很有意思，他们会实行公共聚餐，据说目的是为了促进人民团结，但是他们的这种公共生活却以牺牲家庭生活作为代价。而公共会餐的费用，则由每一个斯巴达人共同分担，所以，穷人们就无法进入到这种聚餐生活之中。可是，如果我们转过头来看雅典的话，情况就完全不同了，雅典人不会把聚餐看做是物质性的，而赋予了它精神性的含义。关于这一点，我们可以读读色诺芬和柏拉图的作品，从中就可以窥见一斑。[①]

斯巴达政制更接近于贵族制

斯巴达人的政治宪法，其实也有民主含义或者说民主基础。但是，它们却经历了强烈的修正，几乎变成了一种贵族政体或者说寡头政体。斯巴达实行双元首制，有一个元老院，元老院实行法院的职能，但是他们判案的依据是习俗而非

① 黑格尔在这里之所以提到色诺芬和柏拉图，是因为他们两人都曾各自写过《会饮》。

成文法。元首会在元老院中结合元老们的意见处理最重要的政务。对于元首们的当选程序，亚里士多德认为是一件很幼稚的事情，即使没有财产、没有公民身份的流浪汉都可能获得这个职位。长老们具有召集国民议会、举行投票表决议案、提出法律的权力，但是这些元老们后来据说变得日益专横，这就有些类似于罗马的情况了。

斯巴达人对国家是如此的专注，他们对战争充满了警惕和狂热，以至于忽略了在精神文化方面的发展。因此，在希腊其他城邦的人尤其是雅典人看来，斯巴达人就显得十分粗鲁，他们不能办理比较精细的事情。修昔底德就曾经借雅典人之口狠狠地嘲笑了斯巴达人一番："你们所有的法律和风俗，和别人没有一点共同的地方；而且，当你们到达了其他国家，你们既不遵守你们的法律、风俗，又不遵守希腊的传统习惯。"对于斯巴达人来说，他们在国内的行为举止、言谈话语大体上还是很公正的，但是当他们面对其他民族和城邦的时候，就不再遵守这些规则了。因为那时他们的原则就是，凡是他们看中的东西就是好的，凡是对他们有利的就是对的。在斯巴达，在某种条件下把生活必需品拿走是不犯罪的，在道德上也无需承担被谴责的过错，但是前提是没被人发现。由此可见，斯巴达人的道德观只是为了维持斯巴达城邦的存在和完整，而雅典人的道德观则还会进一步地追求美和真。

（3）两强争霸的伯罗奔尼撒战争

希腊人的道德还不是精神自我意识的最高立场，没有思想从内部的反省，没有能够从自然的因素中、从感官的东西里、从他们的伦常观念的直接性中解放出来。因此，即使是雅典人在追求的美和真，也无法成为精神长久的居留之所。于是，进步和腐败的共同根源，就是“主观性”。希腊生活的兴盛时期就是从第一次希波战争开始到公元前431年的伯罗奔尼撒战争为止的短短的六十年时间，在这之后，希腊就不可避免地走向腐败，具体而言，雅典就表现为公共生活衰落，斯巴达就表现为私德败坏。于是，二者不可避免地就会走向没落，但是不同的是，当雅典人走向终结的时候，体现出来的是伟大和高贵，我们会不由自主地为他们感到忧伤；但是斯巴达人的灭亡却是一种下贱的灭亡，因为他们的精神和主观性完全沉湎于欲望之中。

希腊的没落和腐化，表现在它的各个城邦之间相互争斗、你争我夺、尔虞我诈，使这些城邦之间维持成一个共同体的那种道德已经消失不见。希腊人在特洛伊战争中所形成的那种空前团结不再存在，在希波战争中他们就没有形成那种坚固的统一体，因为这些国家之间相互猜忌、争夺霸权，稳固的统一体必然不能形成。这种统一体的最终崩溃就是在伯罗奔尼撒战争之前，当时，伯里克利是雅典城邦的指挥官，他领导着雅典城邦在希波战争之后取得了长足的进步，成长为希腊的翘楚。因为抗击波斯的需要，以雅典为首，各个城邦结成了提洛同盟，同盟的总部设在雅典，因此同盟的资金也在雅典。当时雅典就利用这笔钱在雅典城之中建筑了很多工程，这些工程因为体现了“精神”的内涵，所以同盟国们也从中受益。但是伯里克利还用这笔钱扩大了军备，这就引起了斯巴达的不安。

在雅典之前，斯巴达一直是希腊的霸主。在以雅典为首形成提洛同盟的同时，也以斯巴达为首形成了伯罗奔尼撒同盟。这两个同盟彼此对峙，勾心斗角，最终引发了伯罗奔尼撒战争。伟大的修昔底德对这场战争进行了细致的描绘。在雅典和斯巴达人的战争中，斯巴达人首先背叛了希腊，他们求助于一直就虎视眈眈的波斯，从波斯获得了金钱的援助和海军的帮忙，于是大破雅典，废弃了雅典城邦的民主制，扶植起了一个寡头政体。斯巴达人在希腊的各个城邦扶植了许多寡头政体，又在很多地方派出了驻军，于是就成为希腊真正的霸主。

但是，由于斯巴达人的卑劣和残酷，希腊各地的人们对之产生了熊熊的怒意。最终在底比斯人的率领下，推翻了斯巴达人的统治。在底比斯，我们可以看到主观的东西占据了莫大的优势，抒情的诗歌和主观的文艺在他们那儿都十分发达。不过，希腊却最终变得羸弱了，无法在自身之内找到安全感，于是就转而寻求一个权威，试图从那个权威处获得对自己的支持和信赖。但是，在各个城邦内部却不断地产生纷争，在各个派别和政党之间陷入无意义地执政、被驱逐、借助于国外力量卷土重来的循环之中，希腊的各个城邦之间已经无法再和平共处了，每个城邦都在试图去消灭对方，最终也就使自己走向了终结。

6. 古希腊世界的堕落与苏格拉底之死

希腊世界就这样走向了堕落和腐败。它腐败的原则是自己解放自己的内在性，这种内在性体现在方方面面，比如作为内在的普遍的东西的思想威胁了希腊的宗教，个人的热情威胁了希腊的宪法，于是，思想之中就出现了腐败的原则。在希腊的自由原则中，包含并体现着思想的自我解放。希腊的七贤们首先开始讲述各种具有普遍性的观点，这时，智慧被包含在具体的见解之中。在伯罗奔尼撒战争中，科学已经比较发达了，智者学派开始对当时的局面进行了反省和思辨。于是，本来是内在的、没有利害关系的思想运动被牵扯进了具体现实之中，变成了一种利害攸关的活动。那批智者不是学者，也不是科学家，而是诡辩论者，他们的活动给希腊人的生活和观念带来了巨大的冲击。因为无论面对什么，他们都会宣称，自己可以证明一切。而这种功夫在民主制下就有了用武之地。因为在一个民主政体之中，话语就具有力量，人们需要在公众面前进行演说，从而宣讲自己对于国家大事的观点，争取人们的支持，这就需要具有一种言辞和精神修养方面的力量。希腊人在这方面的训练是从智者学派那里获得的。老练的智者们知道应该怎样掌握和操纵演讲的进程、讨论的方向，怎样才能够左右逢源，所以，调动人们的激情就是不可避免的了。

(1) 苏格拉底之死

智者学派最著名的一句话是："人是万物的尺度。"但是在这个准则中，充满了种种模糊难辨的地方，就比如，对"人"和"尺度"就可以有各种各样不同的解说。"人"既可以指深刻而真实的精神，也可以指依照他的好恶和特殊的利益的精神。但是，智者学派那里的人，指的只是主观的人，因此，个人的好恶也就成为个人的原则和做决定的依据。但是，智者学派的这种诡辩遭到了苏格拉底的坚决回击。在伯罗奔尼撒战争一开始，苏格拉底就展现了思想绝对的独立性原则。他告诫人们，人类必须在自身之内去发现和认识"真"和"善"。希腊人或许已经知道要做符合道德的事，但是苏格拉底想要教导人们知道究竟什么是道德、做道德的事究竟意味着什么之类的事情。他想要告诉人们，有道德的人并不是那种天真地去做道德之事、做正义之事的人，而是那种知道自己为什么这么做的人。

苏格拉底认为个人可以依靠自己的理智做正确的决定，因此个人不能盲从，这就把自己置于“城邦”和“习俗”的对立面。苏格拉底一向坚持在自身之内存在一种“精神”，这种精神时常提醒他应当做什么、不应当做什么、应当怎样交朋友等等。苏格拉底把自己的行为和思想当做履行公民的义务。但是当他这么做的时候，他的真正的归宿就已经不再是当时的国家和宗教，毋宁说是思想的世界了。苏格拉底的原则对于雅典人来说，是一种冲击、一种革命。当苏格拉底运用自己的“助产术”引领他的对话者走上反思的道路时，总是带有一种否定的意味。但是当苏格拉底的这种做法逐渐地推广开来的时候，雅典人却把他当做自己的敌人处死了。但是当他们这么做的时候，却会在不久之后发现，他们反对苏格拉底的理由所展示出来的事实，早已经在他们自身之中扎根了，于是他们自己也需要面临和苏格拉底同样的境遇：被宣判为有罪或者无罪。在这种感情的支配下，他们后来又为苏格拉底平了反，把指控苏格拉底有罪的那些人判了罪。于是，促成雅典灭亡的那个原则在雅典越来越发展，最终吞噬了雅典城邦。

在斯巴达，也可以看到同样的腐败，每个人都试图发展自己的个性，但是却明显地违背公共的道德生活。在特殊的主观性方面展示出了赤裸裸的不道德、自私自利和膨胀的欲望，这一切在斯巴达表现得十分突出，其中的佼佼者就是他们的将领。他们往往带兵在外，远离斯巴达，一旦有机会就肆意妄为，从而侵害了斯巴达和当地人的利益。

（2）马其顿王国的兴起

斯巴达在雅典衰落之后掌控了希腊的霸权，但是他们却没能好好地掌握和利用这种霸权。他们膨胀的欲望和自私自利的行为损害了这种霸权，于是遭到希腊境内所有人的嫉恨。虽然底比斯曾经领导人们推翻了斯巴达的统治，但是他们却没有力量长久地担当这个角色，而且也因为和别的城邦争斗而衰落下去。在这个过程中，希腊的神谕被推翻了，于是需要被另外的一个意志来替代。这就是有现实性、有权威的王权。

马其顿王菲力以讨伐渎神者为名进入希腊，自己代替了神谕的地位，自称为希腊王。后来，他又制服了希腊其他的城邦，使它们丧失了独立地位。对于菲力，人们时常会指责他渺小、残酷、狡猾、奸诈，但是这些性质却不适合于未来的亚历山大。人们如果以此来指责亚历山大的话，那就完全错误了。对于亚历山大来说，他拥有现成的军力，而且马其顿的军队也已经为他实现自己的目的做好了准备。

亚历山大的老师是著名的哲学家亚里士多德，因此他所接受到的教育也是十分伟大的，这种教育的伟大，丝毫不逊于他自己将来缔造的伟业。伟大的亚里士多德引导伟大的亚历山大进入最晦涩、最深邃的形而上学研究之中，从而极好地修养和锤炼了他的心性。这可以确保他不为意见所动，确保他对粗疏的理论和无聊的幻想都具有辨识能力。亚里士多德的教育使得亚历山大具有自由的个性，但却对什么是“真”具有明晰的认识。于是，亚历山大具有了得天独厚的条件，使得他具有一种可塑的精神，这种精神达到了如此的一种状态，使得它能够泰然自处、舒卷自如。

在经过亚里士多德的教育之后，年轻的亚历山大获得了统治权，他带领着马其顿大军向东方的亚细亚奔去。从此，一位只有二十岁的年轻人，引领着久经沙场、骁勇善战的马其顿士兵们去实现自己的宏愿去了。在这次行动中，他将希腊以往所遭受的痛苦都一并还给了亚细亚，而且也把发源于东方但却成熟于西方的文化和造诣普及到了东方。于是，他的征服同时也改变了被他征服的亚细亚，使得那些地区变成了大希腊地区的一部分。这番伟业的确配得上他的天才。亚历山大不但是一个天才式的统帅，具有最伟大的勇气和最高的英武，而且这一切的品质因为他的个人性格的美而被更加地提高了。

对于亚历山大来说，虽然他的部将们都忠实他，但是他的伟大和年轻，却使得他的部将们有屈辱的感觉。所以，当他们的嫉妒上升到盲目的暴怒的时候，也激起了亚历山大的暴行。亚历山大率军东征的过程自身就是一个非常有意思的探索过程，在这个过程中，也获得了许多有趣的发现。他是从古以来第一个从欧洲直接攻入东方世界的人，并且将东方世界的大门向欧洲人打开了。他在整个过程中的行军部署、临战表现和用兵策略，都十分值得我们惊叹和敬佩：他是一个伟大的统帅，他是一个非常智慧的军事家，他是一个英勇善战的斗士。即使他在三十三岁死于巴比伦的时候，也显示出了他自己的尊严和伟大。

亚历山大运气挺好，因为他在一个合适的时间死去了，这就使他以后一直以一个青年人的面貌出现在世人的眼前。在古希腊，远古英雄阿喀琉斯开启了希腊世界，而亚历山大完成了希腊世界。他们两位不仅在自己身上描绘出精美绝伦的蓝图，而且还赋予希腊一个完满的丰碑。亚历山大实现了自己的理想，完成了自己的任务，给后世留下了最高尚、最灿烂和最完满的形象。亚历山大身后，留下了一个庞大的帝国，虽然这个帝国最终分崩离析，但是在那里崛起的各个希腊王国，依然是他的王国。在这些国土上，亚历山大还留下了许多艺术和文化成就，比如在亚历山大里亚建立的图书馆。他还十分热爱艺术，据说他对艺术的爱好和造诣，可以和他的军事胜利同样不朽、同样伟大。

（3）希腊精神的衰落

在亚历山大殁后，他的旧将和部下都以“国王”的名义献身于历史舞台，他们在各自的领地封疆称王，彼此之间相互攻伐，每个人都经历了十分不平常的命运变换。在希腊本土，虽然马其顿的菲力和亚历山大使他们意识到了自己的软弱，却都维持着自己的存在。他们虽然实力不济，却也装出有一种外强中干的活力。他们这时已经无法具有独立的自我意识了，因为国政都由外交政治家把持，而不是由伯里克利那样的将军统领朝纲。不过，雅典当时还具有很高的名声和威望，虽然国力不强，却具有高等的艺术和科学，特别是其中的哲学和修辞学，更是无人能及。同时，在那个时代，其余各国毫无疑问都在放纵欲望、驰骋激情，但是雅典在这方面却做得比较好，能够控制得住自己。此时，希腊的各个国家也在试图维持各个城邦和整个希腊的独立。

希腊的与众不同之处在于，他们的美丽神灵们具有各自的性格和特殊的存在，但是，各国的特殊性又不至于触犯各国共同尊奉的神明——阿波罗。因此，自从这个神明在各个城邦中的地位日益削弱之后，爱利亚人和他们以抢劫为生的盟友们就把暴行、欺诈施加到别的国家之上。统治斯巴达的是声誉败坏的暴君和龌龊的激情，当底比斯的光彩也黯淡下去之后，斯巴达就彻底地沉湎于肉欲和激情之中了。

于是，被自私自利和勾心斗角占据了头脑的各个派系，不仅在城邦之内危害国家，而且还会伸手向别的国家寻求援助，这样他们就进一步地危害了城邦的利益。但是，在这样腐朽堕落的国家之中，依然会成长起一些伟大的个人。这些个人具有伟大的悲剧性人格，因为他们虽然具有天赋、才华，并愿意为此努力，但是仅凭他们的力量还无法扭转罪恶和颓势，于是他们往往无法完成自己的志愿而饮恨黄泉，他们没能使祖国重新获得安宁、自由和福祉。对于末世的希腊人来说，他们开始从事光荣而高贵的事业，但是这种事业却必然会以失败告终。

世界历史终归要向前推进，精神不能永远停留于青年期，它总要向成年期迈进。正如希腊代替波斯是世界历史的必然一样，当新的世界历史民族与希腊民族接触的时候，也必然会在接触、碰撞、交流中取而代之，登上这一舞台。公元前168年，马其顿的最后一个国王被罗马人打败，从此，罗马人携带着、夹裹着压倒一切的命运，冲上台前。

六、处于历史成年期的罗马帝国

当希腊走向没落之后，罗马应运而生，顺应时势地成为世界历史民族并走上历史前台，这是他们的命运。这种命运对于个体来说，是不得不顺从、无法抵抗的势力。罗马世界的原则就是要将许多道德的个人束缚在特定的范围之内，将一切神明和精神都团结在对世界的统治之中，从而形成一个抽象的普遍的东西。虽然波斯的原则也具有这种特点，但是二者之间的不同之处在于，波斯扼杀了一切生机，而罗马则允许一切生机都得到高度的发展。罗马帝国的宗旨是要让个人为国家牺牲，牺牲个人的道德生活，所以在罗马，整个世界都一起为哀怨所俘获，世界的精神与自然性被完全割断。这种精神的自然性变成了不快乐的感情，但是，只有从这种感情之中才能产生出基督教，才能产生出或者生发出基督教中超感官的、自由的精神。

在希腊的原则中，精神显然还没有退缩到抽象化之中，而体现为欢乐和享受这种精神性的愉悦，因此，抽象的普遍的人格还没有出现。而在罗马，情形则迥然不同，自由具有了普遍性，它一方面成为了凌驾在个人之上的抽象的国家、政治和权力，另一方面也创造出了与个体不同的、和这种普遍性相对应的人格。在古希腊并没有形成这种意义上的人格，这种人格对于和个体相应的、生动的、活泼泼的精神是陌生的，它对此也无动于衷、漠不关心。这种特征，一方面造就了罗马在政治上所具有的普遍性，另一方面构成了个人的抽象自由。

在东方，政治生活的基本条件是专制政体；在希腊，政治生活的基本条件是民主政体；而在罗马，政治生活的基本条件则是严格的贵族政体，因此就与人民处于对立的状态中。民主政体在希腊固然破裂了，但是这种破裂却仅仅体现在观点和思想均不同的派别之争上，整个社会依然是一个统一体。而罗马却不是这样，整个社会完全处于互相仇视、互相斗争的分裂局面之中，贵族和国王在斗争，平民和贵族在斗争，直到在罗马建立了民主制度为止。而当民主制度建立起来之后，就产生了派别之争，于是就带来了罗马晚期的贵族政体。然后，罗马征服了整个世界。

罗马世界的中心是意大利。这个地方与希腊挺相似，它也是一个半岛，但海岸并非那么曲折。在这个世界中，罗马城是中心。意大利并不像尼罗河那样具有一个天然的统一要素或统一体，它的统一有点类似于马其顿统一希腊的过程。但是不同之处在于，希腊世界存在一个整体的、统一的精神，而意大利则因为种族繁多，缺乏一个统一的精神。罗马世界的普遍原则是主观的内在性，这种原则最初从主权、征服等特殊的意志方面获得实现并赢得具体的内容。这个过程也是将内在性纯粹地抽象为一种抽象人格的过程。以这种抽象人格为基础，私有财产获得了合法性依据。

罗马之路和希腊之路是不同的，希腊的发展过程是自己的原则自我展开、实现自己的内容的结果，而罗马的发展，走的却是过渡到自己的反面的道路。以此为基础，通常人们会把罗马的发展划分为王国、共和国和帝国三个阶段，但是实际上三者是以同一个罗马精神做基础的。在第一阶段，罗马的各种原则处于安静的统一之中。在第二个阶段中，各种矛盾逐渐加强之后，国家的统一会获得生机勃勃的力量，向外扩张，走向世界历史舞台。当罗马帝国将自己的势力和疆土拓展到世界各地的时候，这种扩张就为自己掘下了坟墓。于是，罗马就进入了专制政体之中，并展开了自己的第三个阶段。在这个阶段中，内部出现分裂，基督教得到广泛传播，罗马民族与日耳曼民族广泛接触，并为后者登上世界历史舞台铺平了道路。

哲人咖啡厅

1. 罗马公民从属于国家

罗马并没有一个古老的民族起源，所以它不具有天然的家长制，这和中国不同。它的制度的起源也不能追溯到远古时期，这和波斯不同。相反，罗马的生长从一开始就充满了各种人为因素，充斥着暴力。根据传说，当特洛伊城邦在特洛伊战争中输给由阿伽门农和阿喀琉斯率领的希腊人之后，特洛伊人的后代来到了意大利，建立了罗马。于是，罗马周围三个区域的游民都聚集到这个新城市来。据说罗马城中没有女人，于是他们便四处劫掠，比如就常常抢劫萨宾妇女。另外，他们也会去征服临近的各城市，然后将俘虏带到罗马城中。此外，还有很多外国人也主动移居到罗马城中来。这样来看，罗马其实是一个新的民族。

以这个新民族为背景，罗马成立了国家。这个国家以武力为基础，因此也必然要依靠武力来维持和巩固。于是这个新生国家就制定了非常严厉的纪律，而且常常会要求自己的同盟国因罗马之需而做出牺牲。因此，罗马的成立，不是以道德和自由作为联系的纽带，恰恰相反，他们借以联系在一起的纽带是强迫和服从。为罗马人所信服、羡慕和赞颂的德性是勇敢，但是这种勇敢并非古希腊意义上的勇敢，它不是个人的勇敢，毋宁说是要和同伴们联系在一起的时候表现出来的勇敢。罗马人十分推崇这种意义上的勇敢，它被奉为至高无上，因而可以依靠暴力来实践。当罗马人组成这样的一种联盟后，也发生了贵族阶级和平民阶级之间的区别和斗争。对于罗马来说，比较贫弱的、后来迁入的人处于下贱的地位，而国家的名门望族和有钱人则属于贵族阶级，前者往往要依赖于后者才能生存下来。

平民阶层对贵族阶层的依赖没有被看做不正常，恰恰相反，这种依赖被人们看做是完全合法的，甚至会被看做是神圣的。因为贵族阶层手中握有神给予他们的礼物，而平民阶层却没有神。神在这里被完全依照财富的多寡分配。因为平民的生存有赖于贵族阶层，所以他们对这种把戏只好视而不见、听而不闻，对于贵族阶层的祭祀啊、占卜啊什么的无动于衷、漠不关心。在平民们对贵族的这种依赖关系以及贵族们对平民的庇护关系下，那些被保护者就成了保护者的属民。在贵族和平民的斗争中，属民在地位上来看毫无疑问是平民阶层中人，但是很奇怪的是他们却都追随自己的保护者，听从保护者的命令和指令。显然，这种庇护与被庇护的关系根本没有得到法权和法律的认可，因为自从法律颁布之后，这种庇护与被庇护的关系就不见了。

（1）罗马的子女、妻子依从于父亲和丈夫

在罗马建国初期，需要以抢劫为生，国家的基础要建立在战争和劫掠上。鉴于这种状况，每个公民都必须同时是个军人，因为他们都需要在战争之中并依靠战争维持自己的生活，所以他们也负有十分沉重的经济负担。于是，平民们为了谋生便不得不借贷过日，而贵族阶级自然而然地因自己手中的财富成了债主，这种借贷关系同时也就赋

予了借贷双方庇护与被庇护的关系。但是，当罗马颁布法律之后，这种关系必须被取消，虽然采取的是渐进的方式。但是，贵族阶层们肯定不愿意平民阶层从这种关系中解放出去，而在国家中执行法律的法官又是贵族阶层，所以在贵族阶层和平民阶层之间的这种对立局面就又持续了很长时间。

虽然希腊人最初也经历过大家长制的阶段，但是希腊人从开始时就有家庭、家庭中的爱以及家庭的联系。希腊人共同的生活目的或者说生存目标首先是要消灭海上和陆地上的强盗与劫匪，但是罗马的情况却恰好相反，他们首先就是强盗，从小就脱离了家庭，没有获得过家庭的情爱。据说最早的罗马人也不是自由恋爱，他们获得自己妻子和爱人的办法是抢劫。因此，罗马人的生活就是从这样的野蛮状态开始的，由此上路的生活根本没有什么道德不道德可言。他们天然地就对家庭关系十分冷漠，这种严酷无情就成为罗马人的风俗和法律的基础和底色。所以，我们可以看到，罗马人的家庭关系不是建立在爱的基础上的自由关系，家庭成员之间的信赖不重要，重要的是严酷的顺从关系和服从原则。男女婚姻在罗马人那里不过是一种买卖关系，妻子是丈夫的财产，她们根本没有独立的地位；丈夫对妻子的权力就像对于女儿的权力一样，是一种占有与被占有的权力。此外，对于一对夫妻来说，如果丈夫没有按照合法的方式和妻子结婚的话，那么妻子就仍处在她父亲的权力之下，或者受制于她的族人，而不必接受丈夫的管制。由此可见，罗马妇女要想取得自己的光荣和尊严，不能依靠自己的丈夫，而恰恰要离开自己的丈夫。父子之间的关系也与此类似，儿子必须服从父亲，就像妻子必须服从丈夫一样。即使儿子拥有再大的官职，也不能拥有自己的私有财产。罗马人认为，子女的地位和奴隶的地位相似，只有当子女被解放之后，才能具有自己独立的地位，才会从父亲那里脱离出来。

由此可见，罗马人在伦理道德方面是如此的荒谬绝伦，根本不合乎道德。那么，真正的合乎道德的夫妻关系、亲子关系和手足关系该是怎样的呢？在这几种关系背后，其实蕴含着精神含义。只有切合这些精神含义，这几种关系才具有道德性。

（2）夫妻、亲子、手足背后真正的精神含义

如果要使家庭和个体之间的关系具有伦理含义的话，不能以一种偶然的方式去寻找它们之间的偶然性关系。伦理行为的内容必须是实体性的，也就是说必须具有整体性和普遍性，因而伦理行为所关涉的只能是整个个体，或者说只能是这样的个体，这些个体自身就具有普遍性。在家庭中，存在丈夫与妻子、父母与子女、兄弟与姐妹这三种关系。其中丈夫与妻子的关系是以下述方式表现出来的，

即一个意识认识到自己是在另一个意识之中直接表现出来的自我认识，并且这个意识对这种相互承认能够有所认识。这种认识是自然的，而不是伦理的，因此，夫妻关系只是精神的意象和表象，而不是现实的精神本身。不过意象或表象是在一种他物之中获得自己的现实的，而这种他物和该物自身有所区别。所以，夫妻关系不是在它自身之中而是在子女之中得到现实，也就是说，夫妻关系的实现及其实现的成果是在子女之中。因此，子女对于夫妻关系来说是一种他物。夫妻关系本身就是这种他物的形成，并且在这个他物亦即子女的形成过程中归于消逝。不过这种生成消逝世代交替，它自身也具有自己持续存在的体现，这种持续存在就是民族。所以，夫妻之间的相互关爱就混杂着自然的联系和情感，而夫妻关系的自我返回，并不在它自身之中实现出来，而是在他们的子女身上实现出来。

第二种关系是父母与子女之间的相互怜爱。父母对子女的慈爱，也是从自然的联系和自然的情感之中生发出来的：父母意识到子女是自己的现实，他们眼睁睁地看着他物成长为自为存在而不是返回到他们自己这来，在这里子女作为夫妻的他物就永远成为了一种异己的现实。不过，子女对自己父母的孝敬，则出自于相反的感情，他们看到自己是在一个他物（父母）的消逝之中成长起来的，所以他们之所以能够达到自为存在和他们自己的自我意识，关键就在于他们与作为根源的父母分离，而在此分离基础上根源逐渐趋于枯萎。

对于上述的两种关系，即夫妻关系和父母与子女之间的关系，二者总是相互过渡、不平衡的，不过兄弟姐妹之间的关系，却是泾渭分明的。兄弟与姐妹都出自于同一个血缘，而这种血缘在他们双方来看达到了安静和平衡。所以，兄弟和姐妹这双方并不像夫妻之间那样相互欲求，他们的这种自为存在既不是由一方给予另一方的，也不是一方从另一方得到的。对于兄弟与姐妹这两者中的任何一方来说，彼此各自都是一个自由的个体。作为女性的姐妹，对伦理本质具有高度的感觉，但是却并没有对它产生意识，也并没有使它达到现实。对于作为姐妹的女性来说，家庭的规律始终是自在存在着的本质，并不公开在意识之中显现，不过只是一种内在存在的情感和摆脱了现实的神圣事物。女性既把它们看成是自己的普遍实体，同时又把它们看成是自己的个别性，不过她与这种个别性的关系并非同时一定是自然的关系和快乐的关系。

作为女儿，当女性眼睁睁地看着父母日益消逝，因此必然在天性上有所感动，不过在伦理上却又只能逆来顺受，处之泰然。因为只有全然依赖于这种关系，她才能达到自己的自为存在，所以，她从父母身上看出她自己的自为存在，尽管这种“看”并非是以积极的肯定的眼光看的。作为母亲和妻子的女性，她的伦理关系一部分是以属于快感的某种自然的东西为其个别性，一部分是以只会在此关系中趋于消逝的某种否定的东西为其个别性。只有这样，对每一另一部分来说，她的个别性又是可以由别的个别性加以替换的某种偶然的东西。而对于家庭的伦理关系来说，女性的这两种关系并不是建立在作为个别的丈夫和个别的孩子身上，而是建立在一个一般的丈夫和一般的孩子身上，这两种关系不是建立与情感之上，而是建立在普遍性之上。

女性的伦理与男性的伦理并不相同，其差别在于，女性按规定来说是为个别性的，是涉及情感的，不过她又始终保持有直接的普遍性，并且对欲求的个别性保有外来物的地位。而在与此相反的男性那里，这两个方面却是相互分离的。作为公民的男性，既然拥有属于普遍性的那种有自我意识的力量，就以此为资本替自己谋取欲求的东西，同时对此欲求又保持自己的自由。由于丈夫与妻子的关系中混杂有个别性，所以妻子的伦理性质是不纯粹的。弟兄对于姐妹来说，则是一种宁静的同等的一般本质，姐妹对于兄弟的承认是纯粹伦理而不混杂自然的关系，所以，在弟兄和姐妹之间的关系里，个别性的漠不相干及其在伦理上的偶然性质是不存在的。与此相反，承认者和被承认者的个别的自我环节，倒是可以保持住自己的权利，因为它是与血缘上的平衡和彼此无所欲求相连结的。因此，弟兄的伤亡对于姐妹来说是无可弥补的损失，而姐妹对兄弟的义务乃是最高的义务。

(3)罗马公民从属于国家

因此，罗马人在亲子、夫妻这种基本的伦常关系上完全是违反道德的。体现在私人性格上的这种主动的、不道德的严酷性，与政治上被动的严酷性结合起来，使罗马人一方面从国家那里遭受到苛刻的、严酷的对待，另一方面又把同样苛刻的、严酷的遭遇在家庭之中表现出来，因此，在国家层面他是奴隶，但是在家庭层面却摇身一变成为了专制君主。可是吊诡的是，恰恰是这一点造就了罗马的伟大：它的特性就是个人和国家、法律、命令的统一。这种统一遵循的严格秩序森严无比、不可逾越，因此，当我们观察罗马的精神时，不可以把注意力仅仅放在驰骋沙场、奋勇杀敌的英雄人物上，因为对于他们来说，国家就要求他们把所有的心思都放在国家和法令上，容不得他们马虎。而同时，我们还应该更关注罗马的普通平民，特别要留意观察他们在暴动中是如何对待贵族阶层的。通过这种观察，很显然我们可以看到，那些暴动、抗争着的平民们所提出的各种要求，无法得到圆满实现。在平民、元老院和法律之间总是有一种被统治和统治的关系，这本质上内在于罗马早期的那种强盗逻辑之中，并且早就潜伏在罗马人民的特性之中，而这些从根本上来说，就是世界精神在特殊的时代性之中的体现。在罗马人那里，形成了理智的抽象观念和严格的人格原则，这在家庭之中根本没有能够发展成为天然的道德，始终保持着非感情、非精神的单一性，只有在抽象的普遍性之中，这种单一性才认识了统一。

罗马的成文法之渊源可以追溯到罗马世界的那种被压抑的、非精神的和非感情的理智，这和东方国家明显不同。在东方国家中，各种伦常关系和道德关系都被收录到法律之中，以一种法令的形式展示出来，即使在希腊人那里也是如此，因此，宪法在他们那里完全依赖于道德和人情，还没有用来均衡人们易变的内在生活和个人的主观性的原则。但是现在，罗马人完成了这个重要的划分。他们找到了权利的原则，因为这个权利的原则是完全外在于人的心灵和灵魂的，因此是不依赖于人的内在性的。他们不再像希腊人那样把理智看做是至高无上的智慧，而倒是做了理智的牺牲者，在理智中生存。不过，他们这么做的同时却为其他人获得了内在的自由，从而得以从“有限的东西”和“外在的东西”之中超脱出来。正是在罗马人这里，精神、灵魂、情感和宗教第一次不用再害怕法学上的“理智”了，艺术也可以不用再面对它而能够得到自由的发展了。

2. 罗马宗教与古希腊宗教的不同之处

（1）罗马人的宗教沉闷、功利

罗马人在宗教方面的最大特征是被有限的、抽象的理智所掌控，因此，这种被掌控的状态就是一种受束缚的状态，这就是罗马人的宗教。它与希腊人的宗教形成了鲜明的对比，在希腊人那里，宗教的特征是欢快、自由。一般来说，我们可能会把罗马宗教和希腊宗教看成是一回事，因为它们的神在禀性上是如此相似。比如希腊神话中的宙斯在罗马神话中变成了朱庇特，赫尔墨斯变成了墨丘利，阿弗洛狄忒变成了维纳斯，雅典娜变成了密涅发等等。如果从这个角度来看，说罗马神话和希腊神话没什么差别似乎也说得过去。但是，在希腊神话中也有一些概念和名称是从埃及神话中引介过去的。我们既然不能因为希罗多德和其他的一些希腊人曾经这么做过，就说希腊神话和埃及神话是一码事儿，同样的道理，我们也不能说罗马神话和希腊神话是一回事儿。

在希腊宗教和希腊神话中，因为人们对“自然”产生了天然的好奇，由此就产生出了对它的一种直观，这种直观具有自由的、精神的禀性，就成为了“精神的东西”，自然与人之间形成了一种自由的、欢快的关系。但是情况在罗马人那里就截然不同了，罗马人始终追求的是沉闷的、愚蠢的本性，于是，外界自然就变成了一个对于他们来说十分陌生的、隐秘的东西。于是，罗马精神就始终停留在、被束缚在这种僵化的、沉闷的内在性之中，并且对这种关系形成了依赖，无法超脱出去。因此，在罗马宗教中，一切都是秘密的、隐藏着的，而希腊宗教则一切都是敞开的、自由的；一切对于罗马人来说都具有神秘性和不可知性，但是在希腊宗教那里，一切却都可以直观到、感觉到。

罗马人在自己面对的对象中，可以同时看到自己和这个对象后隐藏的东西，这种观念在罗马的历史中比比皆是，比如，他们会以为自己的国家除了“罗马”这个公开的名称之外，一定还有一个隐藏的、秘密的名字。在罗马人那里，宗教中始终存在着令人惊吓、害怕的因素，罗马宗教始终锁闭在自己的主观性之中，意识没有赋予自己客观性。它没能在精神那里为自己争取到一种自由，没能在精神那里为自己争取到具体的内容。因此，罗马人所制定出来的许多像契约、政制、义务和家庭关系之类的东西，背后具有知识空虚的主观性。但是这些关系却不仅会得到法律上的认可，而且还会得到为人们所承认的强制性和神圣性。这种神圣性不久就内化在一些特定的仪式中了，比如议会举行的就职典礼、婚礼中的宗教仪式和普通的占卜仪式等等。罗马人对这种仪式和典礼表现得十分虔诚，这就显得有些可笑了，当然，它们本身也会有积极的和消极的双重作用。罗马人十分注重这些仪式，并且赋予了它们以神圣性，因此贵族阶层就具有了很高的地位，人们会把他们看成是神族的后代，因此古代的君主同时也是宗教的头儿。即使他们的王权被剥夺了，却也依然保有宗教方面的尊严。不过，在宗教这方面，所有的僧侣和宗教的头儿也都要受行政者命令的控制，这样，宗教中包括僧侣和仪式这些东西也就被固定化但同时也僵化了，于是，贵族阶层才能长久地握有宗教大权。

与此同时，与他们的宗教相符的虔诚，虽徒有其形，但是其内容却微不足道。因为罗马人宗教的内在性并没有能够上升到一种自由之精神的高度，它也没有相应的道德内容，所以，他们的宗教虔诚也就并不具有真正的宗教虔诚的内容，只是徒有其表。罗马人的宗教虔诚完全是因为他们赋予了自己所崇拜的神明以一种目的，其中蕴含了自己的肯定性的意志，于是，那些神明们也就拥有了绝对的权力。反过来，罗马人又会因为这些神所具有的权力、目的和意志而崇拜这些神。由此看来，罗马人的宗教不具有哪怕一丁点的诗意，完全是功利性的、狭隘的，人们崇拜这样的宗教也只是为了获取相应的效益而已。同样，罗马人信奉的神明们也不具有诗意，它们不过是人的各种感觉、人运用的各种技术，甚或是幻想被提升、被赋予权力和客观性之后的产物和结果。这些神明或者是抽象的观念，或者是人类的各种具体的生存状态，或者二者兼具，因此，他们可以任意地将幸福或灾祸抛给人们。比如，罗马人会信奉和平之神、安闲之神、忧伤之神，但同时也会信奉饥饿之神、潮湿之神等等。由此可见，罗马人的这些琐碎粗鄙的观念根本无法媲美于古希腊人信奉的那些优雅的神明。

我们前面说过，罗马人信奉神明，具有很强的功利色彩。他们在困顿窘迫的时候，不仅会祈求神灵们帮忙，而且还会向神明们许下很多诺言，他们甚至会在十分困难的境地中引进新神。但是希腊人就不同了，他们信奉神明、建立祭祀和庙宇都是源自对美和神的爱。然而，罗马宗教中也并非全无可爱之处。他们的各种宗教节日大抵都和乡村生活有关系，这种习俗可以追溯到远古时期，从那之后就一直没有间断过。因此，这些节日的观念基础，是黄金时代的美好传说，它的基础是公民社会和政治组织形成之前所形成的观念。在这些庆祝节日的仪式中，我们可以看到许多具体的礼仪和仪式，但是它们大都极其有限、不含诗意，从它们之中，我们不可能对自然获得什么进一步的见解和洞察，相反只能得到一种外表上粗鄙低下的效用。与此同时，它们内在所包含的欢乐却又蜕变成一种滑稽、搞笑，而不具有丰富的内涵和精神。罗马人只能停留于此，在乡村节日庆祝中所展现出来的舞蹈、音乐，始终为一种天真、粗鄙的形式所浸染，没有能提升为真正的艺术。可是希腊就不同了，希腊人能够从同样的节日庆典仪式中发展出悲剧艺术。

（2）罗马人的神明来源于希腊神话

罗马人所信奉的神明，大多是从希腊人那里借用来的，比如朱庇特、密涅发、墨丘利和维纳斯等。可是，当这些神在希腊人那里以宙斯、雅典娜、赫尔墨斯和阿弗洛狄忒的形式出现时，被赋予了深刻的精神内容，而且他们都以欢乐的面貌示人，奥林波斯山上的神明世界，是希腊人的灵感源泉，引导着他们不断地进行创造、发明，激发起希腊人的自省和自觉。在希腊人的神话中，人们创造了丰富的思想内容，它们拓展了人类思维的广度，深化了人类心灵的深度，提升了人类精神的高度。但是，当罗马人接手希腊人的精神时，一切就都变得索然无味、生机全无。

在公共娱乐方面，罗马人也展示出了与希腊人全然不同的面貌。在希腊人那里，奥林匹克赛会、赛诗会、戏剧比赛都具有全民参与的性质，即使人们可能未必会亲自上场，但却是全身心地投入这种娱乐体现出的精神之中。而在罗马，人们都是游戏竞技的旁观者。他们的剧场表演、角力、大竞技场中角斗士与凶狠的野兽之间的搏杀，展现的不过是一幅幅残酷的、血腥的、令人痛苦的肉体厮杀的现实，血流成河的图景、气若游丝的喉咙、支离破碎的躯体，这就是罗马人喜欢观看的场面。他们就喜欢在这种现实中享受冷酷，根本不愿意在心灵和精神深处感受痛苦，通过这种方式，罗马人在自己的内心深处无情地将精神的客观目的击倒、杀掉、抛弃。

3. 从罗马共和走向罗马帝国：恺撒与奥古斯都

（1）罗马与迦太基之争

罗马人长时期以来一直与迦太基人争夺霸权。甚至据说曾有一段时期，罗马人的元老院每次聚会都要高呼“打倒迦太基”的口号。在第一次布匿战争中，罗马人已经展示出了有和迦太基人竞争的实力，但他们真正打倒迦太基人却是在第二次布匿战争中。迦太基是一个海洋国家，基本没有什么固定的领土，也没有强大的民族和国民军队。即使在战争中，它的军队也是民兵性质的。不过，汉尼拔恰恰是领着这样一支杂牌军，几乎灭掉了罗马，即使在孤立无援的状态下，他也在意大利坚持了十六年，可是最终还是被罗马人赶回了老家。在罗马历 552 年[1]，汉尼拔在撒马战争中被罗马人击败，最终被迫接受和平协议。经历了第二次布匿战争，罗马人终于打败了迦太基，然后同样击败了马其顿和叙利亚。当迦太基人重新振作起来之后，第三次布匿战争就打响了。虽然经过了长时期的奋战，罗马人还是把迦太基人踩到脚下，然后好战的罗马又荡平了科

① 即公元前 202 年。

林斯，终于将希腊变为自己的一个行省。

经历了这一切之后，罗马人统治了地中海周边区域，他们是这个文明中心区的王者。这时候，在建国初期存在于贵族阶层和平民阶层之间的矛盾，就被个人与国家之间的冲突所取代。罗马人一方面在对外战争取得了节节胜利，另一方面在内部又发生了可怕的斗争景象。罗马人不像希腊人一样，在希波战争之后取得文化、艺术和科学上的辉煌，他们的主要目的是夺取战功、金银财宝、俘获奴隶，使各个被征服的民族臣服在自己的主权之下。当作为外患的外族被消灭之后，罗马大军的目标就开始由维护罗马的生死存亡转变成了巧取豪夺，追求财富、荣誉和权力。不像亚历山大大帝对待其他民族那般仁慈，罗马人对待外族完全是赤裸裸的武力行为。他们不愿意尊重各个民族的个性，不尊重其他民族的风俗习惯和宗教仪式，甚至会把其他民族所尊奉的神像作为财富抢走。他们派出军队在各个行省驻扎。由此可见，罗马的原则是主权和强力的抽象混合，是自私的纯粹意志，它本身的内容就是由个人利益组成，根本没有所谓的道德观念。

随着罗马行省在数量上的增加，罗马的财富也在迅速积累、膨胀，于是，腐化堕落就必然地出现了。罗马国家从战争中、从劫掠中获得了大量的财富，但是涉及财富分配的时候，往往会带来分赃不均的情况，于是，就带来了矛盾。随着这种矛盾的积累，争斗也就不可避免了。在元老院、议会和各个将军之间，都存在权力争斗、尔虞我诈、勾心斗角、结党营私，于是，不仅在罗马内部发生了各种利益纠葛、权力纠纷，而且在外部，反对罗马和背叛罗马的声音和力量也不时出现。这一切经过几番更迭之后，造成了这样的一个局面，在有财有势的达官贵人和乌合之众的贱民之间形成了尖锐的对立。罗马公民们没有什么主见，只知道去听从向自己献媚的人，于是，上述那种斗争就体现在了庞培和恺撒这两个焦点人物身上。

（2）罗马共和走向罗马帝国是历史的必然

庞培表面上支持罗马的共和制度，他通过自己的能力、计谋和手段将元老院纳入自己的势力范围。而恺撒则是实际的军事领袖，他也具有超凡的才华，手中握有实际的兵权，掌控着罗马的军团。恺撒先后征服了意大利、西班牙和希腊，在亚细亚的统治固若金汤之后他班师回到罗马。庞培和恺撒自然不能在战场上一决高下，但是他们之间的斗争却不可避免。一方面，庞培和元老院的人们都标榜自己是罗马共和国的最高权力，但是恺撒因为战功卓著、手握兵权，不费吹灰之力就把这个空洞无聊的形式废除了，而把自己变成了罗马的主人，将罗马的一切都用武力归顺到自己麾下。可是，当时的人们却以为一切都不过是恺撒自己的个性所致，恺撒的统治不过是偶然而已，西塞罗就这样想。他们以为如果恺撒这个人没有了，就可以恢复罗马的共和制度了，于是就有人把恺撒暗杀了。但是，事实却使人们相信，罗马的共和制度已经不可能再在这片土地上重新建立起来了，因为一人专制这种情况在罗马一再出现，罗马人也就明白了一个道理，罗马需要一个单独的意志来统治。

于是，罗马的主权就成为了一个人的私有财产。事实上，这一切的发生并非偶然，而是由环境所导致的，是必然会发生的。民主宪法在罗马已经不可能继续推行下去了。随着历史的推进，原先内涵丰富的民主宪法逐渐变得空洞、琐碎、无聊，日益变得徒有其表。西塞罗把这一切都归结于共和国的腐败，归结于人们的野心。他们会把罗马共和的失败归结为恺撒的德行，但是实际上恺撒的德行是令人敬佩的。罗马共和并非因为恺撒的偶然作为而走向了终结，实际上，罗马原则的一切都在向一个统一的最高的主权行进。因此，从罗马共和走向罗马帝国是历史的必然。

在这个过程中，我们需要注意两点：统治者方面和法律的方面。

在罗马帝国这个政权组织形式中，罗马政府在从共和制转向帝制之后，并没怎么改变宪法。皇帝仅仅废除了议会，把原来罗马共和国中的大元老、监察官、执政官、护民官这些名头统统揽到自己头上，同时也将兵权牢牢地掌握在自己手中。这一切实在令人匪夷所思。宪法成了完全不现实的东西，宪法中本该具有的生机和权力被统统抽空，只剩下了虚有其表的形式，它的唯一目的就是执行皇帝的命令。当然了，在罗马帝国中，元老院还是存在的，不过它一切都要听皇帝的，所以也没什么用。

因此，大权在握的皇帝在使用自己手中的权力时，也没有什么顾虑，他喜欢简明扼要，直截了当。比如奥古斯都就曾经直接写信给著名的诗人贺拉斯，责问他为什么不把诗作题献给自己。由于皇帝这种凌驾于元老院之上的地位，各种政治制度的安排和设计都要听从皇帝的命令，于是，皇帝的意志凌驾于一切，道德也就不复存在了。主观性在皇帝身上体现得淋漓尽致。在有限的意志摇身一变成为无限的存在和意志之后，“精神”从自身之中出走。这时，一切都要受到限制，即使死亡也变成了一场戏剧。天下苍生，都被认为要归顺于罗马皇帝的意志。在这种统一的主权之下，一切事情都变得井井有条。主权处在有秩序的情形中，在它指引下，征服的职责不过是要让一切都能和主权保持和谐，于是，对于皇帝性格中的东西，大家没有兴趣。事实上，有好几位皇帝性格高尚、天资聪颖、品味高贵、自我约束，但是因为他们对于国家的政治制度没有丝毫改变，也没有想要给罗马帝国设计、实现一种自由的共同生活，所以，一旦他们逊位、逝去之后，也就消失于风尘之中了。

在法律方面，个人具有了法人的地位：人人平等地没有政治权利。这也就和奴隶没有什么不同。于是，罗马一方面代表着“命运”和主权的抽象性、普遍性，另一方面是个体的抽象观念。法人虽然承认个人的地位、意义、价值和重要性，但是却不是建立在个人的生动性基础之上的，反倒把个人看成是抽象的个人。于是，个人都会把被承认看得绝对重要，会因为自己被承认而骄傲。“自我”可以伸展出各种权利，不过“自我”的权利的内容只是表面的，对“自我”的权利的诉求会引起私权发展，也会带来政治生命的腐败和堕落。皇帝并没有治理权，他仅仅实行支配和统治的职能，国家元首和臣民之间缺少宪法的关系。虽然罗马各个地方都有议会，但是这个议会并不是民众畅所欲言、争取利益的地方，反倒是镇压人民、掠夺财富和利益的工具。在这种情况下，人们时常萦绕于心、牵肠挂肚的并非国家利益，也非道德统一，反倒是在顺从命运的随波逐流之中纵情享乐、宣泄欲望。于是，人们完全沉湎于感官享乐之中。于是我们看到了当时盛行的各种哲学流派，虽然彼此之间会存在观点上的不同，但却一致认为要退守内心，而对实际的、外在的世界存而不论、漠不关心。但是，纵使哲学会提供这样的一种心灵调和，但是毕竟只是抽象的调和，思想实在是完全纯粹、凝练、抽象的东西，没有外在的实在对象，所以，怀疑论只有对一切内容的否定，而不肯定任何东西。它的这种特点，恰好对一个身处变动不居、无物常驻的流变世界中的人具有奇效；但是，对于那自身充满生命力的精神来说，这种哲学还远远不够。

4. 基督教在罗马的兴起

由于罗马世界身处于一种悲惨的处境之中，于是最终和现实发生了分裂，人们开始渴望普遍，但这种满足只能在精神中才能得到实现，于是就给高等的“精神世界”的展开和敞露准备了条件。这种对普遍的渴望，就是要将所有的神灵和快乐的生活都为我所用，为自己服务，同时又能化解和消除人类心灵中的特殊性。这种普遍性，应该具有一种权力，所以罗马的这种情况就像一个渊源域，从中诞生出了一个高等的精神，但也内蕴着痛苦。在这种痛苦之中，精神和基督教也连带着被启示了出来。在罗马的暴虐和严厉而残酷的统治中，人类被激发出了自我牺牲的力量，这种自我牺牲具有很高的程度，于是，人们就从中知晓了自己的道德承受能力。当这种感情被充分发挥、高度阐发的时候，就因这种痛苦而激发了精神的升华，从而激发出了精神与上帝的融合。于是，精神不仅要与外在的现实性、与自然进行调和，而且也要与它自身发生调和。因此，只有在上帝被解释成“三位一体”之后，才变成了精神，精神就与上帝发生了调和、交融，在此基础上建立起来了一种新原则。世界历史就在以这个原则作为枢纽的节点上旋转，历史向这里奔来，又从这里起航。

基督教是精神发展的内在体现，它并不限于基督本人的训诫，同时还有各个使徒，他们在苦行中也在传播基督教。基督教内含的各种真理和体系在基督教社会中得到了发展，而这个社会需要经历双重的关系：和罗马世界的关系，以及和它自身内在的目的与真理的关系。当基督教社会处在罗马世界中时，它要在这个世界中被推广、传播、发扬光大。因此，这个社会自己组成一个体系，它对罗马的各种法令、律规并不反抗，似乎完全置身世外，人们不认为罗马皇帝是国家元首，而且也不尊敬他，于是就必然会遭到迫害。这样，人们在遭受外在的罗马社会施加于他们身上的种种痛苦和劫难时，就展现出了内在所具有的无限自由。恰恰是源自基督教义和内容的真理的力量，使得基督教社会能够在严酷的罗马帝国中逐渐扩展开来。

基督教教义理论的方面，其实早就成熟了，这体现在哲学和宗教之间的关系上。我们在前文中曾经说过，哲学在抽象的方面表现了罗马的内在性和主观性，后来变成了斯多亚学派和怀疑论者对内在安宁的追求。当这种向内追溯的力量发展到普遍性的形式时，上帝就被认为是一切普遍的东西的依据，同时也是思想的依据。它在自身之中并不是一个特殊的“个人”，只有在获得一种具体的特殊的内容时才成为了“个人”。但是，当这种原则出现在思想自身之中，成为思想自身的依据时，上帝对于观念来说就是同一个人，于是，这个原则也就和基督教融二为一。

东方精神和西方精神在罗马世界中的融合，是从暴力征服开始的。这种暴力征服促使东方的精神与西方的精神在罗马世界中统一起来。这是一次大冲撞、大融合，因为东方的精神包括了波斯帝国尤其是埃及的精神，包括了希腊世界的精神。东方精神在普遍性和无限性上，在亚历山大里亚这个东西方的汇合处发生了融合，之后又遭遇了希腊的科学精神，也就是逻各斯的精神，然后就按照科学的方式流传。在逻各斯精神的指引下，人们一方面以此去理解犹太教中的上帝，另一方面也以此去理解柏拉图的理念和亚里士多德的神。亚历山大里亚的思想家们走着和希腊学者以及犹太学者都不同的路，他们企图赋予犹太教中的上帝以一种理性的精神，于是，理性也就变成了精神。最终，这种做法固定了下来，它固定在教会之中。基督教的教会一方面与基督教的教义相关，另一方面与外在的现实世界相关。教会是基督的王国，它影响着社会中具体的、现实的“精神”。

自古以来，人们一直喜欢将宗教和理性置放在对立的位置，但是这种对峙其实是虚假的。因为理性其实就是精神的本质，它同时是神圣的精神的本质和一般的人类精神的本质。而宗教之所以是宗教，在于它是上帝的真理和自由之所从出的一座庙宇。而国家是人类的自由得以实现的场所，它的现实内容也具有神圣的性质。在国家之内，因为道德的平等或者说正义是在实施宗教的基本原则，宗教同时也保证了国家范围内的人民的自由，所以，在历史上体现出来的只是作为人类的理性形式出现的宗教原则的演化和推进，而这种宗教原则，自身也在推进着世俗自由的发展。于是，人们的内心生活和有限生存之间的分裂也就被扬弃了。但是，这种扬弃，从根本上来说，还需要一个新的世界历史民族来实现和完成。

5. 罗马帝国一分为二

基督教在罗马的传播经历了十分曲折的道路，直到君士坦丁大帝时，才取得了国家宗教的地位。他的继任者很多也是基督徒，不过也有例外，比如朱利安皇帝就不是基督徒。但是，毕竟基督教已经成为世界精神的代言人，他也就无法再在大地上复活古代精神了。罗马帝国是如此强盛，以至于它的版图在不断扩大，它将全部的文明世界都收归囊中：东起底格里斯河，西至大西洋，南起非洲内陆，北至多瑙河。伴随着罗马帝国版图的扩张，基督教很快便也弥漫在广袤的土地之上。

随着罗马疆土的扩大，罗马城已经不再是唯一的京都了，有好多皇帝选择居住在米兰或者一些其他城市。而君士坦丁大帝则在古老的拜占庭建立了另外一个都城，君士坦丁堡便由此得名。很快，他就将君士坦丁堡建成了一座信仰基督徒的城市，又由于他的悉心照料和经营，这座充斥着基督徒的城市很快便崛起、壮大，可以和古老的罗马相提并论了。但是，尽管罗马有两个都城，这个时候仍然是统一的。直到这个庞大的帝国日薄西山、狄奥多皇帝又将它分封给自己的两个儿子之后，帝国开始分裂了。当然，在这之前，基督教已经获得了统治性的地位，借助于官方的势力和背景，它几乎将异教消灭殆尽了。

狄奥多皇帝的大儿子获得了包括色雷斯、小亚细亚、叙利亚和埃及的罗马帝国的东半部分，小儿子获得了包括意大利、西班牙、高卢和不列颠在内的罗马帝国的西半部分。狄奥多皇帝一去世，庞大的罗马帝国立马分裂为东罗马帝国和西罗马帝国。之后西罗马帝国就陷入了被动之中：外族入侵、内部叛乱、纷争迭起、烽火连绵，直接导致了帝国最终分崩离析。但是东罗马帝国却存在了很长时间，因为它保留了希腊的科学和东方的精致的文化，还有完备的罗马法，比如查士丁尼编撰的法律直到今天依然具有很好的名声。基督教也就在这样一个发达的文明中得到发展。但与此同时，在西罗马帝国领土上的那些蛮族也开始学习科学、法律和政治，并且逐步皈依基督教。

于是，在这两个帝国中就出现了十分奇特而鲜明的对比。东罗马帝国延续了一千多年，其中充满着各种罪恶、卑鄙、软弱。基督教在这里因为自己的纯粹性和自身的精神性，就逐步地走向抽象化，因而变得软弱无力。同时，因为修道院的修建，也日益地与世界完全隔绝。宗教是一种内在的东西，专属于人的良心，一切热情和欲望都与宗教格格不入，因此需要彻底地驯化热情和忍让，“法”也要成为“习俗”。于是，就需要在这种习惯和习俗中赋予实践活动一种合理性。同时，国家也需要具有合理的组织，以便个人的意志能够顺理成章地成为真正公正的意志。在拜占庭，基督教落到了一群暴民手中，他们习惯于反叛、冲突和暴力；另一方面，王宫之中也将卑鄙无耻展示得淋漓尽致，他们将一切都以宗教的神圣之名宣示出来，从而使宗教堕落到无以复加的地步。

拜占庭帝国的基督徒们，始终沉溺于迷信之中，他们盲目地听从主教和传教士，而根本没有主观的洞察，因而没有自由可言。在这种情形下，他们不去信奉基督，反倒去迷信圣象崇拜。最终，东罗马帝国也上演了一幅幅权力争夺的惨烈画面，阴谋、篡权、谋杀、淫乱、奢靡在这里轮番上演，直至 1453 年终于被强大的土耳其人消灭了。

七、处于历史成熟期的欧洲世界

有如太阳从东方升起、从西方落下一样，精神也从太阳升起的东方孕育、萌发，进入童年期，随着精神自身内部的辩证发展运动，进入希腊阶段的青年期。在希腊原则中，精神体现出了生动、活泼的性质，但是一旦精神转入成年期、进入罗马之后，这种性质就消失不见了。当然，在这个过程中，精神始终在前进，它逐渐地克服自身之内的重重障碍，力图将自己展示出来，实现自己的目标——自由。精神追求自由并实现自由的过程，就是世界历史的推进、发展过程。当精神进入日耳曼之后，它才真正地要将自己的目的实现出来。日耳曼的精神就是新世界的精神。当然，日耳曼民族也可以具体划分出许多文化民族，它们也各自背负不同的历史使命。这些民族为世界精神所驱动，要将自由作为自己的宗教的实体，并在主观的自我意识中将这种自由实现出来。所以，民族是世界历史的承担者，世界历史的演进过程需要各个民族来具体承担和完成。

希腊与罗马这两个民族和外在世界发生关系之前，首先在自身内部发展得比较成熟了；而日耳曼走的却恰好是相反的路。日耳曼人首先就将自己从内在性中涌流出来，扩散到世界之中，从而在自己向前发展的过程中，将其他已经进入末途的民族折服，然后再发展自己。不过，和以往的世界历史民族一样，日耳曼民族的发展也要借助于和外族的交流、碰撞，并将它们的东西纳入到自己的民族生活之中。所以，对于日耳曼民族来说，他们的历史是一种自外而内的过程。虽然，当日耳曼民族发展到一定程度之后，也曾经向外推进，比如十字军东征和发现新大陆活动，但是和以往的世界历史民族不同，他们的这些活动始终没有接触到前期的世界历史民族。

日耳曼民族也采取了发展比较完善的罗马文化和宗教——基督教。他们所采取的基督教是从基督教教会（包括各个长老会）中传承下来的，既包括其中蕴含的文化，也包括其中的教义体系、拉丁文，以及相对比较发达的教会政治。在艺术和哲学方面，亚历山大里亚保存下来的哲学和亚里士多德哲学成为西方思想演进的基础。在世俗政权方面，也有相似的形式。因此，如果我们乍一看来，似乎日耳曼世界不过是在传承罗马世界的旧有形式。但是，大家不可忽略的是，在这个日耳曼世界中已经存在着或者说已经升起了一种新的精神，这就是自由的精神，它把自己作为自己的目的，它们也就成为内在性的东西，与作为外在世界的外在性对立。具体来说，这种对立也表现为国家和教会之间的对立上。一方面，依托于基督教，教会已经赋予了自己以权利和权威，从而发展成绝对真理的代言人。另一方面，世俗意识却站在世俗的国家之中，追求着自己的目的。前者诉诸客观性，而后者追求和诉诸主观性和灵魂。欧洲历史的发展，就表明了这些原则在教会和国家之中的发展历程，于是，在教会和国家之间出现了彼此对峙，而按照精神自身的原则，这种对峙最终必然要走向统一。

1. 古日耳曼人的自由精神

（1）卢梭批判现代文明

卢梭在《论人类不平等的起源和基础》和《社会契约论》中表达了一种对原始的、自然状态的憧憬和希冀。他指出，人生而自由，却无往不在枷锁之中，由此对现代的文明世界进行批判，似乎原始的自然状态更美好、人在远古社会中就能获得自由似的。也有人认为美洲和非洲的野人过的生活才是真实、自由的人应该过的生活。塔西陀[①]也曾经描述过远古的日耳曼人的生活，认为他们所居住的森林一向是人类安居乐业、自由自在的乐土。但是我们切

① 塔西佗(Gaius Cornelius Tacitus)，公元56年或57年出生，可能卒于公元116年或125年，无法进一步确证。塔西陀曾担任过罗马帝国执政官，是著名的历史学家，著有《历史》和《编年史》。

不可将此当真，因为塔西陀所刻画的日耳曼图景不过是为了用来反衬他所生活于其中的世界的虚伪和腐化而已。虽然原始部落中的人并不懂得、也没体验过现代人的许多悲苦和愁闷，但是这只是消极的，而自由在本质上才是真正积极的。积极的自由赐给人们的幸福才是真正的、具有高度的、自觉的幸福。

最初的日耳曼人人人都享有独立的自由，但他们也共享许多感情和兴趣，只是还没有达到成熟的政治状态。后来，他们像漫滩的洪水一样，慢慢涌入罗马帝国中去了。造成这种现象与结果的原因，一方面是因为罗马帝国拥有大量的财富，另一方面也是因为这些日耳曼人需要维持生计。为了谋生，许多日耳曼人和罗马兵团展开了殊死搏斗，但与此同时，也有少数人，甚至全族人都当了罗马的雇佣兵，这当然也是很自然的事。于是，当这些人与外族人接触、交流之后，便认识了他们的文明和产业，从而获得了生活上的享受和便利。不过，在这个过程中最为重要的，还是心灵上得到了陶冶和锤炼。日耳曼人后来也经过了多次迁徙，当然，有些人迁走了，有些人留在了他们原先生活的地方。

正是因为这个原因，我们需要将留在古代住所处的日耳曼人和那些迁徙到世界各地的日耳曼人做出一个区分，因为后者随着迁徙流动的过程，也会和罗马帝国中各处的居民以及被征服的民族进行融合。这些民族的命运可能各有不同，但是却有一个共同的目的，那就是获得本民族自己的领土，并在政治组织和政治制度上获得自己的形式。古日耳曼人建立了多个王国：第一个王国是西班牙和葡萄牙之所从出的西哥特王国，第二个王国是法兰克王国，第三个王国是东哥特王国，它在意大利东部。东哥特王国曾经比较繁盛，可惜好景不长，没有维持太久就被拜占庭人消灭了，然后，这个地方又被伦巴底人统治近两个世纪，最终被查理曼的法兰克王国征服。后来，法兰克王国又征服了勃艮第人，随之形成的王国就横亘在法兰西和德意志之间，成为两国的边界。盎格鲁人和萨格逊人挺进不列颠，占领了那里，所以我们今天也常常会听到不列颠人自称为盎格鲁—撒克逊人。

上面提到的这些地方，原来都是罗马帝国的一部分，都遭到了被蛮族征服、蹂躏的命运，因此，现在我们还很容易看到在文明人民和这些作为胜利者的蛮族之间依然有很明显的差异。对于这些国家来说，精神依然没有呈现出一个统一状态。这种状态的外在表现就是，他们的语言文字很不同。比如，包括意大利、西班牙、葡萄牙和法兰西在内的罗马民族说的语言是古罗马语和古日耳曼语的混合物，而日耳曼本部、斯堪的纳维亚半岛和英格兰，依然说着自己的本土语言。虽然这些地方都曾经归顺过罗马帝国，但是这种归顺只是形式上的，实质上并没有臣服于罗马文化。日耳曼本部在这方面做得尤其出色，他们保持了自身的纯粹性，只有多瑙河和莱茵河的上游，才曾被罗马帝国短暂地占领过。在莱茵河流域和易北河流域，始终是日耳曼人的地盘。同样，斯堪的纳维亚半岛也保持了相似的纯粹性，并且他们还曾经四处征战，建立过煌煌战功，彼时，他们的名字是诺曼人。这些人中有一部分东进入俄罗斯，成为俄罗斯的开创者，其余有一部分定居在法兰西和不列颠，还有一部分人甚至远到意大利和西西里，并在那里建立了殖民地。

在东部欧罗巴，我们可以看到一个庞大的斯拉夫民族，他们的殖民地幅员辽阔，从易北河向西直到多瑙河，匈牙利人就住在这个地方。在希腊北部，从亚细亚地区过来的保加利亚人、塞尔维亚人和阿尔巳尼亚人住在那里，他们处于欧罗巴和亚细亚的中间，属于一种居间的过渡民族。波兰人也属于斯拉夫族，他们甚至还曾经帮助过维也纳从土耳其人的围困中解脱出来。不过，对于这些斯拉夫民族来说，虽然也耳濡目染了西方理性，但是他们并不是理性发展史中的独立因素。因此，对于我们的历史哲学研究来说，他们不属于现在也不属于将来，而属于过去。

（2）日耳曼人追求努斯

日耳曼人在自身之中对自然有着深远的理解和感情，对这种理解的感觉，其实相当于希腊人说的努斯（nous）。

努斯是精神的不发达状态，但是它却没有对财富、官爵这种具体的、特殊的目的的追求，事实上，它是对全部状态的一种描述。因此，对于努斯来说，每一个特殊性都会留意它，但是另一方面，既然心灵不会去关心这些特殊的目的以及这些特殊目的的抽象性质，因此，它也就不会完全沉迷在这个目的之中。换句话说，努斯不会引诱人去犯罪。

努斯是内在于日耳曼民族之内的抽象原则，同时也是与基督教的客观方面相对立的主观方面。努斯并没有特殊的内容，它自身之中包含的东西，不过是具有普遍性的意志，正是为了追求这种普遍的意志，才需要到基督教中去寻求具体的内容。在努斯那里，一般性的未被决定的内容——作为实体，同时也就是普遍的东西——事实上也就是上帝。绝对的普遍的东西，把一切决定性的内容和原则都纳入自身之中，所以自身也就是没有什么决定原则的，也就是未被决定的，这两者实际上是统一的。因此，作为人的努斯，因为它是主观的东西，就必须要获得可观的形式，而实现这个目的，就要把自己实现为一个客体。只有那绝对的东西变成一个客体时，人类才可以意识到，自己同这个客体是可以统一的。但是，如果要想实现这个目标，人首先必须具体化，成为一个实在的、个体的人，一个世俗世界中的个人，他能够分享普遍的利益，能够根据普遍的目的行动，知道并了解法律。因此，经过这一番推演之后，我们可以知道，在主观原则和客观原则方面必须要互相配合、互相映衬，而日耳曼各民族的人们，恰恰具有这种能力，成为精神之高级原则的承担者。

我们在上文说过，努斯并没有特别的内容，还没有实体的目的，它自身处于浑然一片的混沌状态，从而也就没有具体的目的，似乎显得没有性格。纯粹的、抽象的努斯，就是迟钝。所以，我们可以看到，日耳曼人在原初状态中，充斥着迟钝、混乱和杂驳不清。在日耳曼民族中，个人是自由的，社会没有权力去管辖和束缚个人，因为日耳曼人之所以能结合成社会，是因为他们首先遵循的是自由原则。古老的日耳曼人热爱自由，这种爱好声名远播，至少就传到了罗马人的耳朵之中。直到晚近时期，自由依然是日耳曼人民的口号。当这种自由元素进入社会关系之中时，就会造就比较自由的社会氛围，结果就是产生一批民众社团。所以，当这些社团团结成一个整体的时候，这些社团中的每个人，便都是自由人。

与此相应，社会的自由原则，就带来了成员们自动的团结和自动地服从军事领袖，其中的维系原则就是“忠诚”。如果说自由是日耳曼人的第一个口号的话，那么忠诚就是日耳曼人的第二口号，两者的结合就会带来这样的情况：个人凭借自己的自由，去选择自动地服从一个人或不服从一个人，他可以自愿地选择使这种关系变成永久的关系。当这一切发生的时候，每个人全凭自愿，而无须外在强迫。但是，这种关系无论是在希腊人那里还是在罗马人那里都无从发现，更不必提东方的中国、印度或者波斯了。

这种自由和忠诚，以及以之为基础所形成的个人和社会的关系，与国家的形成有着密切的关系。在这里，各项义务和权利转变成了合法的关系，于是，就让国家成为了全体人民的灵魂，成为了社会全体的主宰。但是，反过来说，社会关系的反面并不具有法律性质，而是完全分裂成各种私人的权利和义务。国家是许多私权的集合，一种合理的政治生活其实是通过无数艰苦的斗争和冲突才能够实现的。

2. 十字军东征

在法兰克王国分崩离析之后，日耳曼陷入了混乱之中。经过了几番争斗之后，法兰克人因为领兵保护教皇不受洛巴德人的侵扰而受到教会赞赏，之后日耳曼人就与教皇保持了很好的关系。公元 800 年，教皇加冕查理曼为“皇帝”，从此日耳曼人的查理曼帝国开始了。查理曼帝国幅员辽阔，在政治、法制等各个方面都得到了很好的发展，教会的势力也得到了很快的发展，比较兴旺。但是，查理曼大帝一死，这个伟大的帝国便在内忧外患的驱迫之下，声势浩大地退出了历史舞台，从此就开创了日耳曼世界的第二个历史时期。这个历史时期是伴随着各种反动开始的。第一个反动是对法兰克帝国的统治权的反动，其次是个人对法律权威和行政权力的反动，第三个是精神对当下之现实的反动，这也就是对教会的反动。这些反动综合在一起，就构成了中古时代日耳曼人的历史，它的顶峰就是十字军东征。

(1) 法兰克王国的分崩离析

法兰克帝国各领土的划分，乍一看来似乎是任意的，但是这种划分却深得民心，民众并不违抗，这种行为实际上是依靠查理曼大帝的天分和才华才得到人们的认可的。查理曼的儿子路易，将整个帝国一分为三，分给了自己的三个儿子，但是当路易皇帝再婚之后又生下一个儿子查理的时候，就没有领地可以分给他了。如果路易皇帝想给这个儿子留下点什么遗产的话，就必须削减其他三个儿子的产业，而他又的确想给查理留下点东西，于是，他和自己那三个儿子就不可避免地开战了。虽然最初开战的理由和原因不过是为了遗产这种私人的事情，但是一旦战争爆发之后，帝国范围内的各个民族因为自身的利益必然会牵扯其中，于是就纷纷投入战争之中。西部的法兰克人认为自己和高卢人是一伙的，就加入高卢人去反对日耳曼的法兰克人，意大利也因为同样的理由站出来反对日耳曼人。不过，为了共同的利益，战争还是以各方签订《凡尔登条约》而告终。根据这份条约，帝国被重新划分了一次，查理皇帝名义上又成了整个帝国的国王。但是，这种统一只维持了很短的时间，不久就又分裂出好多小国家，比如意大利王国、上勃艮第国、下勃艮第国、洛林国、诺曼国、布列坦尼国还有日耳曼帝国等等，于是，法兰克帝国就这样被分解了。

和分裂的国土相似，帝国内部的各个组织、机构也发生了碎裂，比如军事组织就是如此。在查理曼大帝去世之后，古代的斯堪的纳维亚半岛人侵入了英格兰、法兰西和日耳曼。英格兰境内分裂成七个盎格鲁—撒克逊王国，后来得到了统一，但是却常被丹麦人侵犯，甚至被丹麦人整个儿地征服了。诺曼人也在同时侵入了法兰西，大肆抢劫一番之后又如潮水般退去，同样，他们也劫掠了易北河流域的许多地方。之后，匈牙利人从南部攻入，通过巴伐利亚、瑞士等地直捣法兰西，后来又反身攻打了意大利。此外，萨拉森人又从南部比来，威胁罗马。

于是，法兰克王国就这样被各个国家从各个方向侵吞、劫掠，查理曼大帝在位时期的法兰克王国那种美好而合理的宪法变成了空中楼阁，因为这种宪法只是依据查理曼一人的权力、伟大和他个人高贵而优雅的心灵，却不是根据人民的精神建立起来的。日耳曼人的精神这个时候依然没有承认义务，而只是努斯的主观选择，它没有统一的内在性，只有一种肤浅的、不统一的内在性。因此，宪法还没有任何巩固的联系，在主观性上还没有得到任何客观的支持，所以也就不可能产生真正的宪法。

（2）封建制架空了帝国法律

此时，人民还没有能力去理解合法秩序和公共福利，甚至于根本不知道有这么一种东西存在。因为没有真正的宪法，法兰克王国的一切都依靠像查理曼大帝这样的领袖性人物。可是，当他一旦不在了，而国家又没有一位能够掌握大局的人时，每个自由公民的责任、法官的权威、行政名利以及法律也就都无效了。在这种情况下，每一个人都有被保护的需要。在一个良序社会或良序国家中，人们不由自主地会有一种安全感，每个人都知道自己的责任和义务是什么，同时也会因为自保的需要而产生对国家的需要。但是，蛮族们不会产生这种需要，他们不需要别人的保护。如果有人要保护他们的权利的话，他们甚至反而觉得被限制了自由。所以，人必须首先要置身于空空荡荡、没有依靠、没有着落的境地中，才会产生对国家的需要，此时，国家这个政治建筑形式才必须建立在一个新的基础之上。

日耳曼人的精神之中没有义务的观念，因此这种观念首先需要被建立起来。先前，国王和一些高官们会用分封土地的方法作为奖励赐给属下，但是现在却要那些贫困弱小的人们把自己的产业奉献给强者，从而获得保护。因此，出于对安全感的寻求，人们把自己的土地、财产双手奉出，献给有权势的人——可能是一位贵人，可能是某个修道院，可能是一位修道士，也可能是一位主教，于是，他们也就不再是自由人了。当这一切发生之后，封建制度的关系也就建立起来了。“封建”这种制度事实上与“忠诚”原则紧密相关，但是这种忠诚原则却是建立在不公平的原则基础上的。虽然这种关系具有合法的对象，但是它的宗旨却是不公平的，因为臣民的忠诚是对私人的义务，而不是对国家的义务，于是，这种忠诚往往会受到偶然性的侵袭。

那么，面对这种不公平、不正义时，因为人人首先需要保护自己，于是尚武精神也就被重新复活了。这个时候的勇敢，不是为了国家，而仅仅是为了一己私利，于是，许多城堡被修建，个人的权威可以被用来代替政治的总体。这种个人的权威，比较知名的就是主教们的权威。他们会在自己的驻地修建许多高大的城堡，也会凭借自己是主教的这种便利而脱离于法庭的管辖和政府的拘束之外。皇帝往往会听从主教的请求，而将司法权给予主教。于是，在一个国家范围内，就成立了许多教区。这种教区和原先的世俗政权下的主权区划分方式，就代替了原先罗马帝国时的行政区划。于是，自由人的地盘越来越小，仅仅在少数的几个城镇中，才有自由人的存在。他们可以凭借自己的一己之力，保护地方的安宁和平静，从而保留下古日耳曼人的自由宪法。

由此，皇帝们似乎具有最高的权力，但是实际上，随着分封出去的领地越多，他们的权力也就变得越小，因为各路诸侯在自己的土地上拥有主权和统治权。因此，各位封建诸侯就自己来决定到底是否遵守国家的法律，于是，国家的法律就失去了自己的权威，政治上的不平等也就出现了。在这种情况下，皇帝们的权力就被绝对削弱了，因此，各个国王之间并没有政治上的统一关系，与此同时，他们在自己的领土上得到了充分自由的发展。于是，一切“法”就这样被个别的强权抹杀了，因此，以总体利益和国家利益为旨归、对公民权利进行保护的宪法也就不存在了。

（3）王权与教权之争

精神依据自己的原则会对当下的现实进行反动和颠覆，也就是教会的反动。这种反动是自上而下的反动，因为强权人物的存在，人们就无法获得自己的安宁和幸福。于是，到了11世纪的时候，全欧洲人都有一种末日恐慌，认为上帝的末日审判很快就要降临，因此他们相信世界将会迅速没落、瓦解。灵魂开始走向沉沦，这种状况逼迫着人们做很多不合理的事，比如有人会把自己的所有财产都捐献给教会；有的人会放弃世俗生活，长期地苦行；有的人会在荒淫萎靡之中虚度年华。这个时候，教会却令人意想不到地日益富裕起来。正在这时，可怕的事情又发生了，大饥荒饿死了数以万计的人，甚至到了在市场上公开叫卖人肉的地步。这时，社会上道德堕落、礼崩乐坏。尤其引人反感、厌恶的地方是身处整个基督教世界中枢的意大利。那里根本没有留下什么德性，并且存在知识暴力和压迫，不仅世俗世界是这样，教会世界也是这样。

主教区是世俗封地，因此也必须要履行帝国义务和封建义务。各个主教由国王任命，各个君主为了自己的长远利益着想，不会任命有可能不听话的主教。因此，任何想要当主教的人都必须和国王保持友好关系，甚至要乞求国王。于是，主教和教会中的各个职务也就变成了一桩生意，国王也会拿职位作为人情，去赠送给那些对自己有恩惠的人，反倒是贫穷的下等人会得到精神性的职务。在罗马附近的塔斯邱兰地方的伯爵们，常常任命自己的亲属为教皇，或者把教皇的职务卖给能买得起的人，这种情况一经流传，最后搞得一塌糊涂。于是，生性耿直、秉性纯良的世俗人士和教会人士就群起而攻之，直到亨利三世皇帝克服重重阻力，亲自任命教皇，并用自己的权力作为教皇的后盾，强力推行改革，才使得这一混乱局面告一段落。

教皇格列高里七世，企图用两种办法来维持教会的独立。一是要求教会人员必须过单身生活，二是反对圣职买卖。从此以后，教会中的各种职务必须由可以胜任的教会人员来担当。当然，这种办法必然会引起世俗世界和教会世界的强烈冲突。此外，格列高里七世还有进一步的规定，从而在世俗世界面前为教会争取独立的权力。他要求，凡是教士担当新职，都必须得到上级教会的任命，否则就为非法，同时，教皇对于宗教社会的财产具有绝对的控制权。教会具有超越世俗的权威，皇帝就职典礼只有接受教皇的加冕才具有合法性，这象征着该皇帝始终服从教皇和教会。基督教教会就这样获得了自己的独立地位，各个主教分别在自己的国家内召集宗教会议。同时，教会在世俗事务方面获得了雄厚的实力，并且凭此为国王在就职仪式上加冕。此外，当各个国家之间发生战争，或者进行和平谈判的时候，教会就会以中间人、调停人或仲裁者的身份出现。教会参与到世俗生活中，最有代表性的事情就是参与到王子们的婚姻中。因为如果国王们要和自己的配偶离婚的话，必须获得教会的认可，否则就是违法的。因此，教会常常趁着这个时机把平时一些难办的事情、不容易为国王们所接受的要求在这时候提出来，而且他们还会一直坚持这种要求，把它作为利益交换的砝码。

但是，教会这种常常在世俗世界中插一腿的行为，必然会将自己的宗教利益与自己的世俗利益混合在一起。国王和人民当然可以鉴别出其中的细微差别，而且他们十分善于分辨教会干预世俗事情时究竟采用的是何种借口。因此，无论是国王还是人民，他们也只会在自己的利益与教会的利益彼此相容的时候，才站在教会一边，否则就会和教会唱反调，即使可能面临被开除教籍或者遭受其他刑罚。

基督教的原则，主要体现在它的调解原则上。人类只有首先克服了自己的自然性，然后才有可能实现精神的本质。但是，如果这一切要实现的话，人的本性首先要和神的本性是合一的。如果人拥有精神，那么，他也可以具有神的概念中蕴含的本质性和实体性，而调解是它的条件。二者合一的直觉，是从基督教那里获得的。因此，如果人类想拥有这种意识，并且使它能够不断地激动和触发人类的内心，在世俗生活和教会生活之间进行调解，就是最重要的事情。

可是，在人类发展的过程中，世俗的人和教会的人的区别是必然会出现的。当世俗中的人和教会分家了之后，他们也和神圣之物分家了。教士成为人与人之间、耶稣与上帝之间、人与教会之间的调和因素，所以，世俗的人不能直接向上帝祷告，而要通过中间人——教士才能实现。于是，在这个过程中，就会出现各种颠倒错乱，从而导致精神原则和世俗原则的绝对分离，于是就产生了两个神圣的王国：内心王国和道德王国。

于是，教会就是“精神的东西”对于当时世俗性的反动。不过这种反动自身之中有所限制，它只能把它反动的东西纳入自身之中，却无法对它进行改进。因此，一方面，精神的东西在努力追求世俗权力，另一方面，世俗权力也巩固了自己并得到了发展。人类因为彼此分立，而不得不依赖自己的力量和权力。因此，只要当法律没能够保护他们时，他们就会活跃起来，充满活力，充满暴虐。因为，他们只要听从教会在精神方面的规定，就可以从教会那里得到永恒的拯救，于是，他们就会肆无忌惮地去追求人世间的享乐。即使再过纵情他们也不怕，因为他们确信，教会在必要的时候可以特赦各种罪行。

这样，在 11 世纪到 13 世纪这段时期内，我们看到各地居民开始大肆修建教堂，而且这些教堂往往规模巨大、风格绮丽、色彩缤纷、构型别致。各种教会学校也在这一时期逐渐兴盛起来，经院哲学欣欣向荣。各种专门学校也发展起来，比如专门设立的法学学校和医学学校。城市也在逐步发展起来，但是，城市的发展其实和乡下一样，作为城市权力中心的城堡、教堂和修道院依然是掌控大权的人修建的，这些人也会把受其保护的市民变成自己的臣民，使其处于从属地位。但是，众所周知，自由也是从不自由之中产生出来的，对私有财产的保护也渐渐从封建制度中发展出来。于是，虽然教会的权力笼罩着当时的国家，但是各个城市之中，逐渐地发展出来一种以“权利”为基础的意识，各个城市开始成为反抗君主、诸侯和封建领主的统治权力。随后，皇帝也开始同教皇和各个城市斗争起来。

于是，在世俗的王权和教皇的神权之间产生了争斗。各方之间斗争的结果，就是在1122年，亨利五世和教皇卡力克斯塔二世之间终于达成了协议：主教选举要接受世俗权力的监督；皇帝是世俗权力的来源，主教是皇帝的世俗臣子，皇帝可以把行政权力授予主教；宗教方面的就职典礼依然由教皇主持。

(4) 十字军东征

> 教会缺乏在世界之中存在的现实感

在我们上面提到的各种斗争中，教会取得了最终的胜利。于是，教会在日耳曼取得了坚不可摧的优势：它控制了各种人生关系和科学与艺术，成为各种精神要素的发源地和贮藏室。但是，这一切却无法隐藏基督教世界自身的不足之处。

基督教的客观理论中有关“神的本性”的思想已经发展到一种相当高的层次了，并且这种层次在经历过教会的评议规定之后固定下来了。神并非在世界之外存在，毋宁就是存在于人类世界之中，与人性保持同一的存在，因此，这种存在是一种“再临”中的生存，它同时也具有精神的含义，这种“再临”也是精神的再次到来。耶稣基督被认为是已经远离世界的存在，只存在于人们的想象之中，是一种历史中、过去性的存在。罗马教皇虽然地位尊贵，成为基督教世界中的最高元首和耶稣基督在人间的最高代言人，但是他却自称十分卑微，不过是上帝在人间的奴仆而已，而且这种奴仆的地位还十分低下，是奴仆中的奴仆。

但是在教会中，即使在已经发展得比较完善的教会中，我们也会看到一种不足之处。它缺乏一种在世界之中存在的现实感，因为上帝之再临，必然要具体落实到具体的某个地点、具体的某个时刻，这都是在世界之中存在的永久的世间生存。基督教世界恰恰缺乏这种在世界之中存在的现实性，虽然有许多信徒能够亲身到圣地朝拜，并在那里体会到无上的幸福，但是，去圣地的道路却为异教徒所操控。因此，为了掌控通往圣地的道路，为了重新占有那些神圣的地方，为了将圣地从异教徒手中夺回，就发生了十字军东征。

十字军的队伍是由封建领主和武士们组成的，他们的目的是为了获得真实的、最高的个性，也就是为了获得真正的在世界之中存在。正是在这个目的的指引之下，西方再次向东方吹起了征服的号角。十字军东征首先发生在欧洲本土，那些十字军屠杀了无数的犹太人，掠夺了他们的财产，继而他们便开始了长征。一支杂牌军是长征大军的先锋队，他们松松垮垮、无组织无纪律，一路烧杀掠夺地穿过了匈牙利。从他们开始远征，一路上人数不断减少，逃兵和掉队者越来越多，只有很少的人成功地抵达君士坦丁堡。普通民众深信，上帝将成为他们最好的护佑者，保护并支持着他们东征。这种观念混杂着激情，变成了狂热，甚至有很多儿童从家中逃出来，汇聚到马赛，坐上船，向圣地前进。然而吊诡的是，只有很少儿童成功地到达了目的地，其他人却被商人卖了，不幸地成为了奴隶。

后来，经历了无数的变故，经历了惨痛的损失，整齐的军队才得以形成。十字军们在整齐的军队的指引下，攻占了一切圣地。在十字军的多次东征中，我们看到了一个最大的转变，他们从放肆无礼、暴行施虐转变成了虔敬而谦卑。在被屠杀的耶路撒冷人还在流淌鲜血时，他们却已经匍匐在耶稣的坟前进行虔诚的祈祷了。于是，基督教世界实现了自己的最高的志愿，人们将耶路撒冷建成了一个王国，整个封建制度在它那儿推行起来。

1204年的十字军远征，征服了君士坦丁堡，并在那儿建成了一个拉丁帝国，于是，基督教世界的宗教欲望得到了前所未有的满足。因为耶稣已经升天，人们无法获得他的遗体，于是，人们去尊敬和信奉或者说崇敬“圣帕”、“十字架”和“圣寝”。但是，基督教世界却从圣寝里得到了这样的一个回音：“你们为什么在死人当中寻求活人呢？他不在这个地方，他已经升天了。”因此，人们不能从感官方面去寻找宗教原则，倒应该从自身就具有生命的“精神”之中去寻求宗教原则。于是，当基督教世界从个别的外界对象那里去寻找无限的东西作为上帝在世界之中存在的对应物或者说展现物的时候，也就只能找到空无一物的圣寝了。

人所追求的上帝的再临、上帝在世间的生存，不能从外界之中去寻求，而要向内寻求，从人的主观的意识中去寻找。这就是个人的“精神”获得认识上的独立地位，从而能够使得“世俗的东西”和“永恒的东西”彼此结合在一起。经历了这一番变故，人类世界真正地懂得了，人必须在自身世界之内去寻求那种属于神性和具有神性的东西，于是，主观性也就获得了认可。通过这次十字军东征，人们获得了对自我的信赖，自我的活动也从此开始。

除此之外，还有一种十字军，他们的目标是为了军事上的征服，但是和亚历山大或者恺撒征战四方不同的是，他们同样也怀有宗教目的，有一些宗教因素蕴含其中，这就是西班牙人与萨拉森人的军事冲突。在西班牙半岛上，萨拉森人曾经对基督教进行迫害，他们限制基督教的传播、迫害基督徒，将他们限制在西班牙大陆的一小部分地带。但是基督徒的势力却逐渐壮大并超越了他们的敌人，于是，西班牙人与撒克逊人结合起来，一起攻打萨拉森人。后来，也曾经发生过针对法兰西南部的十字军征战事件，这次征战展示出了令人厌恶的一面，圣·多明各带领一支十字军入侵了此处，他们肆意掠夺、蹂躏这个地方，展现出十分野蛮、不分善恶的特征，对当地的文明造成了重创，只留下一片废墟和荒凉。

十字军东征破坏了基督教的自由原则

经历了这若干次十字军征战事件之后，基督教教会不仅获得了自己的权力，而且还巩固了这种权力。但是，也恰恰是因为这些征战事件，教会颠倒了宗教的精神和神圣的精神。它不仅没有将基督教的精神原则落到实处，反而玷污、腐化了基督教的自由原则，使其变成了人类灵魂的错误，使其变成了奴隶制度——一种缺乏道德的奴隶制度。于是，基督教教会不仅没有消灭残暴和意志上的纵情使气，而且正相反，教会权力把这些暴虐作为自己的基础和支柱。一个明显的事实就是，在历次十字军征战中，处于权力首位的不是世俗世界的皇帝，反倒是罗马教皇。在权力的掌握程度上，教皇的所作所为和世俗世界中的皇帝毫无区别。而且，世俗世界中的皇帝反而不得不把行政的权力让渡给教皇，并承认教皇是十字军的统领。

当教会将这种大权紧紧掌握在自己的手中之后，它的覆灭就不可能来自外界的压力和反抗了，而必须是来自内部的衰亡和败落，来自内部精神的崩溃和衰弱。人们之所以会对教皇以及十字军的征战尊崇有加，完全是来自十字军征战的崇高目的；但结果并没有实现这种神圣的目的。于是，人们对教皇和十字军的尊敬之情自然而然地就有所衰落；而且，即使十字军曾经占领了圣地，但最终却并没能将这种占领长久地维系下来，也增加了人们对教皇的失望之情。欧洲的各个国王，对十字军征战的热情也会相应地减少，加大了执行教皇命令、将其落到实处的难度。于是，精神向外努力追求实现感官之渴望的失败就促使了它向内寻求自身的解放，这样就产生了深刻的破裂，发生了很多宗教自身和思想自身之中的运动。

在这种宗教和思想的运动中，精神一方面在自身之内寻找着自身的满足，另一方面也将自己落实到现实世界中去，以追求某种普遍的和道德上正当的目的——追求自由。由此，精神的活动也就进一步地展现为去追求自由的活动。这一方面表现为各种修士团体和武士团体的成立（前者比如方济各会、多明各修道团，而后者就包括圣·约翰派、圣庙派和条顿派），另一方面则表现为科学和思想方面的发展上。

3.“精神”解放与宗教改革

（1）精神的进一步发展推动了宗教改革

当精神开始知道自己是自由的之后，日耳曼帝国也就进入到了自己的第三个阶段。在这个阶段中，精神开始以自己作为目标，追求普遍的东西。正如我们上文所说，当教会取得权力、进行十字军东征并巩固了自身的权力之后，它就开始走向腐败和堕落，于是就走向了自己的反面：它必然走向衰落和灭亡。而且这种衰落和灭亡并不是由外部强力的逼迫所致，反倒是从它的内部孕育、生长出来的，其表现形式就是教会腐败。这种腐败并不是偶然的，也不是单纯滥用力量和威权的结果。因为教会的腐败是范围广大而普遍的，并非某一个人或某一些人为了一己私利而滥用职权或权威，从而造成了权力和权威的玷污。教会的腐败在于，它所承认的上帝在世界之中存在，是一种感官的东西，是可以用外在的形式——比如圣寝、圣帕、宗教艺术——表现出来的，它驱除了教会之中的“精神的东西”，并且对其毫无兴趣。所以，教会就保留了上帝在世界之中生存的主观性的、直接的、感官性的存在。毫无疑问，这种感性的存在没有浸透丝毫精神之主观性的因素，于是，教会也就在精神的主观性面前停步不前，并且后退到世界精神之中，它们只热心于形式性的、程序性的、仪式性的东西。

这种植根于教会之中的倾向，当它根深叶茂、发展壮大并且没有遇到阻力和抵抗之时，也就必然会堕落、腐败。于是，教会的各种元素也就可以自由地展现自己的趋势，实现自己的意图、目标和决定。于是，本来是为教会所不容的外在性，如今反倒成了教会的内在性，成为罪恶和腐败。在这种情况下，越是有宗教上的虔诚，也就越表现为一种迷信。一方面，这种迷信是对权威的奴性的顺从；另一方面，则是盲目地、幼稚地相信奇迹。于是，各种对权力的欲望、放纵、野蛮、腐败、伪善和欺骗也就在教会中相继出现了。教会中的理智并没能将这些感性的东西驯化、征服，同时，教会的德性面对这种感官的放纵无能为力，因为它们不知道对于这种情况应该做些什么。于是，在现实生活中，教会也就只好逃避、放弃，什么也不做了。

这样，在教会之中就会出现感官上的欲望和罪恶与崇高的灵魂的对照，并且往往以牺牲后者为结局。教会本来的职责在于挽救人，使其不至走上罪恶和堕落；但是它们却对约束人的感官罪恶与感官欲望、拯救人的灵魂无能为力，反倒发展出了一套外在的形式来试图达成这种目的。于是，赎罪就不再是灵魂深处的自省，反倒容易用金钱来购买，与前者相比，后一种方式明显更为简便易行。当然了，这些出卖赎罪券得到的钱并非全部被挥霍了，很多被用来修建圣彼得大教堂。诚然，这个教堂是个伟大的建筑，是件伟大的艺术品，可是，当圣彼得大教堂完成、当米开朗琪罗在西斯廷大教堂完成自己的名画《末日审判》之时，一个转折的时代也就来临了。

（2）日耳曼人追求并向往自由

我们知道，日耳曼民族十分注重内在性，在原始的日耳曼人那里就有着对自由的追求和向往，他们那儿有着正直的品质和对自由的渴求。于是，我们看到，当整个世界忙于发现新大陆、攫取财富的时候，一位日耳曼教士在探求上帝真正在世界之中存在的状态。他认为，上帝真正的在世界之中存在的样式，不是在外在世界之中，相反是在精神之中、在人的内心深处。这个人就是路德。他认为，基督的存在不在外在的形式之中，而且它也不在这种外在的形式之中显现，而毋宁说它根本上属于精神和精神性的存在。因此，人只有在信仰之中，在与上帝和解之后才能体会到这种与上帝同在的喜悦和享受。因此，他的理论所要求的并非是追求和承认一个感官的上帝，而恰恰是追求一个非感官的上帝，一个信仰之中的、内在的、精神性的上帝。因此，路德的宗教改革也就排除了从外在性的关系中所产生的一切，而这却恰恰是天主教一直所坚持的圣礼、圣像等等。路德坚信，个人可以不通过教会，而只因自己的信仰便可与上帝直接发生关系。

人的这种主观性是人类的共同财富与共同产业，但同时又是个体性的事情，每个人要在自己的精神和主观性内部与上帝发生和解。于是，真理的精神也就蕴含在主观的精神之中，并在那里居留，同时实现自己，于是，主观性就也具有了客观的内容。在路德教会中，主观性、内在性和个人坚定不移的信念是客观性的真理所不可缺少的。人们围绕在这种主观性和信念的周围，也就获得了自由精神。这种自由精神不偏不倚、独立存在，只有在“真理”之中，它才能存活下来。

从路德的宗教改革开始，虽然时间向前有所推移，但是世界上发生的一切事情都不过是将这种存活在真理之中的自由实现出来，将精神的主观性实现出来，这就是精神外在的形式。这种形式一般说来就是文化，文化的工作就是要实现“普遍性的形式”。而这个工作的结果就是思想，因此，法律、财产、道德、政府和宪法都要符合这种普遍的原则，只有当它们做到了这一点，才能够符合自由意志，从而才能具有合理性。因此，真理的精神只有这样才能出现在主观的意志之中；反过来说，从个人的主观意志之中升腾出来的主观的自由精神能够取得一些成就，当它提高到普遍性的形式时，客观的精神也就出现了。这时，国家也就出现了。依照上面的逻辑，我们也就理解了为什么会说国家建筑在宗教之上。因此，宗教改革的要义就是要将人的主观的精神实现为客观的精神，从而实现人的自由，这个过程是人通过诉诸主观性、内在性而与上帝直接沟通、交流的产物，而毋须通过教会。于是，人在本性上注定是要获得自由并能获得自由的。

当然，路德的宗教改革表面上是借助于反对教会腐败的形式表现出来的，因此有人说路德的主张是对教会的污蔑。但实际上路德的宗教改革的目标明显不止是反对教会腐败，他同时还要寻求改革教会制度。从他的因信称义的观点中，可以很明显地引申出反对教会权威的因素及观点；于是，落实到现实层面上时，宗教改革就要面对各种各样的国情。宗教改革开始于日耳曼，并且路德的宗教改革只有在日耳曼人聚居的地方才影响深远；除了日耳曼人之外，路德改革也对斯堪的纳维亚和英格兰有影响，但是却对罗马以及各个斯拉夫民族没有产生任何影响。这是因为，宗教改革不仅仅停留在宗教层面，与此同时，随着宗教信仰状况的改变，它也会深深地影响当地的政治生活，会触动到教会的权威与世俗的权威之间的力量对比和力量更迭，它也会深刻影响人们的世俗生活和精神生活，因此就自然而然地在不同的地方有不同的影响。

4. 欧洲各民族国家的兴起

（1）国家政体由王权制走向君主制

这段时期中，君主制的国家政体逐渐稳固下来。君主制政体之前的各个国家，主要实行的是王权统治。从中古时代开始，对私有财产的保护就已经成为各个古老王国中的议题了。以私有财产为基础的个人的权利和义务，同样也承传了下来，而且在国家中起着极其重要的作用。这些私有权利的顶点是一个积极的原则，家天下和世袭制使得国家成为了一个牢不可摧的堡垒。但是，由于日耳曼和波兰实行的是民主制，它们没能成为一个国家，因为对于一个国家来说，它需要一个最终的、起决定作用的意志。不过，如果像王权制国家中那样由一个人成为最终的、具有决定性力量的权威的话，那么，这个个人就会依赖个人的意志、意愿这种直接的、自然的方式来治理国家，而不是依赖选择、理性而统治国家。因此，我们可以看到，即使在自由的希腊人那里，也要依靠神谕来决定自己的行为的权威。

同样，在君主制政体下也存在一样的问题，因为它似乎把国家中的最高权威给予了一个人或一家人，似乎由此就表明国家的主权是这个人或这一家人的私有财产。那么，因为私有财产是可以划分与分割的，如果主权是私有财产，主权也就可以划分了。不过，和划分私有财产不同，如果要对权力进行划分的话，原则、依据和准则必须更为严格，因此，君主和他的家庭的权力就必须受到有效的限制、厘清和规定，因为皇位作为一个位置、一个权力的载体和象征，并不是统治者的私有财产。君主之所以从形式上看似乎将王位纳为己有、收入囊中，那是因为人民将统治国家的至高荣誉托付给了君主和他的家族，这是一种信托行为。因此，君主这个位置只是属于国家的，并且是同国家相结合的机构而已。

于是，与这种变化紧密结合在一起的各个行政机构、各个机关、各种权利和义务也便都不是私人财产，反倒应该是国家机构。因此，在原来封建制度下各种已经被分封出去的东西，应该重新收回国家，那些封建领主的权利也应该被取消，从此和其他人一样平等地在国家之内竞争官职。比如，在法国，很多大男爵本来同时也是各个行省的总督，他们掌握着各自行省的税收，拥有大量的财富，因此他们可以拥有军队，在必要的时候甚至可以利用这些军队向国王宣战。但是现在，这些大男爵也被剥夺了各行省总督的职位，总督这个职位被国家收走，成为平常的地主或者官员，当然其中也有一些人被国家任命为军官。

西班牙一直有崇尚武力的传统，因此武士在那儿具有崇高的地位，许多武士被册封为贵族，他们也曾经手握大权。但是现在，贵族的头衔仅仅成为一个名号而已，他们不再拥有自己的军队，没有了兵权。西班牙之所以能够顺利地实行这种制度，其实还依赖于那里惩戒异端的宗教裁判所。这个机构本来是用来惩罚和处置异教徒的，但是后来却具有了政治意义和政治性质，裁判所不再仅仅是规约和束缚异教徒的，更变成压迫国家敌人的工具，就连主教和大主教们也对它敬畏有加、退避三舍。于是，它就巩固了国王的权力。这个机构因其惩治异端的初始目的，诬陷的功夫十分了得。随着它审讯能力的增强，它没收了许多私人财产并收归国库，于是国家的财富就越来越壮大。同时，又因为教士们也要受它的管辖，于是在精神层面上也得到了西班牙人的支持。

（2）启蒙运动的兴起与民族国家的形成

与启蒙运动相伴随的是，封建贵族们的私有权利被国家废除，民众们对封建领主的权威的义务也变成了对国家职责的义务，于是，社会和国家都必然要发生一些变化，但这种变化对于国家和人民都有好处。当然，在各个国家的国王和人民之间存在一个贵族阶层，他们形成了一个中间阶层，这些人高喊着要维护自由，但其实是要维护自己的权利。他们一方面反对国王，另一方面反对大众，形成了一个很有趣的局面。英格兰的贵族们逼迫国王签署了《大宪章》，可是这个《大宪章》对于人民却没什么用，民众从中并没有捞到什么好处，反倒是贵族常常援引它来维护自己的权利。波兰的情况也同样如此。

伴随着这个过程，各个民族国家的国家体系也就形成了。国王在与教会的斗争中扩大了自己的权威，于是开始转向国外，去伸张权利诉求。但是其实这些国家此时不过是打着维护权利的幌子去实行征服活动而已，对于欧洲各个国家来说，意大利就是这样的一个征服的好目标。事实上，意大利常常受到西班牙人、法兰西人和奥地利人的侵害。从罗马开始，意大利人就没有表现出统一的性格，他们呈现出来的都是各自为战及分裂的情况。意大利人拥有顽强的个性，虽然也曾经被压制过，但是一旦这种压制被解除，他们那顽强的、自主的、独立的个性又都重新呈现出来。他们爱好艺术。但是他们的文明，仅仅达到了感性阶段，还没有进入到理解阶段。他们在艺术、诗歌上做出了卓尔不凡的贡献，但恰恰是因为这种特征，他们不关心国家的建制，反倒认为国家不过是偶然的事情而已。

日耳曼人打过许多仗，但是这些战争的结果却不怎么光荣：他们被人家剥夺了许多土地。不过，在日耳曼人的各种争斗中，大家却逐渐地获得了共同的利益和目标：维持各个国家力量上的均衡。于是，将各个国家维系在一起的，不再是维护神圣的基督教世界的目的，而毋宁是维护各个国家的独立和均势的意图。于是，各个国家更加注重外交，后来这种特征蔓延至整个欧洲。虽然各个国家之间彼此也有争斗、也有和解，但是在这些事件背后、在整个过程中，欧洲各国始终维持着自己的个性和独立。

宗教改革不仅仅确立了世俗政权在教会面前的独立和权威，而且同时在宗教层面造就了新的派别——新教。宗教改革和新教的出现，对于民众的思想状态、国家的政治力量对比、天主教的组织机构等等产生了深远的影响。但是，新生事物的出现和发展必定会受到旧有势力的阻抗、抵制和压制，只有挣脱了这些压制，才能得到自己的实存和个性。于是，新教现在必须为自己的实存和政治地位而斗争，由此引发了欧洲国家之间一系列的战争，其规模是如此之大，以至于几乎所有欧洲国家都卷入其中。

但是这些战争的结果，却带来了新的局面。新教逐渐地获得了自己的实存与政治地位。并且，一个曾经将宗教改革所秉持的各种原则纳入自身的国家，居然获得了自己的独立地位——这就是普鲁士，它与新教一起成长起来，在腓特烈大帝手中强大起来。

5. 启蒙运动使精神获得了自由

新教的兴起是以反天主教的面貌出现的，它着重强调宗教解放以及在个人内部的和谐。但是，由于新教的兴起伴随着民族国家和世俗政权的兴起，它也带来了对世俗权力的信仰。在天主教内部，经院哲学的发达最终也变得十分繁琐。那儿发展出了一种可以在是非、好坏、善恶之间随意切换的辩证法，在它的运作之下，一切固定的东西都可以被清除、消解掉，最终只剩下内在性自己的活动。

在早期的经院神学、经院哲学和新教神学中，研究的其实都是超越我们这个世界的存在——神的存在，于是一方面有“我”，另一方面有和我相对应的“上帝”。但是，作为精神活动的抽象物的思想，它生产出来的是普遍的东西。在思想之中，自我将自己的对象体现在自己面前，同时将它提升到普遍性的高度，而在这个过程中，也确证了自我的在场。自我的这种思想活动，展现出来的是纯粹的自由。因为自我在自己思想的过程中，获得的是纯粹的自由，所以也就印证了一个纯粹的自我的存在。这个自我是如此纯粹，所以对于它来说，任何和它不一样的东西都不再可怕。无论是外在的东西，还是超越的东西，一旦被自我纳入到自身的思想中之后，就被自我同化了，不再是和自我不同的什么东西。于是，思想就成了人类内在性的顶峰。在这种意义上，人类只有在思想的时候才是自由的，因为只有这个时候他才会和周围世界——也就是存在的外部形式保存着一种关系。这样，在思想之中就已经包含着“存在”的调和。

思想和另外的东西，在自身之中实现统一。于是，精神发展至此，也就达到了思想的阶段。思想既对自身有要求，又对自身之外的他物有要求。精神意识到，自然和世界之中必须有理性。对这种理性自身所包含的各种规则的研究，对它们的内容的研究，对这些法则以及正当与善的合法性的研究，就是启蒙。启蒙首先来自于法兰西，日耳曼人的启蒙思想是从法国人那里传过来的。精神在自己的现实之中去理解自己的内容，这是评判一切的尺度和权威，启蒙就以这种尺度和权威代替了其他外在的、超越的权威，比如宗教信仰和政治权利。路德的宗教改革确定了人类的永恒命运是在精神内部发掘实在性，在他那里，这种实在性的东西首先是已经被宗教启示了的东西。但是，对于启蒙运动来说，这种实在性的东西自身就是一种现实的内容，它是我们能够获得内在确信的内容。

于是，在人类曾经拥有过的各种事件之中，在那些人类曾经拥有过的神圣事件之中，启蒙将一切猜测、虚构和幻想都从人类的主体性之中驱逐出去了。启蒙运动追求的是普遍性的形式，但是，这个形式还是一个抽象的原则，它还需要具体化、现实化。正是这个原则，将我们带到了历史的成熟时期，那就是我们的世界、我们的时代。

在启蒙运动的指引之下，法兰西人从精神的内在性之中走出，从理论方面进入了实际方面，于是就爆发了法国大革命。但是同样的情况却没有出现在德国，这是为什么呢？有人说，这是因为法兰西人比较急躁，性情容易激动。但是，毫无疑问，这种观点和解释十分肤浅。更主要的原因在于，哲学的形式原则在日耳曼人这里得以成为一个具体的、现实的世界，精神在这个现实的世界之中得到了满足，人类良心也在这个过程中得到了安歇。一方面，基督新教在“思想”之中得到了很大的发展，它能够认识自我意识；另一方面，新教对于实在世界中的各种道德关系和法律关系比较有信心，这种信心成为私有权利和国家制度的公平的、正义的内容。

所以，在法兰西，启蒙运动从一开始就站到了教会的对立面，但是在日耳曼，启蒙却是为了神学的利益。世俗的生活方式经历了路德的宗教改革之后，获得了崭新的面貌：落后的、腐败的、臃肿的教会制度被废除了，道德的东西也不再受到束缚，而且教会的精神权力也不再干涉世俗的王权从而引起双方的争斗了。只有在君主的意志和理性可以结合在一起，只有当教会考虑到正义、公平和国家福祉的时候，才会得到人们的尊重。于是，在日耳曼，思想的原则已经得到了调和，获得了和谐。于是，国家的基础就不再是类似于冲动、保护私有财产这样的观念，也不是宗教虔诚，而毋宁是精神的东西，以及对这种精神的东西的意识。于是，哲学就获得了至高无上的地位。有人说法国大革命是哲学的产物，并非是夸大之词。在启蒙运动的指引之下，在人类意识达到了思想的高度、实现了对精神的东西的意识之后，人类内在地就获得了自由。当把这种精神的原则和自由的原则运用到现实世界之中去的时候，在法国就出现了大革命，在英格兰实现了君主立宪，目前又在讨论议会改革的问题。

总之，世界历史其实不过是自由概念发展、演变的历史。精神自身的辩证运动推动了世界历史的发展，它的具体过程就是向着客观自由逐步推进的过程。但是，世界历史的这种演变发展史也需要具体的承载者，那就是各个世界历史民族。对于历史哲学来说，它所关注的是观念在世界历史之中所呈现出来的样式，它要从各个具体事件、杂多的表面材料中抽身出来，进行冷静的观察、思索，要认识到观念在实现自己时所经历的具体的发展过程，这个观念就是对自由的意识。

图书在版编目（CIP）数据

黑格尔历史哲学 / （德）黑格尔著；潘高峰译. —北京：九州出版社，2011.8（2025.11重印）
（哲人咖啡厅）
ISBN 978-7-5108-1093-0

Ⅰ. ①黑… Ⅱ. ①黑… ②潘… Ⅲ. ①黑格尔，G.W.F.（1770～1831）—历史哲学—研究 Ⅳ. ①B516.35

中国版本图书馆CIP数据核字(2011)第153562号

黑格尔历史哲学

作　　者	（德）黑格尔 著　潘高峰 译
责任编辑	王文湛
出版发行	九州出版社
地　　址	北京市西城区阜外大街甲 35 号（100037）
发行电话	(010)68992190/3/5/6
网　　址	www.jiuzhoupress.com
印　　刷	北京旺都印务有限公司
开　　本	880 毫米 ×1230 毫米　32 开
印　　张	12.625
字　　数	230 千字
版　　次	2011 年 9 月第 1 版
印　　次	2025 年 11 月第 10 次印刷
书　　号	ISBN 978-7-5108-1093-0
定　　价	32.00 元